|天

*Borderless*

|下

天下，在乎正义和你

天
Borderless
下

Life and Transcendence

# 生命与超越

## 一个命运共同体的理想

刘哲昕　著

法律出版社 | LAW PRESS

作者简介

**刘哲昕**

男，1973年出生于福建，中国浦东干部学院教授、学术委员会委员、法律与人文综合教研部主任。2004年毕业于华东政法大学，获法学博士学位。长期致力于中国特色社会主义政治发展道路与国家治理体系现代化研究，著有《文明与法治：寻找一条通往未来的路》《精英与平民：中国人的民主生活》《生命与超越：一个命运共同体的理想》三部曲，以及《我们为什么自信》《家国情怀：中国人的信仰》《我们的社会主义》等理论著作。2010年，被中央组织部授予全国干部学院优秀教师荣誉称号。2017年，被中央宣传部授予全国基层理论宣讲先进个人荣誉称号。

序　言

# 我们是谁

今天是2019年6月1日，也是美国政府将中国华为公司列入管制实体名单，对其进行技术封锁的第17天。此刻，我坐在书桌前，在ThinkPad-T480s笔记本电脑的键盘上敲下了《生命与超越：一个命运共同体的理想》的第一句话。这台笔记本电脑是我上年秋天在浦东的百脑汇购买的。当时，卖电脑的小伙子如数家珍地在我面前背了一大串的配置参数——14英寸屏幕，1080P高清分辨率，英伟达MX150独立显卡，英特尔酷睿i7处理器，预装Windows 10操作系统……然后，三下五除二地将不明觉厉的我拿下，做成了这笔生意。本人学习法律出身，对于电脑配置真心不懂。不过，ThinkPad乃是IBM公司创立的笔记本电脑品牌，2005年被联想收购，从此成为联想旗下的品牌，这点我是知道的；还有，CPU处理器、显卡芯片、操作系统这些东西乃是一台电脑的灵魂与核心，而英特尔、微软、英伟达又都是美国公司，这点我也是知道的。对于我这种经常码字的人来说,笔记本电脑自然是极要紧的家伙什,而我自己也早已习惯了 ThinkPad 的黑色系带来的稳定和安静,因此这些年来无论是居家还是在外,我的身边从来就少不了这台电脑。然而,无论这些年来用 ThinkPad 写过多少东西,每当我看到这台黑色电脑的时候,内心深处却总会不自觉地泛起一丝的担忧和不安。

这一丝的担忧和不安其来有自。《生命与超越:一个命运共同体的理想》(以下简称《生命与超越》)是我的第三个孩子,她有两个姐姐,一个叫《文明与法治:寻找一条通往未来的路》(以下简称《文明与法治》),另一个叫《精英与平民:中国人的民主生活》(以下简称《精英与平民》)。在 2009 年出版的《文明与法治》中,我曾这样写道:"2004 年夏天,我被短期借调到北京工作,在京西的万寿庄宾馆小住了一段时间。每天傍晚时分,一起工作的几位同志都要在万寿路附近散散步,闲聊一二。一日,从延安来的教授见我话少,便问是不是在思考什么问题。我回答的确是在思考两个一直困扰自己的问题。教授来了兴趣,追问什么问题,能不能说来听听。我于是坦言相告:自己一直担心中国未来将有两个艰难的门槛必须要过:一是中国的崛起终有一日要跨越超级强国的门槛,从当前的国际形势看,届时只怕是要有一场血与火的考验;二是中国的发展终有一日要跨越民主法治的门槛,而从目前国内情况来看,这条中国的未来之路究竟又会通向何方?对于中国来说,这恐怕是两道绕不开躲不掉的历史门槛,而对于我来说,则是两个一直困惑难解的问题,教授以为然也。是时,记忆中的京城初夏,晚风徐徐,车马如梭。几位杞忧人一时无语,默默而归。"而在 2014 年出版的《精英与平民》中,我也曾这样写道:"年轻的美国同样还必须向历史证明,当自己的国力陷入衰退的时候,拥有 2.8 亿支枪的美国人依然会好好保管自己的枪支，而不是在缺油少钱的时候随意拔枪对射，就好像当年石油危机时他们在加油站常常干的那样；当然，年轻的美国如果想成为一个真正的天下国家，它还必须向世界证明，当自己国力陷入衰退的时候，它依然会善待这个世界，而不是利用自己尚存的优势捆绑整个世界一起跌入深渊。”

作为一名中国人，我的文化基因决定了我对这个世界的人心和未来总是抱以最美好的期待，然而铁幕终究还是落下了，在这多事之秋的2019年。2018年4月16日，美国商务部激活对中兴通讯的拒绝令，禁止中兴通讯在未来7年内向美国企业购买敏感产品，导致这家中国第二大、世界第四大通讯设备公司立刻陷入休克状态；2018年12月1日，华为公司首席财务官孟晚舟女士在加拿大温哥华转机期间，被美国通过加拿大政府逮捕并要求引渡至美国，世界舆论一片哗然。几番试探之后，2019年5月16日，美国商务部终于发起强攻，将全球5G技术领导者、世界最大的通讯设备商华为公司及其附属公司列入管制实体名单，禁绝美国公司与其来往。不出所料的是，谷歌、微软、英特尔等一大批美国高科技公司迅速跟进，宣布将遵守美国法令，断绝与华为的业务往来；出乎意料的是，几天后，国际固态技术协会（JEDEC）、SD记忆卡协会、蓝牙技术联盟以及制定无线技术标准的Wi-Fi联盟等国际标准组织居然也加入了围堵的行列，纷纷宣布取消华为公司的会员资格；又过了几天，世界最大的专业技术组织之一、美国电气和电子工程师学会（IEEE）也发布了对华为的“学术禁令”，取消华为员工的论文评审权限。一时之间，招数纷至，压力沓来。此情此景，令人不由想起唐代李贺的《雁门太守行》——“黑云压城城欲摧，甲光向日金鳞开。角声满天秋色里，塞上燕脂凝夜紫。”

待到本书出版的时候，应该已是 2020 年的夏天了。中、美两个大国之间的这场贸易战会不会逐渐演变成为一场可怕的科技战、金融战，甚至是更可怕的新冷战，届时的我们应该可以看得更加清楚。然而现在，在这个充斥着对抗的动荡时刻，我只想在这里好好地问那些美国人一个问题："女士们，先生们，我们是谁？"

是的，我们是谁？这里的"我们"，不是指中国人，也不是指美国人，而是指人，准确地说，是指现代智人。距今 10 万年前，大约几千名居住在东非稀树草原的现代智人，勇敢地走出了非洲，他们横越西奈半岛，来到了中东；距今 6 万多年前，现代智人沿着印度和东南亚的海岸线抵达了澳大利亚；距今 4 万多年前，现代智人又从非洲东北部抵达欧洲，并从东南亚进入了东亚；距今 1 万多年前，现代智人终于通过白令海峡的大陆桥抵达南北美洲，从而完成了自己对整个世界的最后占领。如今，所有的基因证据已经确凿无疑地证明，在现代智人的这场史诗般的远征中，所有与他们遭遇的其他古人类，不管是欧洲的尼安德特人，还是东亚的直立人，全都不可思议地彻底消失了。换句话说，今天生活在这个星球上的每一个人，不管是美国人，还是中国人，抑或是爱斯基摩人，毫无疑问都是 10 万年前从非洲出走的那群现代智人的后裔。

没错，我要说的正是——我们每个人，的的确确都是"非洲人"，的的确确都是同宗同源的一家人。不仅如此，直到距今 1 万年前，我们的肤色、发色和瞳色，都还没有拉开明显的差别——换句话说，那时候的我们很可能都还是深色皮肤的人。基因证据表明，距今 8000 年前的劳施布洞穴中的狩猎—采集者依然还是深色皮肤。直到 7700 年前的莫拉托洞穴中的瑞典人身上，人们才发现了 SLC24A5 和 SLA45A2 这两个导致苍白皮肤的基因突变，以及 HERC2 和

OCA2 这两个导致浅色皮肤、金发和蓝眼睛的基因突变。而所有这些基因突变背后的选择力量，则完全来自人类迁移带来的环境变化——距今 11,700 年前，第四纪冰期结束，冰川融化，气温回暖，人类的足迹开始遍布全球。在低纬度的热带地区，增加皮肤中的黑色素有助于吸收紫外线，以免它们穿透到皮肤深处，从而杀伤组织，引发癌变；而在高纬度的寒带地区，皮肤中的黑色素必须减少，因为如果紫外线辐射过少的话，人体就无法合成足够的维生素 D，就会导致脆骨症与佝偻病的发生。原来，归根结底，所谓的黑白黄棕，种族血缘，追根溯源之，不过如此也。站在历史和科学面前，回想当年穿梭于非洲和美洲之间那白骨累累的贩奴船，再翻翻斯托夫人的《汤姆叔叔的小屋》，今天的某些人难道不应该感到由衷的羞愧吗？

弃我去者，昨日之日不可留；乱我心者，今日之日多烦忧。地质证据和基因证据表明，现代智人之所以能够在距今 1 万年前开始大规模扩张与分化，与第四纪冰期的结束有着直接的关系。众所周知，40 多亿年的地球历史是由冰河期和间冰期交替构成的。冰河期的时间很长，时间尺度至少在数百万年以上；而间冰期的时间很短，时间尺度一般在数万年之间。距离我们最近的冰河期便是第四纪冰期，始于距今 300 万至 200 万年前，终于距今 11,700 年前。第四纪冰期持续期间，全球气温十分寒冷，欧洲冰盖的南缘入侵至北纬 48°附近，北美冰盖的南缘更是延伸至北纬 40°以南，全球大约 32% 的陆地面积被 1600 多米厚的冰川覆盖，大量的水资源被冻结在陆地上，海平面直接下降了 130 米以上。在这段长达两三百万年的地狱般的岁月里，酷寒的天气疯狂地折磨着我们的祖先，灭种的危险如同魔鬼般紧紧扼住人类的咽喉。直到距今 11,700 年前，可怕的第四纪冰期终于结束，地球开始进入了全新世间冰期。而我们的祖先正是紧紧抓住这 1 万年时间的喘息机会，在中东的新月沃地以及中国的黄河流域和长江流域率先开始驯养动植物,从而发展出了伟大的农业,最终在距今5000年前将人类成功地导入了文明时代。

犹如夹缝中求生存的全新世间冰期究竟还能够持续多久,可怕而又漫长的冰河期是否还会重来,这个问题目前在科学上还没有准确的答案。有人认为,由于人类的高碳活动,全球气温将会持续变暖,冰河期很可能不会再回来了;人类目前面临的挑战,反而是两极冰川继续融化,海平面不断上升导致的生态灾难。不过,这种观点显然并不容易赢得更多的共识。冰河期的形成原因固然众说纷纭,然而基本上都与天文学和地球物理学有关,比如太阳系在宇宙间所处的位置变化,再如地球绕太阳运转轨道的偏心率变化和地球自转轴对地球轨道的倾斜率变化,又如地球两极位置的移动,等等。在如此大尺度的原因没有得到确切证明和排除之前,仅仅因为人类活动的原因就断然排除冰河期重现的可能性,在科学上无疑是盲目乐观的。人类在任何时候都不要忘记了,在长达40多亿年的地球史上,冰河期乃是常态,时间极长;间冰期则是非常态,时间极短。况且,一个间冰期仅仅数万年的时间尺度,如今也已过去了1万年。在未来的日子里,冰河期是否会如同不速之客般骤然来临并以迅雷不及掩耳之势将热衷于相互折腾的我们冻成冰棍,只有天知道,我们不知道。我们唯一能够知道的是,如果冰河期重来,海平面再次下降130米的话,水深18米的渤海与水深90米的黄海将会彻底消失,东海也将消失2/3;上海将无海可上,改为"上山"了;其实,何止一个上海,全球的港口都将全部"上山",全世界港口经济将全部崩溃。更为可怕的是,陆地冰川将再次覆盖北方地区,所到之处,寸草不生;即便是南方地区,同样也会因为天气骤降而导致农业全部崩溃。然后,受到冰川侵逼的北方人口将完全无法生存,势必拼死向南迁移,一场争夺残存的生存空间的残酷战争必将全面爆发。然后,什么都不用想了,只需要记住两个数据就可以了——人满为患的全球77亿人口,足以毁灭地球N遍的14,000多枚核弹头……

女士们,先生们,这就是我们的地球,这就是我们的未来。请不要再把《流浪地球》的科幻当成科学了,我们的地球本质上就是一艘不具备任何变轨能力的无动力飞船,无助地漂浮在茫茫太空之中,犹如提线木偶般被各种引力随意操控,又如太空标靶般被各种天体随意轰击。眼前的美好是如此的幸运,如此的短暂,如此的苟延残喘。只要稍稍放大一点时间尺度,我们就必须相信,灾难必将来临,可怕到令人难以接受的灾难必将来临,而我们做好应对准备了吗?那些热衷于贸易战的先生们,你们做好应对准备了吗?

《庄子·秋水》曰:"井蛙不可以语于海者,拘于虚也;夏虫不可以语于冰者,笃于时也;曲士不可以语于道者,束于教也。"我们是谁?我们是现代智人的后裔,我们是同舟共济的家人。我们懂科学,所以不应该是"不可语海"的"井蛙";我们懂历史,所以不应该是"不可语冰"的"夏虫";那么,热衷于贸易战的先生们,为什么在你们的世界里,还会有如此之多的傲慢、偏见与自私呢?难道你们真的要用这种方式向全世界证明,自己的确就是那个"不可语道"的"曲士"吗?法国作家让·布勒在第二次世界大战爆发前夕,曾写下过这样一句话:"人类出现的所有问题,原因都在于我们不知道自己是谁,而且在我们会变成什么样的议题上无法达成一致。"如今,80年时间过去了,科学的进步正在帮助我们更好地理解自己是谁,看清楚我们究竟会变成什么样的人,同时也在我们的头顶上悬挂了一把更加锋利、更加可怕的"达摩克利斯之剑"。女士们,先生们,如果我们的祖先至今所做的一切努力依然没能让你们下定决心携手远行的话,那么我愿意用这本《生命与超越》的心血,在这条通往人类命运共同体理想的远行路上,再次为你们奉上一家中国智造的温暖驿站。

# 目　录

绪　论

# 进化论的人文社科困境

## 物竞天择:达尔文与进化论

查尔斯·罗伯特·达尔文,英国生物学家,进化论的奠基人,1809 年 2 月 12 日出生于英国小城什罗普郡。1828 年,达尔文的父亲认为年轻的达尔文游手好闲,不务正业,一怒之下将其送到剑桥大学学习神学,希望他将来成为一名“尊贵的牧师”,不至于为家族蒙羞。然而,达尔文在剑桥大学完全放弃了对神学的学习,而是跟随著名植物学家亨斯洛和著名地质学家席基威克,接受了植物学和地质学的科学训练。1831 年,达尔文从剑桥大学毕业,亨斯洛推荐他以博物学家的身份参加英国海军“小猎犬号”舰环绕世界的科考航行。

1831 年 12 月,“小猎犬号”从英国的普利茅斯港出发,沿途考察了南美洲的东海岸、西海岸及相邻岛屿,包括影响达尔文至深的加拉帕戈斯群岛,然后跨越太平洋来到大洋洲,继而穿越印度洋到达南非，再绕过好望角经大西洋回到巴西，最后于 1836 年 10 月返抵英国。长达 5 年时间的环球科考深刻地改变了达尔文的思想，也奠定了进化论的科学基础。1859 年 11 月，达尔文出版巨著《物种起源》，正式提出了生物进化论学说，在全世界引发了一场影响至今的科学与思想的革命。

达尔文的《物种起源》论证了两个核心问题：第一，物种是可变的，生物是进化的。在达尔文浩瀚如海的科学证据面前，读过《物种起源》的生物学家都迅速地接受了这个观点，进化论从此取代神创论，成为生物学研究的基石。第二，自然选择是生物进化的动力。生物都有过度繁殖的倾向，而生存空间和食物总是有限的，生物必须为生存而斗争，因此只有那些具有适应环境的有利变异的个体才能够存活下来并繁殖后代，其他个体都会被淘汰。经过长期的自然选择，这种微小的变异就会逐渐积累成为显著的变异，从而导致亚种或新物种的诞生。1897 年，严复翻译了达尔文的最大支持者托马斯·赫胥黎的《进化论与伦理学》，并在“信、达、雅”的翻译原则指导下，将其中文书名定为《天演论》。在这部影响中国人至深的启蒙著作中，严复将达尔文的进化论思想概括成为每个中国人至今都耳熟能详的一句名言——“物竞天择，适者生存”。

达尔文的进化论沉重地打击了曾经在物种起源问题上占据统治地位的神创论，从而在基础上动摇了《圣经》的权威，也因此成为天主教会继哥白尼日心说之后的另一主要攻击目标。即便经过了 160 年的时间，“达尔文的斗牛犬”都已经由曾经的托马斯·赫胥黎换成了如今的理查德·道金斯，这场神创论与进化论之间的论战却依然没有结束。如此漫长的论战既出乎了所有人的意料，事实上也在提醒人们：进化论的进化之路恐怕并没有想象中的那么简单，达尔文的理论恐怕还远远没有揭示出真理的全部。

是的，在人类的科学史上，恐怕还真的没有一种科学理论能够像进化论这样，需要如此漫长时间的进化历程，还能引发如此漫长时间的争议。进化论是如此的科学，以至于人类走了160年，却依然没能走出达尔文当年画下的这个圈圈；然而进化论又是如此的不完善，以至于人类研究了160年，却依然为科学乃至于神学的对手留下无数可供攻击的破绽。达尔文本人在《物种起源》出版之后，又连续出版了多部巨著，不断运用新证据来捍卫进化论学说。其中，《人类的由来及性选择》论证了人类其实也是由较低等的生物进化而来的重要观点，从而完成了进化论学说从生物到人类的统一。然而，进化论涉及的领域和范畴是如此的巨大，即便以达尔文惊人的博学多才，穷其一生依然无法完成全部的理论构建。于是，一代又一代的科学家从他的手中接过了接力棒，继续为进化论大厦添砖加瓦。

1865年，与达尔文同时代的奥地利植物学家格雷戈尔·孟德尔通过豌豆的杂交实验，证明遗传物质是通过颗粒遗传，而不是达尔文所理解的融合遗传——在繁殖传代的过程中，这种颗粒状的遗传物质会进行分离，然后重新自由组合。今天的我们都已经知道，孟德尔当时的研究事实上已经一脚踏入了现代基因科学的门槛。然而很遗憾，由于时代的原因，当时没有人能够理解孟德尔的研究，孟德尔自己也不可能获得更大的突破。更令人扼腕叹息的是，达尔文的《物种起源》发表于孟德尔完成豌豆实验前几年，孟德尔本人曾认真阅读过这部巨著并从中得到很多启发，然而同时代的达尔文居然没有机会了解孟德尔的研究，从而导致这项伟大的研究没有及时与进化论结合，就这样被束之高阁地尘封了34年之久。

时代的车轮驶进了20世纪。1900年，来自荷兰的德弗里斯、德国的科伦斯和奥地利的切尔马克同时独立地“重新发现”了孟德尔遗传定律。接下来的几十年时间里,在摩尔根、艾弗里、赫尔希和沃森等几代科学家的不懈努力下,人类终于破译了遗传密码,生物遗传机制终于被正确地建立在了遗传物质 DNA 的基础之上。进化论也终于摆脱了化石证据匮乏的尴尬境地,直接从基因这个取之不尽用之不竭的宝库中获取必要的证据。达尔文创立的进化论终于从博物学和地质学时代走进了基因学时代,从而再次获得了飞跃。1976 年,英国进化生物学家理查德·道金斯发表名著《自私的基因》,将自然选择的对象设定在基因层面,而非物种和个体层面,从而引发了一场进化思想的新革命。道金斯是一名彻底的无神论者,他坚决捍卫达尔文的进化论,并依托科学对神创论发动了最猛烈的攻击,从而成为基因学时代进化论的新旗手。

## 优胜劣汰:斯宾塞与社会达尔文主义

赫伯特·斯宾塞,英国哲学家、社会学家、教育家,1820 年出生于英国德比城。涉猎甚广的斯宾塞在不少研究领域都有所建树,然而他最为人所共知的头衔,还是“社会达尔文主义之父”。斯宾塞是进化论的先驱之一,早在达尔文的《物种起源》发表之前 7 年,他就已经提出了社会进化的思想,认为进化是一种普遍的规律。不过,当时的斯宾塞认为进化是由获得性遗传引发的,而达尔文则正确地认识到进化是由自然选择推动的。因此,在接触到达尔文进化论之后,斯宾塞很快就接受了自然选择理论,并凝练出了“适者生存”(survival of the fittest)这一名言。

然而,斯宾塞对进化论的真正兴趣并不在生物学上,而是在社会学上。他迅速地将生存竞争、自然选择的原则移植到社会理论之中,认为生物界生存竞争的原则在社会里也同样起着支配作用,社会的进化过程同生物进化过程一样,也应该是优胜劣汰、适者生存的。在斯宾塞看来,人类是有优等种族和劣等种族、优秀个人和低能个人之分的,劣等的种族与低能的个体应当在竞争中被淘汰。因此,从生物学的角度来讲,贫困阶层和贫困种族是不适应进化过程的,如果那些不切实际的社会改良家试图改善贫困阶层和贫困种族的生活,他们就是在干预进化过程。而进化是一种自然的过程,人类应遵循其自身的规律,不应人为干预。从这个认识出发,斯宾塞既反对国家计划和社会福利,也反对社会改良和社会革命,而是大力支持古典经济学中的自由放任经济政策和维多利亚时期社会中的个人主义,并将其称为"社会达尔文主义"。

值得一提的是,作为一名人文社科学者,斯宾塞的研究却具有十分强烈的科学取向。他十分强调运用科学方法考察社会现象的重要性,并坚信自己的思想已经构成了一个极为融贯而有序的体系。其实,进化并不是斯宾塞唯一运用到社会学理论中的科学概念,他还用动物有机体来比拟人类社会。斯宾塞发现,二者都有调节、维持和循环分配三个系统,在动物有机体中分别是中枢神经、营养和静脉动脉;在社会有机体中则分别是政府、工业和道路、电报、商业等手段。据此,斯宾塞把社会成员也分成了三等:一是承担生产职能的工人和农民;二是承担分配与循环职能的商人、企业家和银行家;三是承担调节职能的政府管理人员、官吏。这三种社会成员同时并存是由社会有机体的本性决定的。他们各司其职,互相配合,共同维护了社会的运行和秩序。

可以看得出来,斯宾塞的思想事实上已经具备了系统科学的雏形,尽管真正的系统科学还需要等到 1932 年才由奥地利生物学家贝塔朗菲创立。不过,斯宾塞毕竟是一个崇尚个人主义的人。他同时认为,动物有机体和社会有机体存在重大的差异——动物有机体只有一个与整体相关的意识,各个器官是为了整体的生存而生存的;而社会有机体的每一个成员都具有独立意识,整体是为了部分的存在而存在的,社会应该为了其成员的利益而存在,而不是相反。

斯宾塞的社会达尔文主义在美国受到了狂热的追捧,尤其是那些崇尚奋斗和竞争,身负原始积累原罪的资本家们,这其中就包括美国钢铁大王安德鲁·卡内基。卡内基出身于苏格兰的一个贫困家庭,1848 年跟随家人移民到美国后,从在匹兹堡的一家纺织厂当最底层的苦工开始,一路奋斗成为美国首富、钢铁大王。毫无疑问,对于拥有如此经历的人来说,斯宾塞的社会达尔文主义乃是解释一切的最好理论。"'一切都变得更好,因此一切都理所当然'成了我的座右铭,"卡内基说,"在接触到斯宾塞的作品之前,我眼前只有一片黑暗。"而同时代的石油大亨约翰·D. 洛克菲勒的话就显得更加赤裸裸了:"大企业的成长不过是适者生存的结果,这不是商业的邪恶本性,只是自然法则和上帝法则运行的结果。"

## 魔鬼诞生:高尔顿与优生学

弗朗西斯·高尔顿,英国科学家和探险家,人种优化学说的奠基人,1822 年出生于英国伯明翰。高尔顿是达尔文的表弟——达尔文的父亲和高尔顿的母亲是同父异母的兄妹;有过两次婚姻的伊拉斯谟斯·达尔文既是达尔文的祖父,又是高尔顿的外祖父。表弟高尔顿一直十分崇拜表兄达尔文,《物种起源》出版之后,高尔顿为之深深折服,于是开始思考人类是否也可以通过选择性育种的形式实现进化。1869 年,高尔顿出版了《遗传的天才》,认为一个人的能力乃是由遗传得来的，其受遗传决定的程度，如同一切有机体的形态及躯体组织之受遗传的决定一样。平心而论，高尔顿的研究并非空穴来风，而是由大量的统计数据支撑的。然而，接下来的推论就有点问题了。高尔顿呼吁，让“我们”像改进其他物种那样改进人类自己，即只选用人类中最好的来传宗接代，剔除最差的。1883 年，高尔顿出版了《人类才能及其发展的研究》一书，提出了一个以人类的自觉选择来代替自然选择的社会计划，还专门创造了一个新名词——“优生学”(Eugenics)。

高尔顿口中的“我们”到底是指谁呢？在斯宾塞的个人主义世界里，“我们”自然是指人类社会的每一个人，人种优化自然是指我们每一个人都尽力选择一位优秀的配偶，然后繁衍出更加优秀的后代。不过，在高尔顿的世界里，“我们”却有着更多的“集体主义”的含义，如在高尔顿的追随者卡尔·皮尔逊看来，“我们”就是指整个民族。高尔顿的优生学思想深刻地影响了西方世界。1912 年，第一届优生学国际大会在伦敦召开，此时高尔顿刚刚去世一年。耐人寻味的是，当时主持会议的恰恰就是达尔文的儿子伦纳德·达尔文，而出席会议的有很多大人物，其中就包括当时的海军部大臣温斯顿·丘吉尔。不出所料，几年后，丘吉尔就在议会上提出了英国的人口储备问题。不过，尽管英国是优生学理论的诞生地，甚至在高尔顿之前，就已经有了马尔萨斯的《人口论》，但在自由主义力量的竭力牵制下，英国从来就没有在政策上真正实践过优生学。然而，在美国，尤其在德国，情况就有点不妙了。

1921 年，第二届优生学国际大会在纽约召开，美国人开始从英国人手中接过了优生学的枪。因重病而无法出席的伦纳德·达尔文特地给大会发来了消息，表达了对优生学的坚定支持。1911 年，美国有 6 个州通过法律，允许对心智不健康的人实施强制绝育；6 年之后，又有 9 个州通过了这项法律；1927 年，联邦最高法院也改变了过去的立场，在著名的巴克诉贝尔案（Buck v. Bell）中，9 名大法官以 8∶1 的压倒性优势判决弗吉尼亚州政府对卡莉·巴克实施绝育手术。在判决书中，大法官奥利弗·温德尔·霍姆斯说了一句名言："三代白痴已经够了，不能再继续生了。"到了 20 世纪 30 年代，美国有 30 个州通过法律，对低能儿、精神失常者、有犯罪倾向者、癫痫人士、酒鬼、病人、盲人、畸形者和需要他人照料者进行强制绝育。等到美国在 20 世纪 70 年代初废除这些法律的时候，已经有 63,000 人被迫绝育，还有更多的人被说服自愿绝育。

美国人的优生学实践为许多国家开辟了前行的道路，瑞典、加拿大、挪威、芬兰、爱沙尼亚和冰岛都把强制绝育列入了法律并付诸实施。不过，所有这些国家所做的事情全部加在一起，大概也比不上德国的一个零头。1932 年，第三届国际优生学大会虽然在美国的纽约召开，然而德国才是被人们追捧的明星。德国博物学家、进化论的坚定捍卫者恩斯特·海克尔是德国优生学的导师，他的思想为高尔顿的优生学赋予了准宗教的色彩，也给达尔文的进化论蒙上了一层可怕的阴影。1892 年，在阿尔滕堡的一场演讲中，海克尔这样说道："是达尔文，尤其是 34 年前，用他的生存斗争学说以及立足其上的选择理论，打开了我们的眼界。现在我们知道，我们星球上的整个有机自然，都是通过一场人人对抗人人的无情战争而存在的。"1904 年，海克尔的追随者成立了德国种族卫生协会，从而打开了德国最终通往反犹主义乃至于种族屠杀的大门。

1933 年 1 月 30 日，阿道夫·希特勒上台担任德国政府总理。纳粹政府很快通过了《遗传病后裔防治法》，也就是通常所说的绝育法,这是纳粹德国迈向魔鬼的第一步。法案通过后,每个月都会有近5000名成年人被绝育,以至于200个遗传健康法庭不得不超负荷运转,对涉及绝育的上诉进行裁定。在希特勒上台后的6年时间里,德国共有40万人被强制绝育。1939年,纳粹德国向魔鬼迈出了第二步,颁布了《严重遗传性与先天性疾病科学登记制度》,开始大规模开展安乐死计划,以在全国范围内彻底清除“遗传缺陷”,清除“没有生存价值的生命”。这场屠杀最开始以先天性疾病儿童为目标,接着扩展至青少年,最后延伸到了成年人。截至1941年,共屠杀了近25万人。由于执行安乐死计划的总部位于柏林动物园街4号,因此该计划被命名为“T4行动”。然而,所有这些都只不过是一个更大灾难的序曲而已。1936年,纽伦堡纳粹代表大会通过了《犹太问题最终解决方案》;1942年,万湖会议通过了《东方总计划》,决定对“劣等民族”进行种族灭绝,纳粹德国向彻底变成魔鬼迈出了最后一步。在整个“二战”期间,纳粹通过枪杀、毒气、故意冻死、故意饿死等各种手段,先后屠杀了600万犹太平民和1100万斯拉夫、吉普赛以及塞尔维亚平民。高尔顿当年播下的优生学种子,最终开出了令人不寒而栗的邪恶之花。

### 生物决定:威尔逊与社会生物学

爱德华·O.威尔逊,美国生物学家、博物学家,社会生物学的奠基人,1929年生于美国亚拉巴马州伯明翰。威尔逊是世界著名的蚂蚁研究专家,同时又是一名杰出的作家,曾以《论人的本性》和《蚂蚁》两度获得普利策奖;1996年被《时代》杂志评为对当代美国影响最大的25位美国人之一。1975年,威尔逊出版了著名的《社会生物学:新的综合》,正式开创了社会生物学这一争议巨大的当代学说。

所谓社会生物学,按照威尔逊自己的定义,就是“有关动物社会行为与复杂社会组成这两者的生物学基础的系统研究”;就人类而言,社会生物学的任务,就是从进化意义上科学地解释人类行为的起源与进化的生物学机制。

用最直白的话说,社会生物学主要研究动物的社会性行为,同时认为,人类的社会性行为也是由生物学机制决定的。这是进化论向人类社会延伸的一次新尝试,而这也注定了社会生物学的复杂命运。《社会生物学:新的综合》全书共 27 章,其中 95%以上的篇幅都在研究如何用进化论解释动物的社会性行为;然而,麻烦出现在了最后一章——《人类:从社会生物学到社会学》。在这个篇幅并不很长的章节中,威尔逊尝试地做了当年斯宾塞和高尔顿都曾经做过的事——将进化论从生物学推广到人类社会,力图用生物学机制来“科学”解释人类的行为。经过一番研究,威尔逊得出结论:人类的行为在很大程度上与其他动物的社会行为一样,是由基因决定的,是自然选择的结果。其实,这个观点在道金斯的《自私的基因》中也有出现,因此从广义上说,道金斯所持的其实也是一种社会生物学观点。只不过,道金斯的研究是从基因的微观视角出发的,而作为蚂蚁这种高度社会化动物的研究专家,威尔逊的研究显然一开始就与社会这一宏观视角紧紧联系在了一起,很显然也更容易将自己的观点从蚂蚁社会直接推广到人类社会。

社会生物学的创立引发了西方进化生物学界乃至于整个学术界的巨大争议。鉴于威尔逊在动物行为学领域的杰出成就,有人把社会生物学的开创称为继达尔文以来最重要的理论突破。1989 年,国际学术组织动物行为学会将《社会生物学:新的综合》列为有史以来最重要的一部动物行为学著作,其学术地位甚至超过了达尔文

1872年的经典著作《人和动物的表情》。然而,从1975年到现在,针对社会生物学的反对声始终不绝于耳。著名进化生物学家理查德·勒沃汀和史蒂芬·古尔德强烈反对威尔逊的理论,认为将社会生物学用于分析人类行为,不仅缺乏足够的证据来支持,同时还具有政治上的危险性。科学家列出了社会生物学的两大缺陷:一是还原论,即认为最终可以将人类的行为还原到生物学中去理解;二是遗传决定论,即相信人类的基因决定了人类的本性。遗憾的是,有些示威者可不像科学家那么理性。1978年,美国科学促进会在华盛顿举行年度会议,威尔逊正准备发表演讲,反种族主义示威者突然攻击了他,将一瓶冷水浇在了他的头上。这次事件据说是近代美国史上科学家仅仅因为表达某个理念而遭到身体攻击的唯一一宗案例。

## 恺撒之路:跨越进化论的卢比孔河

在意大利的北部,有一条长约29公里的河流,叫卢比孔河。在2000多年前的罗马共和国时代,这条不起眼的河流正是罗马本土与高卢行省的分界线。当时的罗马法律规定,任何将领出征回国,都必须在卢比孔河以北就地解散军团,让将士以公民的身份回到罗马。倘若有人胆敢率领军团跨过卢比孔河,将被视为叛国。卢比孔河禁令是罗马共和国对可能发生的军事叛变和军事独裁的一道法律防卫线,数百年来一直像魔咒一般紧紧地控制着攻无不克战无不胜的罗马军团。然而,公元前49年,这条卢比孔河终于还是被跨了过去,而跨越它的那个人,就是著名的盖乌斯·尤里乌斯·恺撒。

罗马共和国末期,凭借着罗马军团的南征北战,共和国不断开疆拓土,大量财富流入罗马。元老院的贵族们凭借共和制掌握着权力,逐渐腐朽堕落。而罗马公民在外征战,家里土地常年抛荒,一旦战死沙场,土地还要被贵族兼并掠夺。这种不合理的体制导致社会矛盾积累到了爆发的临界点,将士呼唤真正的改革。恺撒领兵征战高卢,战必胜,攻必取,不到10年的时间,就迫使800余座城市、300多个部落投降,最后征服了整个高卢,为罗马立下赫赫战功,也深受将士们的崇敬和爱戴。元老院的贵族们嫉妒他的功劳,畏惧他的权势,于是开始策划剥夺他的权力,终于将恺撒逼到了摊牌的境地。公元前49年1月10日,第13军团兵临卢比孔河,静待他们的统帅发出最后的命令。每位将士的心里都十分清楚,只要越过面前的卢比孔河,就意味着叛国,意味着内战,意味着他们将触犯罗马最严厉的法律;当然,这同时也意味着革命,意味着重生,意味着他们终于有机会改变过去的所有不合理。这的确是一场赌博,一场命运的赌博。夜晚时分,结束了内心煎熬的恺撒终于说出了那句著名的话——“骰子已经掷下”,然后毅然指挥第13军团跨过卢比孔河,杀进罗马城,推翻了元老院的统治。这次历史性的跨越敲响了共和制的丧钟,为罗马进入辉煌的帝国时代奠定了坚实的基础,也为西方社会留下了一句著名的谚语——“跨过卢比孔河”。

在生物学领域战无不胜攻无不克的进化论也有一条属于自己的卢比孔河,那就是人文社会科学。无论是斯宾塞的社会达尔文主义,还是高尔顿的优生学,抑或是威尔逊的社会生物学,只要跨过这条卢比孔河,进入人文社会科学领域,就无不遭遇到迎头痛击乃至于严厉惩罚,至少惹出的麻烦比取得的成绩要远远大得多。平心而论,如果说社会达尔文主义还只是为一个社会的弱肉强食大开方便之门的话,那么优生学不堪回首的发展历程则足以让我们每个人永远心生余悸;至于社会生物学,尽管现在似乎还没惹出什么大的是非来,但是谁又敢说,这不是因为经历过种族屠杀至暗时刻的现代社会吸取了教训的缘故?进化论在生物学领域是如此的成功,以至于160年来人类完全找不到一种比进化论更好的解释生命起源的理论了。然而,为什么在生物学领域如此成功的进化论一旦进入人文社科领域,就出现了如此之多的麻烦?诚如斯宾塞、高尔顿和威尔逊所质问的,难道人不是一种生物吗?难道人不是从动物进化而来的吗?难道人不是由基因成长发育而来的吗?如果是,那为什么进化论就不能适用于人类,适用于人类社会呢?在动物与人的边界处,在生物学与社会学的边界处,在自然科学与人文社科的边界处,究竟发生了什么,以至于形成了一条如此难以跨越的进化论的卢比孔河?还有,为什么在科学如此昌明的今天,进化论却一直无法彻底击退宗教?为什么在科学不断加持的情况下,唯物主义却一直无法彻底清除唯心主义?从某种意义上来讲,这难道不也是一条横亘于我们心中已久的卢比孔河吗?

跨过卢比孔河的确需要勇气和能力,需要令人难以置信的勇气和能力。从斯宾塞,到高尔顿,再到威尔逊,这些杰出的人都尝试着做了自己时代的那个“恺撒”。他们成功了吗?我不知道,不过历史终将知道。我只知道,现在我自己也站在卢比孔河边上了。越过这条卢比孔河意味着什么,我的心里和当年的恺撒一样清楚;可是最终等待我的结局会是什么,我的心里和当年的恺撒一样不清楚。还有,如果说达尔文、高尔顿和威尔逊们是站在卢比孔河北岸的话,那么我就是站在卢比孔河南岸,因为他们是从自然科学领域走向人文社科领域的,而我居然是从人文社科领域走向自然科学领域的。在文理分科如此壁垒森严的今天,我们从来只见过自然科学对人文社科的“俯攻”,什么时候见过人文社科对自然科学的“仰攻”?人文社科的事人人都能诌上几句,自然科学的事可不是谁都能诌得来的。慢说人文社科研究者不懂自然科学的事,就是不同专业的自然科学研究者之间,一样也是隔行如隔山的。而我不知道是抽到了哪根筋,居然以一个法律人的教育背景,想要去跨越这条卢比孔河,这个世界上大概没有比我更蠢的人了。

然而,"骰子终究还是掷下了",因为这就是我的路。从《文明与法治》到《精英与平民》,其实我一直都在走着这条远行的路,事实上也早已跨过了很多的河流。我只是没有想到,当我要写作《生命与超越》的时候,自己居然会面对一条卢比孔河。我知道逆渡这条卢比孔河很可能会让我变成一个蠢人,然而卢比孔河两岸的疏离和断裂给这个世界带来的撕扯和冲撞却令我更加无法释怀。既然如此,那就出发吧,至少我还可以安慰自己:比起恺撒来,我也算是勇气可嘉了,因为我的身边可没有第13军团,我只有单枪匹马;而比起熟悉卢比孔河北岸的高尔顿和威尔逊们,我至少还算比较熟悉卢比孔河南岸的情况——也许这会是一个优点,因为我逆渡卢比孔河的目的其实不是为了北岸,而是为了更好地面对南岸。再说了,历史上干这种"蠢事"的人也不止我一个。当年诺贝尔物理学奖获得者薛定谔先生从物理学领域跨界到生物学领域写作《生命是什么》的时候,不也说过这么一句话吗:"除非我们中有些人敢于去着手总结那些事实和理论,即使其中有的是属于第二手和不完备的知识,而且还敢于去冒把自己看成蠢人的风险,除此之外,我看不到再有摆脱这种两难境地的其他办法了。"〔1〕

〔1〕[奥]埃尔温·薛定谔:《生命是什么》,罗来鸥、罗辽复译,湖南科学技术出版社2016年版,第1页。

CHAPTER 01>

# 第一章

# 广义进化论的提出

## 初级阶段:广义进化论的进化之路

达尔文的进化论无疑是科学的,然而一旦涉及人或延伸到人类社会,马上就会出现很大的争议。于是,有些科学家逐渐意识到,这很可能跟我们的线性思维有关。进化论固然是科学的,但是从生物领域迁移到人类社会的时候,中间似乎发生了某种质变。然而,究竟发生了什么质变,其中的科学原理又是什么,这些科学家的意见从来就没有统一过。我甚至怀疑他们就没有认真交流过,因为我在阅读他们的著作时,基本上就没有见过他们相互引用过对方的观点,就更不要提互相辩论了。换句话说,在将狭义的进化论拓展为广义的进化论这件事情上,目前的人类社会还没有达成什么共识,甚至都还没有将其上升为一个正式的科学命题。所以公平地说,人类对广义进化理论的研究目前还处在一个探索的初级阶段。

尽管如此，科学家的思路一旦打开，往往就会获得一些研究上的突破，而且还会表现出一些趋同性。比如说，既然进化论可以从生物领域向后拓展到人类社会，那么为什么不能向前拓展到物理世界呢？还有，既然人类社会也是一个有机体，那么为什么不能把社会也当成进化的主体呢？基于这样的认知，不少科学家开始尝试提出自己的广义进化理论。

德日进是法国著名的哲学家和古生物学家，由于学术思想有悖于基督教教义，他的一生中有一半时间是被放逐异邦的。德日进在中国从事地质和古生物考察研究长达23年之久，是著名的“北京猿人”头盖骨的鉴定者。名著《人的现象》就是德日进于1938年至1940年在北京完成的，然而由于天主教会的阻扰，这部著作直到他逝世后才得以出版面世。在我看来，尽管德日进并没有正式提出“广义进化论”这个概念，但是《人的现象》事实上就是一本广义进化论著作。德日进十分强调进化的意义，并将其置于一切理论和体系之上，他说：“（进化）是一切理论、假设、体系都必须服从并与之保持一致的一个基本条件，否则他们就不可能是合情合理、合乎事实的。进化是照耀一切事实的亮光，是一切线条都必须在其中接合的曲线。这就是进化。”德日进认为，整个世界就是一个进化过程。物质从它最遥远的生成开始，就是通过发展的过程呈现在我们面前的。整个宇宙都包罗在一个统一的发展链里。[1] 那么，德日进眼中的进化究竟包含哪几个阶段呢？《人的现象》将其分为了四个部分——生命前、生命、思想、超生命。德日进的文字往往充满了跳跃性和思辨性，因此如果我们用最简单的语言替他概括一下，那么可以这么说：

---

〔1〕［法］德日进：《人的现象》，范一译，北京联合出版公司2014年版，第4页。

在德日进的理论框架中，生命前的进化就是物质的进化；生命的进化就是生物的进化；思想的进化就是人的进化；而超生命的进化就是社会的进化。值得注意的是，德日进事实上是将“人的进化”与“社会的进化”视为不同范畴，分开进行研究的。

欧文·拉兹洛是布达佩斯俱乐部的创始人，也是广义进化综合理论的创始人。拉兹洛将进化的领域划分为物理科学、生物科学和社会科学。物理科学研究的是最基本组织层次上的物质综合体，从夸克、强子、轻子、电子和中子开始，直到所有具有静质量的基本粒子；生物科学研究的起点是为生物物种遗传信息编码的核酸；而社会科学关心的是更高的组织层次束，即由人这种生命机体组成的各种社会的和文化的系统。拉兹洛认为，进化的这三大领域所构成的不仅是组织性的序列，而且还是时间性的序列。这三个组织层次束成金字塔形。它的底部是物理的和物理—化学的物质—能量系统，它们遍及分布在宇宙中的数十亿个星系。在这层基础的上面是地球上的生物系统以及据推测可能有生命的相当数量的其他行星表面上的生物系统。在这金字塔的顶部是人类在地球上建立的社会—文化系统——以及(可能)在其他地方由具有必要智力形式的外星人建立的社会—文化系统。物理的物质—能量系统的进化为生物的进化建立了舞台，并确定了进化的规则；而生物的进化又为社会—文化系统的进化建立了舞台，并确定了相应的进化规则。[1]需要注意的是，在《人类的内在限度》中，拉兹洛将“现代人的出现”归入了第10章“生命进化”；然后在物理进化、生命进化、社会进化的内容之外，又在第12章“哲学附言”中，附加讨论了科学的进化、

---

〔1〕［美］欧文·拉兹洛：《人类的内在限度》，黄觉、闵家胤译，社会科学文献出版社2004年版，第116～118页。

心灵的进化和外星的智能三个问题。

乔治·瓦利恩特是哈佛大学著名的精神分析学家、精神病学研究专家。在《精神的进化》一书中，瓦利恩特认为精神的进化涉及三种进化形式：基因进化、文化进化以及个体进化。从自私的爬虫类动物进化到具有仁爱之心的哺乳动物，需要经历基因进化来实现掌管人类积极情绪的大脑边缘系统的进化。从仁爱、顽皮、充满激情的哺乳动物进化到具有创造性的科学家和充满智慧的神学家，也需要经历基因进化来实现人类面积巨大的大脑新皮质的进化，该部位是人类科学和宗教教义构建的生物学基础；人类要跨越“强权即真理”的阶段进化到“撒玛利亚人”（助人为乐者），四处散播同情、宽恕，还有无私的爱，则需要经历文化进化；第三种进化即个人生命历程中的个体进化。精神的进化不仅停留在基因和文化两个层面，还包括在我们的人生中。[1] 值得注意的是，作为一名心理学家，瓦利恩特的三种进化都是围绕着精神进化展开的，并没有涉及物理进化和生命进化，即便分析基因进化，也不是为了研究生命进化，主要是为了研究大脑，服务于研究精神进化的需要。

在这场关于广义进化理论的讨论中，中国的科学家也没有缺席。詹克明先生在《裸猿〈道德篇〉——自然·人文·科学》中指出，我们的宇宙至少经历了四次伟大的进化：核素进化、化学进化、生物进化和智能进化。在恒星上的核素进化，由质子、中子等基本粒子出发，最后产生了近百种元素（包括千余种同位素）的原子，从而点燃了化学进化。化学进化由原子出发，小分子、大分子，聚合成生命大分子，最终点燃了生物进化。生物进化由单细胞到多细胞、简单

---

〔1〕［美］乔治·瓦利恩特：《精神的进化》，张宗庆、周琼译，华东师范大学出版社 2018 年版，第 9 页。

生物到高级生物。生物进化的终点产生了人,同时点燃了人类智能文明的进化。宇宙中的这几次伟大进化,哪一个都要历经数十亿年。目前人类智能文明进化不过刚开始,它必然会以亿年计。与之相比,旧石器时代过去的175万年是个很短的时间,有文字的7000年更是一瞬。在人类智能进化初期出现的种种谬误、种种病态,以及种种反自然倾向,只是发展过程的"涨落偏差",只是幼儿蹒跚学步的歪斜,以后一定会走稳健的。人类的智能进化也许只相当于生物进化的"多细胞"生命阶段。人类必然要从目前并不谐调的"多细胞体"走向全世界范围的谐调和合理组合,这是一组"世界大同"的统一体。人类只有首先实现全世界范围的内部和谐才有可能作为一个整体调整自己与大自然的完美和谐。[1] 值得一提的是,虽然詹克明所写的只是一篇科学散文,关于广义进化不过寥寥几笔,然而依然令人印象深刻,尤其文中"点燃"一词,令人深受启发。

进化生物学家对广义进化理论其实也有所涉猎。尽管进化生物学家们都倾向于将生物进化的逻辑延伸到人和人类社会,然而不管是威尔逊,还是道金斯,甚至是更早的进化生物学家,都不否认在生物进化之外还有一种社会性进化,那就是文化进化。托马斯·赫胥黎的孙子朱利安·赫胥黎也是著名的生物学家,他认为,文化进化是一个和生物进化极为不同的过程,它有自己的规律、机制和模式,不能单纯从生物学基础上加以解释。[2] 不过,也许是出于专业自信,一些进化生物学家对社会科学家的研究往往很看不上,而且很容易就不自觉地用生物进化的逻辑来理解文化进化。威尔逊就在《论人的本性》中说道:"遗传的决定作用使文化进化之路变得狭

---

〔1〕《蔚蓝的思维——科学人文读本》,上海教育出版社2005年版,第15~16页。
〔2〕[英]哈耶克:《致命的自负》,冯克利等译,中国社会科学出版社2000年版,第23页。

窄。无论涂尔干、拉克里夫·布朗分别在社会学和人类学中建立了多么冠冕堂皇的整体主义传统,文化依然不是仅凭自身之力而进化的超级生物体。如果我们全然将社会视为人群,就可更加精确地揭示文化与遗传的关系。"[1]

## 三层进化:我的广义进化论

尽管科学家们的研究令人印象深刻,然而似乎并没有真正解决我们的问题。跨过卢比孔河,不是为了跨过卢比孔河,而是为了重新定义罗马;研究广义进化论,不是为了研究广义进化论,而是为了破解进化论的人文社科困境,或者说,为人文社科的发展奠定科学的基石。与科学家们相比,我之所以会在研究的时候坚持这个问题导向,也许恰恰是因为我来自卢比孔河的南岸,来自"罗马"。还有,我不知道科学家们有没有反思过一个问题——从德日进到拉兹洛,关于广义进化的研究多少也有几十年时间了,为什么一直都没有获得太大的反响呢?与大张旗鼓的社会生物学研究比起来,广义进化论的研究简直就是偃旗息鼓。在我看来,这个不无尴尬的事实大致上有两个解释:一是过去的广义进化论研究似乎缺乏强烈的问题导向,不针对人们的困惑,不解决公认的问题,所谓的科学研究就不会引起太多人的注意,也会由于力量失焦而难以获得真正的突破;二是过去的广义进化论研究可能还没有真正掌握跨过卢比孔河的质变点。只要不解决这个核心问题,所谓的广义进化论就难免流于泛泛而谈的外部观察,而一个具备科学素养的人要想从外部观察到物理进化和社会进化的事实其实并不太难——这样子的"广义综合"

---

〔1〕[美]爱德华·O.威尔逊:《论人的本性》,胡婧译,新华出版社2015年版,第78页。

要想获得伟大的科学意义很显然是不可能的。众所周知，在达尔文的《物种起源》之前，很多人都已经有了进化论的思想，然而只有达尔文的研究才真正揭示了自然选择对进化的决定性作用，从而一举奠定了进化论的科学基石。因此，今天的广义进化论如果真的要想成为德日进所期待的那种“照耀一切事实的亮光”，那么是不是也应该呼唤一个属于自己的达尔文呢？

我肯定不会是广义进化论的达尔文，我只是一名人文社会科学的研究者；我也肯定不会是恺撒，不过，如果可以的话，我倒是愿意成为第13军团的一名士兵。虽然暗夜之中我并没有看到太多的战友，但是我相信他们也在渡河，我不是单枪匹马。其实，跨过卢比孔河并不是因为恺撒有多么伟大，而是因为当时每个士兵的心中都有一条卢比孔河，都有一个新罗马。如果说一个人不能两次踏进同一条河流，那么不同的人也不可能同时踏进同一条河流；如果说一千个人的眼中就有一千个哈姆雷特，那么一千名士兵的脚下就会有一千条卢比孔河。所以，我愿意在这里冒着自己成为蠢人的危险，阐述自己心目中的广义进化论，为了人类更加美好的明天。

在我看来，自从138亿年前宇宙大爆炸以来，这个世界先后经历了三次大的进化，依次是物理进化、生命进化和精神进化。这个顺序既是时间性顺序，也是组织性顺序，所以更准确地说，“三次进化”应该称为“三层进化”。换句话说，进化就像一座三层的金字塔，自下而上地看，分别是“物理进化—生命进化—精神进化”。在宇宙大爆炸发生之后的极短时间里，从核素在力的作用下开始形成的那一刻起，宇宙就已经点燃了第一层进化——物理进化。在我的理解中，物理进化应该包含了詹克明先生所说的核素进化与化学进化，因为从广义上来说，化学尤其是无机化学，本质上也是物理学的范畴。至少与后面的生命进化所发生的质变相比,核素进化与化学进化之间的差别似乎并不足以让它们分开单列,因此我们不妨将核素进化和化学进化统称为——物理进化;当第一层的物理进化从核素、原子、分子,一路演进到了出现RNA和DNA这样具备自我复制能力的长链大分子的时候,就终于点燃了第二层进化——生命进化;而当第二层的生命进化从单细胞、多细胞、动植物,一路演进到出现具备自觉意识的人的时候,事实上就已经点燃了第三层进化——精神进化。需要指出的是,詹克明先生将这一层进化概括为智能进化,而在我看来,人的进化不仅仅在于智能进化,还包含了十分重要的情感进化,因此我们不妨将智能进化与情感进化统称为精神进化。

这就是我所理解的三层进化的广义进化论。如果我们都同意不抠字眼的话,那么不妨将其拿来与科学家们的广义进化论做个比较。首先,与德日进的"生命前—生命—思想—超生命"四层进化相比,我并没有将思想进化与超生命进化分开,因为我将很快在下文中证明,这两者其实就是一回事。其次,与拉兹洛的"物理—生命—社会"三层进化相比,我将人的出现直接归入了精神进化的范畴,而不是像拉兹洛那样将人的出现放在生命进化的范畴里;同时我也不太理解拉兹洛将科学进化、心灵进化单列出来讨论的做法,因为在我看来这两者本来就是精神进化的范畴;还有,拉兹洛将第三层进化命名为社会进化,而我将很快在下文中证明,其实精神进化就是社会进化,事实上也就是威尔逊、道金斯这些生物学家口中所称的文化进化。也就是说,在我的理论框架中,精神进化、社会进化、文化进化、人的进化这四个词基本上是等价的。最后,在我看来,没有必要像瓦利恩特那样,将精神进化分为"基因进化—文化进化—个体进化”三个部分。人的精神进化当然离不开基因的基础性作用，大脑边缘系统和大脑新皮层的形成对于精神进化当然十分重要，但是我将很快在下文中证明，精神进化本来就是奠基在生命进化之上的，正如生命进化本来就是奠基在物理进化之上一样。因此，如果这些大脑器官属于生命进化的范畴，那就没有必要将它们纳入精神进化的范畴，因为我们从来就不会否认生命对精神的基础性作用以及二者之间的互动性；而如果这些大脑器官属于精神进化的范畴，那么它们本来就是在文化进化以及所谓的个人进化中逐步发育起来的，换句话说，它们本来就是一回事。因此，无论是哪个答案，将基因进化纳入精神进化的范围都是不合适的。还有，个人进化其实就是精神进化的组成部分，所以将个人进化与文化进化进行并列也是不合适的。总而言之，瓦利恩特的精神进化的三个组成部分，只需要保留文化进化就可以了——基因进化属于生命进化的范畴，个人进化又可以纳入文化进化。

现在，让我们一起逐层了解一下我心目中的“物理—生命—精神”这三层进化的广义进化论。

## 鸿蒙初开：物理进化是广义进化的起源

科学家认为，138 亿年前，宇宙大爆炸发生。由于人类存在方式的局限，我们也许永远无法追溯到时间为零的奇点时刻，判断那究竟是什么时候，又发生了什么。在大爆炸发生后的 $10^{-43}$ 秒之前的普朗克时间里，宇宙处于人类的物理定律无法描述的状态，宇宙的四种自然力——强核力、弱核力、电磁力和引力还没有分开，而是统一成单一的“超力”，宇宙处于一个“虚无”的完美状态。我想，如果用中国古人的话来描述，大爆炸发生时的普朗克时间大概就是——“鸿蒙初开,天地混沌如鸡子,盘古生其中。”而如果用西方古人的话来描述,大爆炸发生时的普朗克时间大概就是——“起初,神创造天地。地是空虚混沌,渊面黑暗。”

大爆炸之后的 $10^{-43}$ 秒,对称性破缺发生了,宇宙迅速膨胀,四种自然力开始分解,引力第一个独立了出来,在整个宇宙中释放出冲击波,而剩余的三种自然力依然没有分开。到了 $10^{-35}$ 秒,一定是发生了什么惊人的事情,宇宙突然以 $10^{50}$ 的巨大系数猛烈膨胀,膨胀速度比光速还要快,温度为惊人的 $10^{32}$ 度(K)。这个令人难以理解的时期被科学家称为膨胀时期,持续时间短到不可思议,大约到 $10^{-34}$ 秒就停止下来,这时候的宇宙已经膨胀成了一个超宇宙。虽然此后的宇宙还在继续膨胀,但是速度却慢得多了,因此科学家往往将宇宙大爆炸的时间设定为 $10^{-34}$ 秒之前。

大爆炸之后的 $10^{-34}$ 秒,温度迅速下降到了 $10^{27}$ 度(K),膨胀结束,宇宙进入了滑行式的标准弗里德曼扩充期,强核力与其他两种力分离开来了;到了 $10^{-12}$ 秒,弱核力与电磁力也彼此分离了。至此,四种自然力全部出现在了宇宙之中。此时宇宙中的唯一物质,就是由无拘无束的夸克、胶子和轻子的热等离子体构成的“汤液”。然而宇宙依然极度炽热,这些粒子完全无法结合在一起。到了 $10^{-6}$ 秒的时候,温度继续下降,强核力终于有机会将夸克结合在了一起,从而形成了质子、中子和其他重粒子。这个时候的宇宙还很“小”,大概只有现在的太阳系那么大。

大爆炸之后 3 分钟,宇宙的温度终于降到了足够“低”——比氢弹爆炸时的温度高不了多少,质子和中子在强核力的作用下开始结合,最简单的原子核终于诞生了。这期间,弱核力也参与其中,因为 1 个中子在 15 分钟之内就会衰变为 1 个质子和 1 个电子,同时放射出 1 个中微子,所以需要弱核力的作用才能源源不断地将质子和电子合成为中子,以让中子和质子结合成为原子核。还好,一旦进入原子核,中子就稳定了下来。这个时候的原子核多半为 1 个质子的氢核,以及少量由 1 个质子与 1 个中子结合而成的氢的同位素——氘原子核;同时,在强核力的作用下,2 个质子与 2 个中子也有机会融合成 1 个氦原子核,从而形成了 76%的氢和 24%的氦的宇宙物质比例。核融合的时间不会太长,科学家认为只持续了 17 分钟,到了大爆炸之后 20 分钟,宇宙温度过低,强核力主导的合成进程便难以为继。不过,从另一个角度来说,宇宙的温度还是太高了,电子依然无法与原子核结合,原子还没有出现。

大爆炸之后 38 万年,宇宙的温度下降到了 3000 度(K),在电磁力的作用下,氢核和氦核终于捕捉住了电子,并将其固定在原子核周围,完整的原子形成了。这些原子基本上都是氢原子与氦原子,而宇宙也终于由一团炽热与一团混沌变成透明的了,天空不再是白的,而是变成黑的。光子终于可以在宇宙间自由传播,这些背景辐射至今还在宇宙中游荡,这也就是为什么 COBE 和 WMAP 卫星能够拍到的最早的宇宙辐射照片就是大爆炸之后 38 万年的原因所在。《圣经》里说:“神说,要有光。就有了光。”我想,如果这个世界真的有上帝,那么他一定是在大爆炸之后 38 万年的时候说的这句话。

大爆炸之后 1 亿年,宇宙继续膨胀和冷却。在引力的作用下,弥漫在宇宙中的一团团巨大的氢—氦云开始收缩,并分裂成了许多单个的云团。接着,这些云团在引力的作用下继续旋转收缩,形成了一个个旋转的星核,星核吸收周围的分子云,继续增长自身的质量。随着质量的不断增加,星核中气体的原子间距被引力压缩得越来越小,云团中心越来越热,高温和碰撞使原子失去了它们好不容易得到的电子,又变回了原子核,真是“辛辛苦苦三十年,一夜回到解放前”。要知道,原子核的大小只有原子的 1/10000——如果说原子是一个礼堂,那么原子核就是礼堂里的一只苍蝇,原子的大小平时全靠电子“虚张声势”地撑着门面呢。失去电子使原子核被引力压缩得极其紧密,核心温度被推向了质变的高潮。当温度达到了 1000 万℃的时候,伟大的核聚变开始了。四个氢原子核被融合成一个氦原子核,同时释放出了光和能量,闪耀天际的恒星终于诞生了。

恒星是力的完美平衡体——引力将气体向内压缩向核心,从而引发了核聚变;而核聚变又产生了光与能量,构成了向外的辐射压力;当引力和辐射压力相等的时候,恒星就进入了稳定的主序星时期。小于太阳质量 1/3 的天体由于质量太小而无法产生核聚变,不能成为发光发热的恒星。不过恒星也不是越大越好,质量上限是太阳的 150 倍,否则核聚变过于猛烈,强大的辐射压力会将恒星外层的物质吹跑。恒星质量越大,引力就越大,核聚变就越猛烈,气体消耗的速度也就越快。因此,太阳可以保持核聚变 100 亿年,太阳质量 30 倍的恒星只能燃烧 6000 万年,而太阳质量 1/3 的恒星则可以燃烧 8000 亿年——如果宇宙到了那个时候还在的话。

在力的作用下,恒星可以通过自我调整动态维持自己的稳定与平衡:如果产出的能量过多,那么过大的辐射压力会引发星体膨胀,使内部温度下降,从而促使产能减少而保持平衡;如果产出的能量过少,辐射压力变小,引力会导致星体收缩,使内部温度升高,从而促使产能增多而保持平衡。然而,氢燃料终有烧尽的时候,此时光辐射压力突然消失,巨大的引力将会导致恒星内核向内坍缩,外层的气体向外扩张,恒星瞬间变成了一颗巨大而又稀薄的红巨星。然而,当坍缩导致星核的温度达到 $10^8$℃的时候,新的核聚变又开始了。不过,这次的燃料是氦,也就是氢燃烧之后产生的“炉渣”。在这一轮核聚变中,3 个氦原子核被融合成了 1 个碳原子核,而 1 个碳原子核再加上 1 个氦原子核,又融合成了 1 个氧原子核。我们的太阳在氢燃烧完毕之后也会变成红巨星,还能燃烧氦大约 3 亿年。当氦也燃烧完毕之后,红巨星将会爆发,外层物质被抛向太空,剩下一颗由碳和氧构成的白矮星。到了这个阶段,我们的太阳就不再有任何燃烧的可能性了,只能在极其漫长的时间里,由一颗余温炽热的白矮星渐渐冷却成为一颗黑矮星。

然而,质量达到太阳 4 倍的恒星不会这么快就认输,在氦燃烧完毕之后,巨大的坍缩压力足以引发碳和氧的核聚变,从而制造出了氖、镁和氮;质量达到太阳质量 8~11 倍的恒星,还可以达到燃烧镁的阶段,虽然只能持续 1 天,却制造出了镍和钴。不过,坍缩和燃烧的循环游戏不会一直这样进行下去的,泡利不相容原理决定了压缩的极限。质量大于太阳 15 倍的恒星可以达到“功德圆满”的最终阶段,那就是制造出最稳定的铁,这也是一颗恒星能够制造出来的最重元素。形象地说,大爆炸是宇宙物理进化的第一个炉子,它制造出了 76%的氢和 24%的氦;而恒星则是宇宙物理进化的第二个炉子,经过恒星的精心烹调,现在宇宙的物质比例变成了氢(74%)、氦(24%)、氧(1.07%)、碳(0.46%)、氖(0.13%)、铁(0.109%)、氮(0.1%)、硅(0.065%)、镁(0.058%)和硫(0.044%)。换句话说,宇宙消耗了大爆炸产生的 2%的氢,终于制造出了几种新元素。[1]

然而,就这几种元素还远远填不满门捷列夫的元素周期表,所以宇宙的物理进化还准备了第三个炉子,那就是超新星爆炸。质量

---

〔1〕[英]克里斯托弗·波特:《我们人类的宇宙:138 亿年的演化史诗》,曹月、包慧琦译,中信出版社 2017 年版,第 187 页。

在太阳10倍以上的恒星,在核燃料全部耗尽之后,巨大的引力会使全部物质迅速向中心坍缩,从而引发猛烈的爆炸,亮度急剧增加。所谓超新星,其实就是超大质量恒星垂死之前的回光返照而已。然而,对于地球上的古代人来说,由于距离遥远,平时没有发现这颗星星,结果某个晚上突然在天际亮了起来,于是就将其当作新发现的星星记载了下来——人类在望远镜发明之前共有9次发现超新星,在中国古代文献里都有记载。超新星的爆炸是如此的猛烈,以至于恒星很可能荡然无存,全部的物质抛向太空,留下一片弥漫的星云;也可能留下了一部分核心物质,压缩成一颗极其致密的中子星,甚至是更加致密的黑洞。超新星爆炸带来的巨大压力终于制造出了比铁更重的各种元素,包括金、银、铂等贵重元素。所有的元素随着爆炸的残骸和尘埃散落在宇宙之中,然后在引力的作用下,又积聚在一起,形成了新的恒星。其中超大质量的新恒星在死亡的时候又会发生超新星爆炸,就这样周而复始,不断地为这个宇宙制造出更多的重元素。想想超新星爆炸时的温度和压力,再想想古代炼金术士们的那些小火炉子,的确令人不禁莞尔。

值得深思的是,我们的太阳质量太小,就算使出吃奶的力气最终也只能制造出碳和氧,不要说重元素了,就是连铁元素都制造不来。那么我们的身体里和地球上随处可见的重元素都是从哪里来的呢?这个问题只有一个答案,那就是:我们的太阳系是由上一代超新星爆炸形成的残骸和尘埃积聚形成的。根据目前的估算,太阳至少应该是宇宙的第三代恒星。大约50亿年前,银河系内的一团大型产星云浓缩成了许多恒星,其中就包括了我们的太阳。形成太阳系的气体云团直径大约240亿千米,里面就蕴含着至少两代超新星爆炸留下的各种轻重元素。在引力的作用下,云团不断旋转、浓缩,碟状结构的中心旋转成了一个不断增大的球体,最后形成了太阳;而云团外部的富含金属的碟状尘埃云则旋转到了更远的地方,由于这里的温度低,恒星爆炸时合成的许多珍贵分子得以保存,其中不仅包括水和二氧化碳,也包括甲醛、糖醛等对生命进化十分重要的复杂分子。

在引力的作用下,这些外围的分子云最后凝聚成了行星。距离太阳比较近的行星主要由金属和硅酸盐构成,被称为岩石行星,其中有一颗行星就是我们的地球;而距离太阳比较远的行星由于质量较大的岩核吸引了大量的气体,被称为气态行星。就这样,经过几代恒星长达 90 亿年的努力,宇宙终于进化出了行星尤其是地球,从而为以后的生命进化准备好了产房。当然,刚开始的时候,事情没有那么简单。早期的太阳系简直就是一个碰碰车游乐场,无数的小型天体在大型天体的引力作用下,在太阳系里横冲直撞。地球在达到最终质量的 1000 万年后,就曾被一个火星大小的天体击中,这次灾难性的撞击产生的高温将两个星球的铁核融合,地球的一部分岩石地壳碎裂后被抛入太空,并在引力的作用下形成了我们的月球。5 亿年之后,99%的天体碰撞结束了。然而,距今 41 亿年至 38 亿年前,太阳系又经历了一个后期重轰炸期,此后才彻底稳定了下来。所有的小天体和星际物质都被约束在了小行星带、柯伊伯带甚至奥尔特云中,只剩下几颗大行星稳定地绕日运行。

宇宙的物理进化充满了无数令人难以置信的巧合。比如说,如果强核力增大 0.4%,恒星就会产生大量的碳,但不会产生氧,我们将得到一个没有水的宇宙;如果强核力减少 0.4%,所有的碳都会迅速转化为氧,我们将得到一个没有碳基生命的宇宙。事实上,科学家们早已列出了一份长长的“惊喜的宇宙意外”的清单。只要清单中的任何一个数字被改变哪怕一丁点儿,宇宙就会灰飞烟灭,生命就永远不可能。看着如此之多的宇宙常数处在让生命成为可能的如此狭窄的频谱之中,真的令人十分震惊。而孕育了生命的地球也是一连串巧合的超级幸运儿,以至于科学家专门发明了"金凤花区域"这个词来形容这种幸运。比如,地球距离太阳1.5亿公里,平均温度15℃,刚好允许液态水的存在,而水是生命的万能溶剂;相比之下,火星距离太阳太远了点,不要说地表水了,就连地下水都冻结了;金星距离太阳又太近了点,表面温度高达500℃,90个大气压,简直就是生命的炼狱。又如,月球的大小和距离刚好能够稳定住地球的自转,否则地球将会像吃了摇头丸似的,疯狂自转,狂野摆动,四季的变化将会剧烈到不适宜生命进化的程度。而像这样的"金凤花区域"还有很多很多,从轨道、磁场,到板块、海洋,甚至铀的含量等,足够我们列出另一份长长的"惊喜的地球意外"清单来。

宇宙的物理进化如此幸运的巧合不仅给了神学家们一个不错的理由,而且让不少科学家也不自觉地与唯心主义甚至神创论眉来眼去了起来,从而导致"人择原理"居然在物理学领域大行其道。所谓人择原理,说白了,就是认为宇宙其实就是为了人的存在而进化出来的。这种披着科学外衣的理论,其实距离神创论也就剩两里路了。不过在我看来,回应人择原理的科学方法其实也很简单,那就是"概率"。而目前的多元宇宙理论就完全有能力做到这点。按照这个理论,我们宇宙的大爆炸只是一系列大爆炸中的最近一次,每一次大爆炸都开始于前一个宇宙的大坍缩。每一次大爆炸,定律和常数都会被重新设定。如果爆炸—膨胀—收缩—坍塌就像一架宇宙手风琴那样反复张开合拢没有穷尽,我们就有了一个连续的而不是一个平行的多元宇宙版本。[1] 不过，如果让我来打个比方，我大概会把宇宙大爆炸比喻成小孩子吹泡泡糖：刚开始吹的时候，总是吹不好，不是没吹起来，就是吹了一半就破了；不过没关系，吹破了，就弄回嘴里，嚼吧嚼吧，然后再试着吹一次；泡泡糖还是那个泡泡糖，不过，每一次吹，张力、速度都不太一样；终于有一次，机缘巧合，所有的参数都那么刚好，这个小孩子终于吹出了一个超级大泡泡——真是令人惊喜，就像我们的宇宙一样，只不过说到底，那也不过是一个概率问题罢了。至于地球的“金凤花区域”，我们运用概率方法的时候，甚至连假想都可以免去了。因为只要我们抬头看看漫天的星星，想想宇宙中究竟有多少颗恒星，又可能有多少颗类地行星，就不会奇怪为什么会出现地球这个幸运儿了。

概率是科学的，而被概率选中则是幸运的。地球当然是宇宙进化中最幸运的幸运儿了，不过这种幸运既然已经从偶然落入了必然，也就没必要大惊小怪了。说起来，我们每个人都是中过“六合彩”头奖的——我们每个人都是由 1 个精子和 1 个卵子结合发育而来的，要知道，那可是 1 亿个精子之间的残酷竞争，稍有差池，生出来的就不是你了。从这个角度来说，每个人能够降生于这个世界，那都是无比幸运的事，可是也没见谁整天在那里激动得痛哭流涕的。道格拉斯·亚当斯毫不客气地嘲讽人择原理：“想象一下，有一摊泥浆清早醒来，它想：‘我发现自己所在的世界真有趣啊，我所在的这口坑太有意思了，刚好适合我，不是吗？老实说，它跟我的契合度好得太惊人了，说不定是专门为我造的呢。’”[2] 喜欢人择原理的朋友有空时不妨读读 2000 多年前古罗马哲学家卢克莱修的《物性论》，

---

〔1〕［英］理查德·道金斯：《上帝的错觉》，陈蓉霞译，海南出版社 2017 年版，第 124 页。

〔2〕［英］马特·里德利：《自下而上》，闾佳译，机械工业出版社 2017 年版，第 16 页。

其中一段是这样写的:“事物并非出于巧妙的智慧而收集自身元素,形成秩序;它们的运动,也并非出于约定或目的;它们靠着大爆炸带来的无尽混乱与折腾,奋斗着穿越过往的宇宙,尝试每一种运动与组合,最终,落入了宇宙如今所展现出来的形式。”[1]

## 歪打正着:生命进化是对物理进化的超越

经过近100亿年的物理进化,宇宙终于打造出了地球这个“金凤花女王”,从而为生命的进化铺好了产床。然而,生命究竟从何而来?作为超新星爆炸的遗产继承人之一,地球理论上应该具有生命进化所必需的甲烷和氨。然而不要忘了,地球刚刚形成的时候,可不是今天的模样,而是一个炽热的岩浆球。就算这个时候存在氨基酸,高温也会破坏它的结构。即便还有漏网之鱼,形成月球的那次天地大碰撞也足以把这些氨基酸收拾干净了。因此,地球生命进化所必须的有机化合物,最大的可能性还是来自宇宙的二次馈赠,那就是彗星和陨石。2004年,美国宇航局的星尘号飞船将在太空中收集到的彗星尘埃带回了地球,通过化学分析,科学家在尘埃中发现了有机化合物甘氨酸;2014年,欧洲罗塞塔彗星探测器在探测和登陆丘留莫夫-格拉西缅科彗星的时候,也发现了氨基酸。事实上,彗星和彗星尘埃中的确含有大量的水和氨基酸,就如同一个在太空中飞行的大冰箱,有时直接撞进地球的怀里,有时将尘埃撒播在地球必经的轨道上,等待着地球引力的吸收。彗星的光临每年至少为地球带来3万吨的水和大量的有机化合物,从而在漫漫岁月中为地球造就了巨大的海洋水体,以及生命进化必须具备的有机分子。地球

〔1〕[英]马特·里德利:《自下而上》,闾佳译,机械工业出版社2017年版,第61页。

生命起源曾有多种假说,包括原始汤起源说、黏土起源说、海底热液起源说等。现在,地球生命的彗星起源说得到了更多科学家的支持,基本上已经得到确认。如此说来,每当人们看到彗星划过夜空的时候,似乎真的应该低头合什许个愿才对,因为这才真正叫作——饮水思源。

然而,"地球生命彗星起源说"这个提法也会带来误解,似乎彗星真的为地球直接带来了生命。其实,水和有机化合物只是为生命的出现创造了条件,并不是真正的生命。生命的真正起源,应该是具备自我复制能力的 RNA 的出现,而这件事绝不可能发生在彗星这个大冰箱里,只能发生在温暖的地球液态水体中。从这个角度来说,无论是过去的原始汤起源说、黏土起源说,还是目前更具竞争力的海底热液起源说,其实与所谓的彗星起源说都是不矛盾的。从一般的化学分子跨过生命的门槛,无疑是一次伟大的质变。这个质变点,应该就是出现具备自我复制能力的长链大分子。在构造生命的长链大分子中,DNA、RNA,甚至有些蛋白质,都具有自我复制的能力。那么,究竟谁才是生命真正的鼻祖呢?目前,科学家基本上认为 RNA 的可能性最大。

要想了解 RNA,最好先了解一下大名鼎鼎的 DNA。众所周知,承载生命遗传信息的 DNA 是一个双螺旋结构。如果我们把它比喻成一个长长的旋转梯的话,那么梯子的扶手就是由脱氧核糖与磷酸分子借由酯键相连而成的。不过这只是 DNA 的外部骨架,真正的奥秘藏在梯子的横档部分。这些横档是由 4 个碱基构成的——腺嘌呤、胸腺嘧啶、胞嘧啶、鸟嘌呤,我们分别用 A、T、C、G 四个字母来表示。每个横档都是由其中的 2 个碱基配对连接构成——所以往往又被称为碱基对,而碱基的化学性质又决定了:A 必须和 T 配对,C 必须和 G 配对。当 DNA 开始复制的时候,双螺旋结构将会在酶的作用下解开,变成 2 条单链结构。这样一来,横档上的那对碱基也就被分开了。然而,由于碱基的配对是固定的,所以 2 条单链结构马上就可以在周围环境中找到对应的闲散碱基,迅速复制成 2 条一模一样的双链结构,从而将遗传信息准确无误地传递下去,这就是 DNA 复制的基本原理。

DNA 的这个复制本领既可以用在细胞的分裂上,也可以用在生命的发育上。当用于细胞分裂的时候,1 份 DNA 复制成 2 份 DNA,每个细胞各 1 份,DNA 自己就可以搞定了;而当用于生命发育的时候,DNA 就需要 RNA 的帮忙了。DNA 常年藏在细胞核里,大门不出,二门不迈,生怕遇到危险,因此要想把生命信息传递出去,就需要信使 RNA 的参与。RNA 与 DNA 很像,只不过是一条单链结构,而且用十分接近的尿嘧啶(U)替代了胸腺嘧啶(T),来与腺嘌呤(A)配对。当复制开始的时候,DNA 先是解开双链,复制出 1 条单链的 RNA,然后 RNA 与 DNA 迅速分离,DNA 双链结构迅速恢复;接着,单链的 RNA 钻出细胞核,寻找到核糖体这个氨基酸加工厂,由核糖体读取 RNA 的碱基密码;核糖体按照单链 RNA 的碱基顺序,以 3 个碱基为 1 组密码子,制造出对应的氨基酸;这些氨基酸相互连接缠绕,形成了三维结构极其复杂的蛋白质;然后,各种蛋白质如同乐高玩具一般,以锁—钥结构相互作用,构建出了极其复杂的生命体,生命的发育正式开始了。

由此可见,在这条生命发育之路上,RNA 一手牵着 DNA,一手牵着蛋白质,是两者之间不可或缺的桥梁。DNA 具备复制能力,但是需要酶这种蛋白质来催化;蛋白质可以催化 DNA,却又需要 DNA 的指令才能形成,两者陷入了死循环。而 RNA 本身具备复制能力,又能够制造氨基酸和蛋白质,甚至还能够自我折叠成三维结构,从而具有酶活力。因此,科学家判断 RNA 应该就是最早出现的生命形态。在相当长的一段时间里,RNA 如同个体工商户一般,又当老板,又当伙计,一直坚持到了出现 DNA 这种更高效的复制子以及蛋白质这种更高效的酶的时刻来临——这个判断在逻辑上应该是合理的。如果用我自己的话来说,那就是 DNA 储存着生命的遗传信息,躲在细胞核里深居不出,就好比存放在图书馆里的工程图;氨基酸和蛋白质负责构建生命,就好比具体的工程建筑;而 RNA 负责把 DNA 的遗传信息取出并负责指导生命的构建,就好比把纸面的工程图变为现实的工程建筑的工程师。如果这个比喻还算恰当的话,那么按照合理的推断,这个世界最初一定是先有工程师,然后才有工程图纸和工程建筑的。有理由相信,最早的工程师一定是个实践家,他在长期实践中意识到有必要将自己的工程经验保存下来,于是动手画出了标准化的工程图,将其保存在图书馆里。接下来,顺序才反了过来——后世的工程师先到图书馆里学习并复制这张工程图,然后带着图纸的复印件出去,到工地上按照图纸的要求指导工人具体施工,从而构建出一个工程建筑来。由此可见,虽然现在看上去是 DNA 复制出 RNA,但在逻辑起点上,RNA 先于 DNA 和蛋白质出现在这个世界上,成为生命最早的起源,应该是一个更加合理的判断。不过,既然是鸡生蛋,蛋生鸡,那么在后面的论述中,我们就不一定那么严格,有时也会以 DNA 来表述,或者以复制子来统称。

地球上最早的复制子应该出现在 38 亿年前,此时宇宙刚好诞生 100 亿年。换句话说,在物理进化进行了整整 100 亿年之后,生命进化终于发动了。这是一次伟大的超越,因为茫茫宇宙中第一次出现了拥有自复制冲动和自复制能力的大分子,这件事的重大意义无论怎么强调都不为过。然而在 38 亿年前，对于刚刚诞生的复制子来说，这件事却一点儿都不浪漫。因为那时候的复制子完全暴露在极度恶劣的环境之中，可怕的太阳紫外线，极端酸碱值的侵蚀，夺命的化学物质，随时都有可能让“裸奔”的复制子灰飞烟灭，自然选择事实上从生命诞生的那一刻起就开始发挥作用了。而之所以会有复制子居然存活了下来，并最终进化出了瓜瓞绵绵的生命，原因就在于其中的一些复制子偶然间获得了某些独特的“装备”，从而让它们得以与残酷的大自然相抗衡。有的科学家认为，复制子最早获得的装备应该是脂质双分子层，说白了，就是水中的浮油。以磷脂为例，它一端的磷酸和碱基具有亲水性，另一端的长烃链则具有厌水性。因此，当一大堆磷脂分子聚集在水中时，就会自然形成一种双层的薄膜，亲水端向外，厌水端向内。接下来，在经过了无数次的偶然和试错之后，一个幸运的复制子居然钻进了这个双层薄膜，从此就像蜗牛钻进了壳，获得了一个安全的屏障，然后躲在里边大肆复制自己的子孙。脂质双分子层的囊泡具有极高的稳定性、可流动性和可修复性，因此为复制子提供了绝佳的庇护，这大概就是最早的细胞原型。

拥有细胞原型的复制子从此拥有了对裸奔复制子的巨大优势。不过这样的“细胞”实在是太粗糙了。虽然有了原始的细胞膜，但是上面连个门都没有，各种分子进不来出不去，复制子困在里边复制自己，很快就会坐吃山空的。于是，又经过了无数次的偶然与试错之后，有些大分子居然镶嵌在了脂质双分子层上，在与细胞膜内外的化学物质结合之后，逐渐演变成了细胞膜上的通道，从此既可以通过物理或化学变化让各种分子进出细胞，也可以通过诱发细胞膜内的化学反应来影响细胞的活动。当细胞进化到这个程度的时候，裸奔的复制子基本上就已经被淘汰干净了——到了距今 34 亿年前的时候，这种原始的单细胞生物在地球上已经随处可见。然后，在同样原理的作用下，又经过了无数次的偶然与试错之后，细胞居然又获得了能够让电离子通过的通道，可以通过改变细胞内外的电位差来传递信息，从而一跃从化学信号时代跨入了电信号时代——原来，生命早就进入用电时代了。然后，又经过了无数次的偶然与试错之后，相邻细胞之间的细胞膜上的通道相互对接，逐渐形成了化学突触与电突触，化学信号和电信号得以在细胞之间自由传递，跨细胞的沟通机制逐步进化出来了。[1]

接下来的生命故事，就从复制子的复制时代，走进了细胞的复制时代，尽管背后的操控者依然还是复制子。在残酷的自然选择面前，生命除了拼命繁殖，还要疯狂掠食。单细胞之间相互吞食的残酷性其实一点都不亚于动物世界的厮杀。而要想在这场战争中取胜，办法至少有两个：一个就是大量复制繁殖，让你杀不完，走以量取胜的道路。这种办法至今还十分有效，细菌走的就是这条“技术路线”。另一个就是细胞与细胞联合起来，让你杀不死，走以质取胜的道路，也就是变成多细胞生物。多细胞生物的进化有各种学说，包括群体学说、合胞体学说、共生体学说等，事实上科学家自己也不是很确定。如果按照常理推断的话，多细胞生物的进化至少应该有两种路径：一种是不同的单细胞彼此粘连在一起，从而形成多细胞；另一种是单细胞分裂时彼此不分开，从而形成多细胞。科学家对多细胞生物出现的时间也不是太确定。过去一般认为最早的多细胞生物应该出现在 12 亿年前，然而 2010 年对来自加蓬的化石的研究

---

〔1〕 谢伯让：《大脑简史》，化学工业出版社 2018 年版，第 14~19 页。

却将这个时间大大推前到了距今 21 亿年前。

多细胞生物的出现打开了生物发展的大门，细胞之间的分工与分化让生命有了更多的可能性，也让生命有了更多的适应性。然而从某种意义上说，在长达 30 多亿年的时间里，地球上的生命进化实在是太乏善可陈了。这种寡淡无聊的情况一直持续到了寒武纪生命大爆发时刻的来临。而这场发生在 5.42 亿年前的生命大爆发对于生命进化是如此的重要，以至于过去的科学家一直将寒武纪之前的所有地质时代统称为隐生宙，而将寒武纪开始至今的地质时代统称为显生宙。要知道，自从 38 亿年前生命进化开始发动以来，生命用了长达 30 多亿年的时间，才进化到了简单的多细胞生物阶段。然而，从 5.42 亿年前开始，在短短的 2000 多万年时间里，各种各样的动物突然以令人眼花缭乱的速度在地球上爆发式地涌现了出来。节肢动物、腕足动物、蠕形动物、海绵动物以及脊索动物等一系列与现代动物形态基本相同的动物在地球上突然来了个集体亮相，从而形成了多种门类动物同时并存的繁荣景象。

目前，寒武纪生命大爆发的真正原因在科学上还是一桩悬案。不过可以肯定的是，这种爆发应该与地球环境的剧烈变化有关。许多科学家认为，生命大爆发很可能与地球氧气水平的上升有关，而氧气水平的上升很可能与水中的绿藻启动了光合作用有关。大气中的氧会捕捉所有试图逃逸的氢，将它们转变成水和雨；臭氧保护层的形成降低了紫外线辐射对生命的伤害；而动物很显然又十分依赖氧气来支持生命。总而言之，对于生命来说，氧气的上升让地球变得更加宜居了。[1] 接下来，一切都变得顺理成章了：奥陶纪，最早

〔1〕［美］迈克尔·坦尼森：《下一个物种：生命的进化与人类的未来》，黄乘明、周岐海译，海南出版社 2017 年版，第 19 页。

的脊椎动物出现；志留纪，最早呼吸空气的动物登陆，最早的陆生植物登陆；泥盆纪，最早的淡水生命出现；石炭纪，氧气含量提升至创纪录的35%，高大的蕨类树出现，最早的爬行动物出现；二叠纪，昆虫进化出飞行能力；三叠纪，恐龙出现；侏罗纪，恐龙统治了地球，始祖鸟出现；白垩纪，在恐龙统治的淫威之下，最早的哺乳动物出现；古近纪，胎盘哺乳动物出现，主要植物全部现身；新近纪的中新世，现代鸟类全部出现，现代哺乳动物出现，地球上出现了100多种猿类；然后，就到了距今500多万年前，也就是新近纪的上新世，人猿相揖别，两足行走的人类祖先出现了在非洲大草原上，发生在地球上的这场惊心动魄的生命进化终于达到了自己的最高峰。

寒武纪的生命大爆发曾经给达尔文带来了很大的困扰，因为他深信进化一定是渐进与连续的，可是这又该如何解释生命大爆发呢？他在《物种起源》中承认，对于寒武纪生命大爆发，“现在还无法解释这种情况，因此这也就成为反对本学说的一个有力论据”。[1]其实，达尔文太关注于进化的内在逻辑，似乎忘记了进化的外在环境。内在逻辑对于生命进化当然十分重要，否则地球上就不可能进化出人类来；不过外在环境对于生命无疑也十分重要，否则火星上也应该进化出人类来了。生命进化固然是对物理进化的超越，然而又是千真万确地奠基在物理进化之上的。物理进化是生命进化的基石，基础不牢，地动山摇。这个问题通过反证的方法可以看得更清楚：地球的物理条件变化既然会带来生命的大爆发，那么也就一定会带来生命的大灭绝。在地球的生命进化史上，就曾发生过5次生命大灭绝：4.43亿年前，奥陶纪灭绝事件，接二连三的冰川周期导

〔1〕［英］达尔文：《物种起源》，舒德干译，北京大学出版社2005年版，第195页。

致86%的物种灭绝;3.59亿年前,泥盆纪灭绝事件,全球冷暖交替的冲击导致75%的物种灭绝;2.51亿年前的二叠纪事件,西伯利亚超级火山爆发带来的可怕熔岩以及引发的气候变化导致96%的物种灭绝;2亿年前的三叠纪事件,在全球变暖与海洋酸化的共同影响下导致80%的物种灭绝;6500万年前的白垩纪事件,一颗直径8~10公里的小行星以每小时7.2万公里的速度击中了墨西哥尤卡坦半岛,相当于全球核武器爆炸总量10,000倍的冲击力引发了全球火山大爆发,遮天蔽日的烟尘阻挡了阳光,光合作用消失,植物大量死亡,食物链崩溃,76%的物种灭绝,统治地球长达1.6亿年的恐龙彻底退出历史舞台,卑微的哺乳动物终于迎来了咸鱼翻身的机会。

一再上演的生命大灭绝提醒我们,不要忘记物理环境对于生命进化的极端重要性。然而,即便是最恐怖的二叠纪大灭绝,灾难依然没有彻底切断生命的进程,每一次生命大灭绝的后面,都必然紧跟着一次生命大复苏。这种令人难以置信的韧性又提醒我们,生命的确自有其强大的内在逻辑,只要物理环境稍稍具备可能,生命就立即如同水银泻地一般地无孔不入。这种强大的内在逻辑就是进化,不可阻挡的生命进化。160年前,达尔文以其令人难以置信的天才正确地揭示了生命进化的科学内涵——变异、选择和时间。在《物种起源》中,达尔文写道:“在广泛复杂的生存斗争中,对每一个生物本身有益的变异,在许多世代相传的历程中就不会发生了吗?由于繁殖出来的个体比能够生存下来的个体要多得多,我们可以毫不怀疑地说,如果上述情况的确曾发生,那么就有任何优势的个体,无论其优势多么微小,都将比其他个体有更多的生存和繁殖的机会。另一方面,我们也确信,任何轻微的有害变异,都必然招致毁灭。我把这种有利于生物个体的差异或变异的保存,以及有害变异的毁灭,称为'自然选择'或'适者生存'。"[1]而从某种意义上来讲,达尔文之所以能够洞察到微小变异与自然选择之间看似不对称的互动关系,是因为他比任何人都更了解时间的力量,他说:"对于100万年这样的时间概念,人们已很难理解其全部含义了,而对于经过无数世代所积累起来的微小变异,其全部效果如何,人们则更难理解其真谛了。"[2]

然而,达尔文也十分清楚自己理论的弱点所在,他说:"但是很自然地,人们不愿承认一个物种会产生特征明显的其他不同物种,其主要原因在于人们在尚未搞清变异所经历的有关步骤前,不会贸然承认这种物种巨变的存在。""地质学这门高尚的学科,却由于地质记录的极端不完备而损失了光辉。埋藏着生物遗骸的地壳并不像一个内容充实的博物馆,倒更像人们在零碎的时空里偶尔捡拾了一些收藏品。"[3]由于时代的限制,达尔文伟大的思想只能建构在十分不完备的地质学证据以及现存的解剖学基础上,所以一直无法真正解释清楚"变异所经历的有关步骤"。然而,160年时间过去了,今天在基因科学的帮助下,后世的科学家们终于帮助达尔文解开了这个秘密。

生命的繁殖是通过DNA的复制来完成的,这种复制的精确程度令人难以置信。不过,一个基因组动辄数十亿个碱基对,尽管复制错误的概率大概只有十亿分之一,终究还是难免会出现错误。由于基因组里有许多无意义的DNA序列,因此并不是每个复制错误都会发生实质性的问题。在我看来,这其实就是生命的一道容错机

〔1〕［英］达尔文:《物种起源》,舒德干译,北京大学出版社2005年版,第55页。
〔2〕［英］达尔文:《物种起源》,舒德干译,北京大学出版社2005年版,第285页。
〔3〕［英］达尔文:《物种起源》,舒德干译,北京大学出版社2005年版,第285、288页。

制。要知道,以人类的基因组为例,在总数30亿个碱基对的DNA序列中,真正承载遗传信息的基因序列大概只有不到3%。然而,如果复制错误刚好发生在有意义的基因序列上,那就会引起基因的突变。为了防止基因突变立即产生灾难性后果,在RNA编码氨基酸的时候,生命又设置了一道容错机制:RNA共有4个碱基字母,既然每3个碱基负责编码1个氨基酸,那么理论上应该有64种组合,然而事实上生命只有20种氨基酸。也就是说,生命允许用不同的碱基组合编码出相同的氨基酸。因此,即便DNA复制错误,RNA还是有机会编码出相同的氨基酸。比如说,原始三联体TTA负责编码亮氨酸,然而,不仅单突变三联体TTG、CTA可以编码出亮氨酸,就是双突变三联体CTT、CTC、CTG同样也可以编码出亮氨酸,生命进化的容错机制由此可见一斑。然而,如果这道容错机制最后也没能防住的话,那就真的有可能编码出错误的氨基酸,进而折叠出不正常的蛋白质,最后引发生命体的变异。

生命体的变异在绝大多数情况下都是有害的,因此很快就会被残酷的自然选择所淘汰。然而,也总有歪打正着的时候:在极个别的情况下,随机的突变也有可能刚好给某个生命体带来更强的适应性,从而在残酷的自然选择中赢得了某种生存优势,大量繁殖自己的后代,淘汰其他生命体。一旦环境发生灾变,某种突变优势还有可能被放得更大——这大概就叫作"沧海横流,方显英雄本色";即便没有环境的灾变,也千万不要小看这种微小的优势,只要时间足够,累积效应就会颠覆我们的常识。科学家算过一笔账:如果某项特性的选择优势只有0.01,那么此项特性的普遍性会在3000代内从0.8%上升到90%;如果选择优势为0.1,那么所需要的时间就会减少到300代。由于许多物种繁殖1代仅需1年,甚至更短,以上数字使许多生物学家印象深刻。[1] 英国工业革命时的飞蛾工业黑化现象，也可以从侧面证明这一点：在19世纪，随着工业污染，环境变得更脏，颜色深的飞蛾比颜色浅的飞蛾变得更为普遍，因为栖息在深暗肮脏的树上的深色飞蛾，相形之下比浅色飞蛾更有可能逃脱捕食者的注意。[2] 同样地，累积效应还可以用来解释生命是如何从极其简单的形态进化到极其复杂的形态。道金斯在《盲眼钟表匠：生命自然选择的秘密》中写道："累积选择（这个过程中，每一次改进，无论多么微小，都是未来的基础）与单步骤选择（每一次'尝试'都是新鲜的，与过去的'经验'无关）的差别可大了。要是演化进步必须依赖单步骤选择，绝对一事无成，搞不出什么名堂。不过，要是自然的盲目力量能够以某种方式设定累积选择的必要条件，就可能造成最奇异、瑰丽的结果。"[3]说得形象一点：单步骤选择就如同平地刮起了一阵龙卷风，刚好将一堆散落的零件组装成了一架波音747飞机；而累积选择就如同飞机真实的进化之路，从莱特兄弟当年简陋的"飞行者一号"开始，一步一步地进化出如今的巨无霸波音747双通道宽体客机。38亿年的生命进化史告诉我们，地球生命的确是在变异、选择与时间的复杂互动中，通过滴水穿石的累积选择，从最简单的复制子，一步一步地进化出了最复杂的人。而人一旦诞生，就注定要掀起另一场革命，一场超越生命进化的革命。

---

〔1〕［美］肖恩·卡罗尔：《造就适者》，杨佳蓉译，上海科技教育出版社2012年版，第36页。

〔2〕［美］贾雷德·戴蒙德：《枪炮、病菌与钢铁：人类社会的命运》，谢延光译，上海译文出版社2014年版，第114页。

〔3〕［英］理查德·道金斯：《盲眼钟表匠：生命自然选择的秘密》，王道还译，中信出版社2014年版，第53页。

## 主动适应:精神进化是对生命进化的超越

大约2500万年前,类人猿灵长目动物开始进化,其中一支就是后来进化出人类的猿类。大约1900万年前,猿类分化为小猿和大猿——长臂猿就是一种小猿;大猿进一步分化出了非洲大猿和亚洲大猿,统称为人科动物——红毛猩猩就是一种亚洲大猿,而非洲大猿则有3种后代存活了下来:黑猩猩、大猩猩和人类,统称为人亚科。基因证据表明,距今800万~600万年前,人类与大猩猩分开;距今500万年前,人类与黑猩猩分开——所谓人类,就是指人亚科之下的人属。这个世界曾有过15种人属动物,然而十分残酷的是,其中的14种都已经灭绝了,今天的人类是唯一存活到现在的人属种类——智人。

科学家认为,人类最近的祖先应该是南方古猿,生存于距今550万~130万年前,包括阿法种、非洲种(纤细种)、粗壮种以及鲍氏种。1924年,科学家在南非第一次发现了南方古猿的化石;1974年,科学家在埃塞俄比亚发现了最著名的南方古猿阿法种的化石骨骼。这是一名少女的骨骼,完整度约为40%,科学家为其取名“露西”。露西大约生活在距今318万年前,其脑容量为380~430毫升,为现代人类的1/4~1/3,其头骨枕大孔的位置接近颅底中央,膝盖外翻,证明南方古猿已经可以直立行走。

接下来的进化史在科学上有点争议。一般认为,距今250万到150万年前,南方古猿中的一支进化成了能人。所谓能人,顾名思义,就是能制造工具的人。能人拥有590~650毫升的脑量,被认为是最早的人属种类。不过也有科学家持有不同意见,认为应该称其为灵巧种南猿。如果对于能人究竟算不算人属还有争议的话,那么对于190万年前出现的匠人就没有任何争议了。匠人从能人中分化出来,拥有 700~850 毫升的脑容量,是南方古猿的 2 倍。匠人的长相与人类十分相似,很可能最早发出了人类的声音,尽管程度非常有限。他们使用更为多样的和先进的石器,最先制造出了奥杜威文化的工具,甚至发展出了阿舍利文化的双面斧,还很可能最早学会了利用火。除此之外,在社会组织方面,匠人也已经与狩猎社会的现代人类十分相似。

化石证据表明,匠人消失于 140 万年前,原因至今不明。不过,匠人的一支在 180 万年以前已经进化成了直立人。直立人的平均脑容量在 1000 毫升左右,不仅脑的体积增大,结构也更加复杂,而且大脑左右半球出现了不对称性,显示直立人已经拥有掌握有声语言的能力。150 万年前,直立人离开了非洲,从此散布全球各地。著名的直立人化石标本包括在印度尼西亚发现的爪哇猿人以及在中国发现的元谋人、蓝田人和北京人等。

直立人在亚欧大陆上的成功进化一度盖过了非洲这个人类故乡的光芒。然而距今 35 万年前,非洲故乡再次进化出了海德堡人。海德堡人的一支走出非洲,在冰河期的欧洲逐渐进化成了适应寒冷气候的尼安德特人。尼安德特人因 1856 年在德国的尼安德山谷发现其头盖骨及其他骨骼而得名,事实上分布很广——西起西班牙和法国,东到乌兹别克斯坦,南到巴勒斯坦,北到西伯利亚,都发现了尼安德特人的踪迹。尼安德特人身高约 1.6 米,身材十分粗壮有力;最令人感到惊奇的是,尼安德特人的脑容量居然达到了 1200~1750 毫升,与现代人类相当甚至更大,而这大概也正是尼安德特人之所以能够从距今 20 万年前到距今 4 万年前为止,统治欧洲长达 16 万年时间的原因所在。

然而,到了 20 万年前,故事的焦点再次回到了非洲,因为我们的非洲故乡终于进化出了现代人类的真正祖先——智人。研究表明,智人应该曾经不止一次地走出非洲。早期智人大约在10万年前走出非洲,不过他们并没有成功地压倒尼安德特人;然而,大约5万多年前,晚期智人再次从非洲出发,他们顺尼罗河北上,越过红海,从中东地区走向了整个世界。这一次,历史再也没有给予其他人类任何机会了,智人所到之处,直立人消失,尼安德特人消失,所有其他人属种类全部消失。不仅如此,随着智人的推进,许多大型动物也在很短的时间内集体灭绝了——已经存在了3370万年的剑齿虎于9000年前灭绝;已经存在了400万年的乳齿象于10,000年前灭绝;已经存在了480万年的猛犸象于4500年前灭绝……[1]到了距今1万年前,当第四纪冰期结束,全新世间冰期开始的时候,智人终于成功地统治了整个地球。所有能够对智人造成实质性威胁的动物,不管是其他人类,还是大型野兽,全都消失在了历史的烟尘之中。

然而,人类进化的脚步并未就此停止。恰恰相反,当第四纪冰期在1万年前结束的时候,人类的进化爆发式地发展了。几百万年来,人类事实上一直处于狩猎采集的生存样态之下。居无定所的迁移生活严重地限制了人们所能掌握的技术工具的规模及复杂程度,进而严重地束缚了人类社会的发展水平。然而,随着第四纪冰期的结束,全球气候变得温暖湿润,空气中二氧化碳含量上升,植物生产率也大大提高,地球环境为农业的出现准备好了进化的舞台。更为关键的是,在经过了数百万年的不懈进化之后,人类的智力水平终于提高到了质变的临界点,舞台上的演员也已经准备就绪,一场人类进化的大戏就此拉开帷幕。距今1万年前左右,在中东的新月沃

---

〔1〕[英]克里斯托弗·波特:《我们人类的宇宙:138亿年的演化史诗》,曹月、包慧琦译,中信出版社2017年版,第270页。

地以及东亚的中国,人类率先开始了驯养动植物的创新尝试,伟大的农业革命终于爆发了:距今 11,000 多年前,小麦和大麦出现在了新月沃地;距今 10,300 年前,小米(粟)出现在了中国;距今 9000 多年前,大米(稻)也出现在了中国,并于 5000 年前传入印度……[1]

农业革命的发动带来了人口的爆发式增长。与狩猎采集时代相比,农业的卡路里产出效率达到了惊人的 100 倍,公元 1 年的全球人口数量也因此达到了公元前 10,000 年的 40~170 倍之多。[2] 尽管更高的人口密度、定居生活以及与家畜的共居大大提高了传染病的传播概率,且人均食物的数量也因为人口的同步增长而没有获得实质性的提升,然而人口总量的爆发式增长依然为人类社会的进一步发展提供了无限的可能。耐人寻味的是,许多西方科学家在论述农业对于人类进化影响的时候,往往多有贬低之意,似乎跨入农业时代竟是人类的一个倒退。戴蒙德说:“在人类史上,‘狩猎—采集’是最成功、最持久的生活形态。相对地,我们仍然陷身于农业兴起以来所带来的问题中,现在还不清楚我们是否能解决那些问题。”[3] 无论戴蒙德如何怀念狩猎采集的生活方式,农业革命依然是进化的必然选择,因为道理十分简单:如果农业不能为人类带来更大的进化优势的话,那么早就被选择淘汰了。西方科学家之所以对农业时代普遍没有好感,一个可能的原因就是:与中国古代发达的农业相比,欧洲古代的农业发展水平十分低下,粮食产量很低,防疫能力也很差。因此我严重怀疑,农业时代的艰难生活很可能在西方人的心

---

〔1〕［英］凯文·拉兰德:《未完成的进化》,史耕山、张尚莲译,中信出版社 2018 年版,第 243 页。

〔2〕［美］格雷戈里·科克伦、亨利·哈本丁:《一万年的爆发:文明如何加速人类进化》,彭李菁译,中信出版集团 2017 年版,第 70 页。

〔3〕［美］贾雷德·戴蒙德:《第三种黑猩猩:人类的身世与未来》,王道还译,上海译文出版社 2016 年版,第 195 页。

中留下了不小的阴影,以至于他们对农业的总体评价向来不佳;还有,西方的个人主义传统往往会让西方人多从个体的角度思考问题,因此有可能更多地看到了个体生活质量并没有因为农业时代的来临而获得提升,却忽视了人口总量的增长可能给社会进化带来的质变效应。

在我的理解中,事情的真相应该是这样的:农业的高效率带来人口的爆发式增长为人类社会的进一步发展奠定了坚实的基础——人口增长必然带来劳动分工,而劳动分工不仅带来了更高的效率,还带来了更广的合作;然后,更高的效率推动了技术创新,更广的合作催生了政治组织,从而为文明的最后诞生做好了最充分的准备。距今大约5000年前,也就是农业革命发动5000年之后,在中东的两河流域、北非的尼罗河流域、印度的印度河流域以及中国的黄河流域,最早的国家组织先后诞生,文明时代终于粉墨登场。后面的故事,我们都十分熟悉了——文明登场之后,人类社会又经过了整整5000年的农业文明的哺育;接下来,1790年,詹姆斯·瓦特改良了蒸汽机,人类进入了第一次工业革命的“蒸汽时代”;1866年,德国人西门子制成了发电机,人类进入了第二次工业革命的“电气时代”;1946年,冯·诺依曼发明了第一台计算机,人类进入了第三次工业革命的“信息时代”;而现在,以人工智能、机器人技术、量子信息技术、可控核聚变技术、清洁能源技术以及生物技术为突破口的第四次工业革命已经来临,迅猛发展的科学技术正在以令人难以置信的速度推动着人类进化的脚步。

在几乎所有的进化论著作中,人类的进化都是被置于生命进化的最后篇章来予以介绍的,而在这里,我却将人类的进化从生命进化的篇章结构中独立出来,并单独冠之以“精神进化”的标题,其原因十分简单:在我看来,无论是从进化的内在逻辑来看,还是从进化的外在表现来看,人类的进化都已经完全超越了生命进化的范畴,而进入了一个崭新的进化领域。因此,就像不宜让一个18岁的孩子继续穿着自己1岁时候的衣服一样,我们也不宜将如此突飞猛进的人类进化继续委屈在生命进化的框架之下,否则就一定会妨碍我们发现规律、掌握规律的思路和能力。孩子既然已经长大成人,我们就应该与时俱进,赋予其独立的人格,而不应该刻舟求剑,永远用看待小孩的眼光来看待他。而我之所以会将这一崭新的进化领域命名为“精神进化”,原因也十分简单:与其他动物相比,人类最大的不同点,就在于拥有高度发达的大脑及其所带来的高度发达的智能与情感,一言以蔽之,高度发达的精神能力。人类之所以能够如此深刻地改变这个世界,改变自己的命运,人类进化之所以能够获得其他动物远远不能企及的速度、高度和深度,最根本的原因,还在于人类出类拔萃的精神能力。因此,可以毫不客气地说,人类进化的本质,其实就是精神的进化。

在长达38亿年的生命进化中,无论是最初的复制子、细胞,还是最终的狮子、老虎、黑猩猩,它们所做的事情其实并没有本质区别,那就是:竭尽全力地适应环境,接受自然的残酷选择。然而,当生命进化诞生出了人类这一终极产品之后,进化的逻辑终于改变了:人类凭借着高度发达的精神能力,认知世界,认知社会,认知自我,进而产生了至关重要的主观能动性,不仅被动地适应环境,而且主动地改造环境;不仅被动地接受自然选择,而且主动地做出自我选择。当人类的进化逻辑演变到这个层面的时候,生命进化事实上就已经被超越了。继续运用生命进化的理论来解释人类的进化不仅勉为其难,而且往往“驴唇不对马嘴”,最后只能得出各种荒唐甚至是有害的结论。也正因如此,许多进化生物学家在研究进化论的时候,都承认在生命进化之外,还应该有一个"文化进化"的概念。然而不无遗憾的是,由于专业视角的牵制,进化生物学家对所谓文化进化的认知往往深浅不一,有时甚至似是而非。在我这个来自卢比孔河南岸的人看来,进化生物学家的认知总体而言有三个问题:一是没有将文化进化与人的本质深刻地结合起来,而是有意无意地将人的本质的重心依旧放在了生命上;二是没有意识到文化进化乃是对生命进化的一种超越,而是将文化进化与生命进化视为一种并列关系;三是没有正确把握精神进化的独特逻辑,而是以生命进化的逻辑来推论精神进化的逻辑。一言以蔽之,也许是生命进化给进化生物学家们留下的烙印太深了,以至于最终伤害到了他们超越生命进化的逻辑,正确认识精神进化之本质属性的能力。鉴于此,我在本书中并不准备采用进化生物学家们约定俗成的"文化进化"的提法,而是采用了与人本身关系更为密切的"精神进化"的提法,希望能够帮助我们更加准确地认知从生命进化到精神进化的真正质变点,更加正确地理解生命进化与精神进化之间奠基与超越的科学关系。

关于精神进化的本质属性,以及与生命进化之间的关系,我们将很快在下文中一一予以阐述和辨析。我在这里想要说的是,倘若我们前述的判断是科学的和正确的话,那么从达尔文至今的生物学家们,至少有一个观念是需要反思的,那就是对人的归类问题及其所带来的后遗症问题。达尔文在他的杰作《人类的由来》中,不仅运用了从胚胎的发育到肌肉的残留等众多的解剖学证据,而且还运用了从动物的表情到人类的心理等众多的心理学证据,从而向世人揭示了一个无可争辩的事实——人和其他动物是来自一个共同的祖先。达尔文的观点无疑是完全正确的。然而,也许正是由于在内心里把人完全当成生命进化的产物，因此达尔文接下来的论证就有点耐人寻味了。他批评道："有些自然学家，由于对人的心理能力和精神能力怀有特别深刻的印象，把整个有机世界分为三个界，人界、动物界、植物界，使人有别于其他生物，而自成一界。自然学者对种种精神能力是无法作出比较或分类的；但他可以试图证明，像我在上文所已经做过的那样，在种种心理能力上，人和低于人的动物之间，尽管在程度上有着极其巨大的差别，但在性质上却是相同的。程度上的差别，无论多大，不能构成一个理由是我们把人列入一个截然分明的界，或使他自成一界……我们不难了解，为什么单凭任何一个单一的性状或器官——哪怕这一个器官是复杂得出奇而关系重大得像脑子那样，也不行——或单凭心理能力的高度发展这一点，而作出的分类是几乎肯定地迟早会见得不能令人满意的……"〔1〕最后，达尔文宣布了自己的判决："人没有合理的权利来自成一目，而单单把他自己安放进去，尽管如此，他也许有理由要求自成一个亚目或自成一科……我们可以几乎全无疑问地认为，人是旧世界猿猴类这一支上的一个旁支，而从谱系学的观点来看，在分类关系上，他必须和狭鼻类的猿猴放在一起。"〔2〕

达尔文的观点事实上代表了一百多年来进化生物学家的普遍认知。贾雷德·戴蒙德干脆利落地将人类称为"第三种黑猩猩"，他说："人类不可能独立成科，甚至不应该独立成属，而应与另外两种黑猩猩归入同一属。""我们与黑猩猩弟兄分家之后，足足有几百万年，不过是一种经营特殊生计的黑猩猩罢了。"〔3〕戴蒙德不无挖苦地

〔1〕［英］达尔文：《人类的由来》，潘光旦、胡寿文译，商务印书馆1983年版，第229、231页。
〔2〕［英］达尔文：《人类的由来》，潘光旦、胡寿文译，商务印书馆1983年版，第238、239页。
〔3〕［美］贾雷德·戴蒙德：《第三种黑猩猩：人类的身世与未来》，王道还译，上海译文出版社2016年版，第29、36页。

说道:“即使分支系谱学派的分类学家,也免不了‘人本位’偏见,他们对‘人类与非洲大猿共处一个类目’的结果,想必也觉得是良药苦口、难以下咽。不过,一旦黑猩猩学会了分支系谱派分类学,或外太空来了个分类学家,一定会毫不犹豫地接受新的分类。”[1]

从辩论的角度来看,戴蒙德的辩词可谓文采斐然,雄辩滔滔,不过最后一句话似乎有点画蛇添足,反而成了自打嘴巴的大漏勺——黑猩猩就是永远也学不会分支系谱派分类学。就凭这一点,把人类称为第三种黑猩猩就是不妥的。其实,从生物学的角度来看,生物学家什么也没有做错。因为站在生命进化的层面上,他们的观点的确都是对的——人的确是从低等生物进化而来的,在生命属性上,人的确就是黑猩猩的近亲,所有这一切都是千真万确的;然而,从另一个意义上说,生物学家又全都错了,因为他们完全忽略了另一个事实——人的进化事实上已经超越了生命进化的范畴,而跨入了精神进化的领域。因此从本质上说,人乃是生命与精神的双重存在物——从生命上看,人的确是人科动物;然而从精神上看,人早已超越了生命,一骑绝尘地将包括近亲黑猩猩、大猩猩在内的所有动物都远远地甩到了身后,从而在物理进化和生命进化之上,单独启动了第三层进化——精神进化。在我的心目中,人,不是要在生命进化的逻辑中求得单独一目抑或单独一科的权利;人,是要超越整个生命进化的逻辑,求得单独创造一个精神世界的权利。

---

[1] [美]贾雷德·戴蒙德:《第三种黑猩猩:人类的身世与未来》,王道还译,上海译文出版社2016年版,第29页。

CHAPTER 02>

# 第二章

# 精神进化的根本原因是人类的结盟

## 合力为王：人类超越动物的根本原因在于人类的结盟

人为什么能够超越所有动物？这是一个古老而又年轻的问题。达尔文在《人类的由来》中说道："人所以能在世界上达成他今天的主宰一切的地位，主要是由于他能运用他的双手，没有这双手是不行的，它们能如此适应于人的意向，敏捷灵巧，动止自如。贝尔爵士力持这样一个说法，'手供应了一切的工具，而又因其与理智表里相应的缘故，给人带来了统理天下的地位'。"[1]手是人与工具之间的中介物，说人能够主宰一切是因为能运用他的双手，事实上就等于说人能够主宰一切是因为人会制造和运用工具。而这个观点很早就从自然科学领域延伸到了人文社科领域，成为统治人文社科

---

〔1〕［英］达尔文：《人类的由来》，潘光旦、胡寿文译，商务印书馆1983年版，第68～69页。

领域100多年的主流观点。不过,这个观点估计达尔文自己也是存疑的,因为他在《人类的由来》中很快又说了:“常有人说,没有任何动物会使用工具,这又不然,黑猩猩在自然状态下就懂得用石块和石子来弄开当地所产的有些像核桃的一种干果……我自己也曾亲眼看到一只年轻的猩猩把一根棍子的一头塞进一条裂缝,然后把手滑向另一头,而使它发生杠杆的作用,用得很恰当。”爱德华·O.威尔逊在《论人的本性》中也记载了黑猩猩使用工具甚至有意识地制造工具的诸多事例:“黑猩猩在日常生活中使用的工具数量极多,其中包括用树枝和小树作为抵挡豹子的武器;在攻击狒狒、人类或其他黑猩猩时会投掷树枝、石块和一把一把的植物;用树枝挖开白蚁窝,并将去掉叶子的植物茎秆从中间折断,用来‘钓’白蚁;用树枝撬开箱盒之类的东西;还会用嚼烂的叶子做成‘海绵’吸出树洞里的水……有两次他还看见一只三岁大的黑猩猩仔细观察它的母亲用树叶擦屁股上的粪便,然后它自己也捡了些树叶模仿母亲刚才的动作,尽管它的屁股是干净的。”[1]

如果我们不求甚解的话,当然也可以直接这么说——黑猩猩再怎么会制造工具,也不过是一些极其简陋的原始工具,它们永远也不可能像人类这样掌握高科技工具。但是我们不能这么说。因为我们现在的科学任务是——寻找人与动物之间的真正质变点,寻找人之所以为人的真正的逻辑起点,所以说这种话基本上就等于要无赖。既然“工具说”已经被越来越多的来自黑猩猩的证据所推翻,那么我们能不能直截了当一点,来个“智能说”,把人类的智能作为人之所以能够超越动物的根本原因呢?我的回答是:也不行。这次

〔1〕[美]爱德华·O.威尔逊:《论人的本性》,胡婧译,新华出版社2015年版,第30~32页。

“搞破坏”的,还是黑猩猩。不过,刚才黑猩猩是用它的“能”来推翻“工具说”的,这一次,黑猩猩是用它的“不能”来推翻“智能说”的。因为有一个很简单的问题,不知道那么多杰出的科学家们过去有没有思考过,那就是——如果更高的智能是人类战胜动物的原因的话,那么为什么拥有动物中最高智能的黑猩猩没有成为丛林之王?

黑猩猩的脑容量大约是人类的1/3,如果非要跟人类这个近亲攀比的话,黑猩猩只能算是中度智力迟钝,智力的发育程度只相当于七八岁的人类儿童。不过,比上固然不足,比下那可就绰绰有余了。一般认为,黑猩猩的平均智商在70左右。不过也有研究指出:利用手语,人们对大猩猩进行了斯坦福比奈智商测试,结果显示,大猩猩的智商在85~95,和人类儿童平均的智商几乎相同。这一结果非常令人震撼,尤其是考虑到这些测试是以人类思维模式为基础而设计的,因此答案有很高的人类偏向性。[1] 如果大猩猩的智商都能够达到如此程度,那么黑猩猩自然还要更胜一筹了。别以为黑猩猩的聪明脑袋都是白长的,研究表明,最聪明的黑猩猩可以学会200个英语单词及最基本的造句法,可以造出“玛丽给我苹果”和“露西给罗杰搔痒”这样的句子。美国亚特兰大市耶基斯灵长类动物中心的伦堡训练了一只名叫拉娜的雌猩猩,它曾生气地用代码对训练员说:“你这个绿色屁蛋。”大卫·普雷麦克训练的一只名叫萨拉的雌猩猩能记住2500个句子,能够使用的句子也不在少数。心理学家戈登·G.盖洛普曾让黑猩猩照了两三天的镜子,结果它们不再将镜子里的成像当作别的猩猩,它们认出来那就是它们自己。[2] 毫无疑问,从智能的角度来说,黑猩猩的确堪称是“一人之下,万兽之上”。

---

〔1〕［美］雅尼娜·拜纽什:《动物的秘密语言》,平晓鸽译,湖南科学技术出版社2017年版,第92页。

〔2〕［美］爱德华·O.威尔逊:《论人的本性》,胡婧译,新华出版社2015年版,第26~27页。

然而，尽管我们都知道黑猩猩是如此的聪明，可是每当我们提到丛林之王、草原之王的时候，脑子里跳出来的形象从来就不是黑猩猩，而是狮子和老虎这些大型猫科动物。为什么在智能上远胜狮子老虎的黑猩猩最终却没能压倒前者呢？

也许有人会回答：与大型猫科动物比起来，黑猩猩的体力较弱，因此智能的优势还不足以弥补体力上的劣势。这个回答也是经不起推敲的。因为人类的体力同样较弱，为什么当人猿相揖别之后，人类就能够逐渐弥补体力上的劣势？可见这个问题的答案一定不是简单地用“智能”两个字就可以搪塞过去的。在我看来，正确的答案应该是：人类之所以能够超越所有动物，最终成为主宰一切的王者，是因为人类以任何动物都不能企及的深度和广度结盟了。

黑猩猩栖息于热带雨林，集群生活，不过每群仅有 2～20 只，最多不超过 50 只，由 1 只成年雄性黑猩猩率领。社会生物学家们往往将黑猩猩这样的集群生活称为“社会生活”，乍一听似乎有点道理：因为只要有 2 只以上的黑猩猩互动交往，那岂不就是一种“社会性”吗？然而，倘若我们真的就以此为标准的话，那么这个世界上简直就没有不是社会性的动物了——大猩猩也是集小群生活，首领是一个被称为“银背大猩猩”的优势雄性大猩猩。群体中通常会包括几只黑背大猩猩、几只雌性大猩猩和它们的孩子们。亚种不同，大猩猩的群体大小也会有差异，可以在 2～35 只，通常为 6～16 只；在多数情况下，狼也是以 5～8 只的群体一同生活、捕猎和养育后代。狼群的基本单元是家庭群，包括一只优势雄狼、一只优势雌狼和它们的后代；[1]非洲象的集群也以家族单元最为重要，这是 10～20 头母象

---

〔1〕［美］雅尼娜·拜纽什：《动物的秘密语言》，平晓鸽译，湖南科学技术出版社 2017 年版，第 95、318 页。

与各自子女形成的紧密组织，家族单元会拆散是确有其事，不会多于20只；[1]母鸡群的关键数字是10。在10只左右的群中，三角和四角的关系会消失，形成的直线次序可以保持几个月的稳定期。如果数目超过10，则小的三角、四角关系普遍存在。真正的基本社会单元是一只统御的公鸡带着一只或数只母鸡，往往还有一只或两只以上的从属公鸡保持一段距离相随。[2] 至于我们在《动物世界》中常常看到的大群聚集的羚羊、斑马等动物，所呈现的不过是一种社会性的假象。威尔逊在《社会生物学》中说道："一群非洲大羚羊一旦遭遇危险，会乱窜奔逃，母羚只顾自保，任由自己的幼儿被掠食。斑马群的情况则不然，他们在面临危险时会与各自的家族集合，统御的雄斑马会挡在掠食者与其妻妾群的中间。危险一旦过去，各家族再度打散，混合成一个大群。"[3]

只要我们还想用"社会"这个词来形容人类的集群，那么动物们的这种集群就不应该被称为社会，否则我们就真的没有合适的词可以留给人类了。这个问题的关键在于：动物集群永远都摆脱不了生殖的逻辑，因此这样的集群根本就不是社会，而是最简单的生殖群。尽管社会生物学家竭尽全力想要从动物的交互行为中抽象出所谓的社会性来，然而事情的真相是：动物的集群永远只服从于生命繁殖的需要，它在本质上依然只是生命进化的产物。即便是最聪明的黑猩猩，也无法超越生命进化的逻辑，无法将数量远远超过生殖所需的黑猩猩们紧密团结在一起，从而形成一个真正的社会，相互学

〔1〕［美］爱德华·O. 威尔逊：《社会生物学：新综合理论》（第四册），薛绚译，左岸文化事业有限公司2013年版，第104页。

〔2〕［美］爱德华·O. 威尔逊：《社会生物学：新综合理论》（第三册），薛绚译，左岸文化事业有限公司2013年版，第17页。

〔3〕［美］爱德华·O. 威尔逊：《社会生物学：新综合理论》（第一册），薛绚译，左岸文化事业有限公司2013年版，第57页。

习，相互帮助，共同应对外界的各种挑战。恰恰相反，每个猩猩群的社会组织极其简单，占据的栖息地约有20平方英里，相邻而居的猩猩集群很少碰上，一旦碰上局面总是十分紧张，因为黑猩猩极具领地保卫意识，集群之间经常发生凶残杀戮，根本就不存在合并融合的可能性。即便是小黑猩猩成年之后，大多数情况下也都被迫离开原来的集群，以保证每个集群的黑猩猩数量一直稳定地保持在一个小规模的生殖群状态。

当然了，人类社会的历史告诉我们，黑猩猩的领地意识与集群之间的凶残杀戮对于人类来说其实也不是什么新鲜事，社会生物学家也许会因此认定二者之间并没有什么本质区别。然而，我想要再次提醒的是：不要忘了，黑猩猩的集群单元一直都没能走出生殖群的范畴，而人类的不同集群之间尽管也存在竞争对抗乃至凶残杀戮的现象，然而集群的单元却早已走出了生殖群的范畴，以一种超越生命逻辑的方式，将数量远远超过生殖需要的人紧紧地凝聚在一起，而且不断结晶扩大，从家族，到氏族；从部落，到部落联盟；从单一民族，到多民族；最后演化出了像中国这样一个多元统一的天下国家，甚至开始提出了人类命运共同体的共同愿景。如此具有扩延张力的人类集群，又岂是黑猩猩那种几百万年不变的生殖集群所能比拟的？而一旦人类能够将如此庞大数量的个体紧紧地团结在一起，又有什么动物是不能战而胜之的呢？由此可见，人类之所以能够最终超越所有动物，成为这个世界的主宰，并不是因为人类会制造和使用工具，也不是因为人类的智能高于其他动物，正确的答案只有一个——人类彼此结盟，并形成了社会。

残酷的自然选择决定了能够幸存于世的生命必定是各有依凭：细菌依凭的是自己大规模的复制；羚羊依凭的是自己矫健的奔跑；

大型猫科动物依凭的是自己强健的爪牙;而灵长类动物依凭的当然就是自己卓尔不群的智能。然而到此为止,故事依然还在生命进化的逻辑里打转转。即便是以黑猩猩的高智能,仅凭区区20只左右的数量,根本不足以弥补自己在大型猫科动物面前体力上的劣势。然而,一定是在距今五六百万年前的某一时刻,有一群类人猿因为某种原因迈出了关键性的一步,于是一个进化的分岔点出现了——他们结盟了,以超越生殖需要的方式结盟了。而一旦突破了生殖群的数量限制,这种结盟在理论上就是上不封顶的。当这种类人猿(也许应该称其为人类了)之间的结盟以所有动物都难以企及的广度和深度展开到一定程度的时候,伟大的质变点终于出现了——体力上相对较弱的人类凭借大规模团结的力量,相互学习,相互协作,最终取得了对曾经不可一世的大型猛兽的压倒性优势,进而成为这颗蓝色星球的新霸主。史蒂芬·平克在名著《心智探奇》中这样写道:"在漫画《凯文与霍布斯》中,凯文问他的老虎搭档为什么人们总是不满意他们拥有的东西。霍布斯回答:'开玩笑!你们的指甲长得多滑稽,你们也没尖牙,你们晚上还看不见,你们肉色的保护层真是很荒谬,你们的反应速度迟钝得要命,你们甚至都没有尾巴!当然人们不满意了!'但尽管有这些缺陷,还是人控制了老虎的命运,而不是反之。人类进化是真正的'呆鸟大反攻'。"[1]

## 超级计算:社会的形成是精神进化发动的根本标志

人类这只"呆鸟"之所以能够成功逆袭高大上的大型猫科动物等大型猛兽,成为这个星球的新主宰,最根本原因就在于人类的大

〔1〕[美]史蒂芬·平克:《心智探奇》,郝耀伟译,浙江人民出版社2016年版,第188页。

规模结盟。为了与动物的生殖性集群作出明确的区分，我们不妨把人类这种超越生殖需要的大规模结盟专门称为——社会。毋庸置疑，人类进化之所以能够迈过社会的门槛，一定有着诸多的原因和条件，如我们很快就会在下文中探讨到的语言发明问题、大脑发育问题及其背后的基因突变问题，然而无论这些原因和条件有多么的重要，它们依然不是人类超过动物的根本原因，充其量只能算是推动这个根本原因形成的各种条件。人类超过动物的根本原因，依然是人类的结盟，是社会的形成。因为我相信下面的推断应该是合理的：如果人类不能结盟，即便个体的智商再高，能力再强，依然无法构成对动物的压倒性优势；而只要人类有办法大规模结盟起来，即便个体的智商和能力只达到了黑猩猩的水平，相信人类依然可以战胜其他动物。实际上，真实的情况应该会比这个推断更好点——如果人类不结盟，那么人类根本就不可能发展出高智商和高能力；而如果人类结盟了，那么即便起步不过黑猩猩的水平，也依然有机会最终进化出高智商和高能力。关于这点，我们将很快在下文中予以证明。

2019 年 6 月 17 日，在德国法兰克福举行的国际超级计算大会上，发布了全球超级计算机 500 强的最新榜单。中国入选 TOP500 的超算高达 219 台，在数量上蝉联全球第一。不过在单机性能上，美国的“顶点”以每秒 14. 86 亿亿次的浮点运算速度再次登顶，力压中国超算“神威 · 太湖之光”与“天河二号”。其实，自从 2013 年 6 月中国的“天河二号”力压美国的“泰坦”，夺得世界最快超算宝座以后，中国超算曾经连续保持了 10 届 TOP500 冠军，直到 2018 年 6 月被美国的“顶点”重新夺回。不过，中国下一代每秒百亿亿次运算速度的 E 级超算早已蓄势待发，再次夺回单机冠军只不过是时间的问题。当然了,美国人也不甘落后,同样也在竭力发展E级超算,大国之间的超算竞争必将愈演愈烈。超级计算机令人炫目的运算速度究竟从何而来呢?如果用最简单的语言来说,那就是:超级计算机以某种合理的架构将众多的芯片处理器并联起来,然后进行分布式运算。比如说,中国的"天河二号"共有16,000个运算节点,一共安装了32,000颗英特尔Xeon E5主处理器和48,000个Xeon Phi协处理器;而中国目前运算速度最快的"神威·太湖之光"则一共安装了40,960个中国自主研发的"申威26010"众核处理器,采用64位自主申威指令系统,峰值运算速度达到了12.5亿亿次/秒。超大数量的高性能芯片以最合理的方式分担了庞大的运算任务,然后以齐头并进的方式同时进行运算,从而令超级计算机爆发出了令人难以置信的整体运算能力。由此可见,一台成功的超级计算机往往取决于几个要素的结合。如果用内行人的话来说,大致上应该包括5个核心要素:体系结构、互联技术、操作系统、微处理器、应用软件。[1]如果用我这个外行人的话来说,大致上可以总结成3个要素:芯片处理器的性能、芯片处理器的数量、联结芯片处理器的架构和算法——为了理解上的简洁方便,也为了本书的比喻目的,对于体系结构、互联技术、操作系统、应用软件这些软硬要素,我就囫囵吞枣地用"联结芯片处理器的架构和算法"这个词来统一概括了。

人类社会就如同一台超级计算机,我们每个人都只不过是其中的一个芯片处理器而已。人类之所以具有如此强大的能力,正是因为我们超越了生命逻辑的限制,以某种合理的架构和算法将众多的个人紧密地联结起来,从而形成一个分布式计算的"社会超算"。而

〔1〕 龚胜辉:《中国超算:"银河""天河"的故事》,河南文艺出版社2017年版,第253页。

社会这个“超级计算机”一旦形成，其强大的运算能力就能够为每个个体所共享。换句话说，我们每个人身上所表现出来的强大能力，其实根本不是我们每个孤立的个体本身所具备的，它是整个“社会超算”的强大能力在我们每个人身上的一种投射——不要说像我们使用的汽车、手机这样的高科技产品，如果没有社会的支撑，就算一个玻璃杯，一支铅笔，一个孤立的人都不可能造得出来。这个社会发明了电，我们每个人都用上了电；这个社会发明了5G，我们每个人都用上了5G。在动物看来（如果它们能够思考的话），我们每个人大概都像是呼风唤雨的神，然而我们自己心里清楚，这不是我们个人有多厉害，而是我们这个社会很厉害。在这个意义上，我们的确可以这样说：人就是社会，社会就是人。也只有站在这样的认识高度上，我们才能真正理解为什么马克思在《关于费尔巴哈的提纲》中会这样说：“人的本质不是单个人所固有的抽象，在其现实性上，它是一切社会关系的总和。”[1]也才能真正理解为什么马克思在《德意志意识形态》中会那样说：“只有在共同体中，个人才能获得全面发展其才能的手段，也就是说，只有在共同体中才可能有个人自由……在真正的共同体的条件下，各个人在自己的联合中并通过这种联合获得自己的自由。”[2]

在马克思看来，人类与动物的区分在于人的技能、能力和品位都通过社会而得到形塑，“孤立的个人”仅仅是功利主义理论的一种虚构：任何活着的个体都降生在这个运转中的社会，并且为其所塑造。每个人都是前代累积文化的承受者。“人是特殊的个体……同样，人也是总体，是观念的总体，是被思考和被感知的社会的自为的

[1] 《马克思恩格斯选集》（第1卷），人民出版社1995年版，第56页。
[2] 《马克思恩格斯选集》（第1卷），人民出版社1995年版，第119页。

主体存在。”[1]事实上，不仅是马克思，许多杰出的人文社会科学家也同样表达过类似的思想。舍夫勒认为，凡是使人类生命在层次上高于动物生命的一切东西，都源于积淀下来的社会文化和技术财富。如果他们被剥夺了这种财富，“那么他们也同时被剥夺了使其成为真正人类的一切”。涂尔干说，以语言为例便可以很容易看清这一点：“我们每个人都说着并不是由他创造的语言。”[2]然而，也许是因为对生物学太过熟悉了，所以社会生物学家们在这个问题上反而容易犯错，那就是：把人与社会分开，人的进化属于生命进化，在人的进化之上还有一个社会进化。殊不知从本质上说，就好比基因与生命是近乎等价的，人与社会也是近乎等价的。这就是宇宙的全息术在人文社会科学的表达——人就是社会，社会就是人，人的进化就是社会的进化，社会的进化就是人的进化，二者是不可分割的一而二、二而一的关系。

对于一台超级计算机来说，每个芯片处理器的质量固然十分要紧，然而连接芯片处理器的架构和算法也十分关键，因为它直接影响了这台超算的运算效能，也间接影响了这台超算所能够整合的芯片处理器的数量。事实证明，一个好的架构和算法的确可以在很大程度上弥补芯片质量上的不足，“神威·太湖之光”就是一个典型的例子。2015 年 4 月 9 日，在中国的“天河二号”已经连续夺得 TOP500 六连冠的背景下，美国政府决定对这台超算所使用的英特尔芯片实施禁运，以阻止“天河二号”的系统继续升级。然而，仅仅一年之后，完全使用中国自主知识产权芯片的“神威·太湖之光”就

[1]　[英]安东尼·吉登斯：《资本主义与现代社会理论：对马克思、涂尔干和韦伯著作的分析》，郭忠华、潘华凌译，上海译文出版社 2013 年版，第 18~19 页。

[2]　[英]安东尼·吉登斯：《资本主义与现代社会理论：对马克思、涂尔干和韦伯著作的分析》，郭忠华、潘华凌译，上海译文出版社 2013 年版，第 90 页。

横空出世，一举夺得了TOP500冠军。其实，如果单从芯片的工艺水平来看，当时的英特尔芯片已经采用了先进的14纳米制程，而申威26010众核处理器采用的是28纳米制程，落后了英特尔芯片整整一代。然而，凭借着中国人在架构体系上多年积累的高超造诣，“神威·太湖之光”依然获得了卓越的整体性能，从而一举夺魁。事实上，由于工艺水平的整体落后，芯片质量问题一直是中国超算发展之路上最大的绊脚石，而这个残酷的事实又倒逼着中国科学家必须在架构体系方面最大限度地挖掘潜力。因此，从中国第一台运算速度每秒1亿次的“银河1号”所采用的“双向量阵列结构”总体方案，到中国第一台运算速度每秒千万亿次的“天河一号”所采用的世界领先的“CPU+GPU异构融合技术”，架构体系的整体效能一直就是中国超算人的看家法宝，甚至可以自豪地说，“在体系结构之路上，中国人在拉着世界走！”[1]顺便说一句，如果说一个社会就如同一台超算，那么中国超算的发展道路就犹如中国社会发展道路的写照。近代以来的积贫积弱的确让中国社会的人均发展水平远远落后于西方发达社会，然而只要我们有办法在社会制度与社会凝聚力方面取得创造性成就，那么我们就依然有可能最大限度地团结起更多的人，从而发挥出强大的整体效能。事实上，过去我们早已经这样做了，否则也就不会有当年抗美援朝战争的胜利，也就不会有一战定江山的和平与稳定。面向未来，我们在竭力提高每个人的发展水平的同时，的确还应该在增强所有人的团结上继续这样做下去。

如果再打个更简单的比方，那么我们还可以将社会比作互联网，而我们每个人都是一台可以无线上网的个人电脑。人们在个人

〔1〕 龚胜辉：《中国超算：“银河”“天河”的故事》，河南文艺出版社2017年版，第262页。

电脑上之所以能够获得取之不尽用之不竭的信息，绝不是因为这台电脑本身的能力有多么的强大，而是因为这台电脑背后依托的，乃是整个无边无际的互联网。是的，我们每个人的确就是那台可以无线上网的个人电脑。也许你一直认为自己无所不能，其实那只是因为无线路由技术让你看不见那根无形的网线，从而引发了你妄自尊大的误解。迈克尔·托马塞洛在《人类思维的自然史》中写道："'思维'活动是个体独自的狂欢吗？对于很多动物来说，答案是肯定的。但对于人类来说，思维过程不仅仅牵涉到个体自身，反而更像是一个爵士演奏者的即兴表演：他使用的乐器由他人制造，表演的曲目的编排有前人留下的固定套路，能够登上舞台也经过了其他演奏者的反复指导。所以说，他的表演不仅仅是自己的表演，更是融入了周围他人'存在'的表演。我们的思维活动亦是如此，它的发生往往嵌套在一定的社会文化背景之中，而非与世隔绝的空中楼阁式思维……黑格尔认为，人类特定历史文化背景下的社会实践、制度、意识形态等因素塑造了个体思维的基本框架。"〔1〕托马塞洛关于思维本质的认识无疑是正确的。作为一个普通人，我们往往会对牛顿、爱因斯坦这些科学家那不可思议的聪明大脑怀有好奇之心与敬畏之心：为什么这么一个仅有1.4公斤重的大脑居然能懂得这么多的东西？其实，更深层的真相是：不管是牛顿还是爱因斯坦，他们绝对都是社会的产物。他们思维和表达的时候所使用的语言根本就不是他们发明的，他们研究和研讨的时候所使用的科学理论与科学工具绝大多数也不是他们发明的。没有历史的铺垫，没有科学共同体的支撑，就不可能有牛顿，也不可能有爱因斯坦。从这个意义上说，

---

〔1〕［美］迈克尔·托马塞洛：《人类思维的自然史》，苏彦捷译，北京师范大学出版社2017年版，第1页。

牛顿的那句名言的确不是用来谦虚的:“如果说我看得比别人更远些,那是因为我站在巨人的肩膀上。”也只有站在这样的认识高度,我们才能理解马克思和恩格斯为什么会在《德意志意识形态》中那样说了:“意识一开始就是社会的产物,而且只要人们存在,它就仍然是这种产物。”[1]

人类思维的社会性本质是我们与类人猿祖先得以区分的重要标志。托马塞洛认为,尽管人类的祖先类人猿是社会性动物,但它们常常独自生活,同时个体之间更多的是竞争关系,所以它们的思维更多围绕着个体目标的达成。相比而言,早期人类生存的生态环境已经迫使人类转向合作的生活方式,这使得人类的思维更多地服务于如何同他人合作,以便达到共同或群体目标,而恰恰是这种变化,造就了人类的不同。合作就是人类社会独有而其他类人猿没有的一种典型的社会特征。[2] 尼古拉斯·韦德在《黎明之前》中写道:“以亲属关系为基础的社会结合力是有限的……当村庄人口增多,他们之间的平均相关程度会减小。如果一个非部落社会的规模超过了一个亲戚关系所能维持的社会极限,它就需要一些新的凝聚力……人类历史可以被堪称是为克服这种限制的争斗。”[3]没错,人类社会的进化的确曾经走过这样一条艰难幽暗的路,这条路就是努力超越生命逻辑限制的精神进化之路。生命最基本的逻辑就是趋利避害,就是保存和发展自己,即便简单互助也超不过生殖群的限制。然而,社会性合作就意味着人类必须做出自我克制与帮助他人

---

〔1〕《马克思恩格斯选集》(第1卷),人民出版社1995年版,第81页。

〔2〕[美]迈克尔·托马塞洛:《人类思维的自然史》,苏彦捷译,北京师范大学出版社2017年版,第6、46页。

〔3〕[美]尼古拉斯·韦德:《黎明之前:基因技术颠覆人类进化史》,陈华译,电子工业出版社2015年版,第148~149页。

的行为,也就意味着人类必须要超越生命的逻辑,因为这样做很可能直接影响到自己和家庭的利益。人类进化为什么能够跨出这决定性的一步,其背后的内在动因究竟是什么,我们将很快在后面的文字中予以论述。不过从外在表现来看,人类之所以能够突破生命进化,开辟精神进化的新道路,的确是与社会的形成有着必然的因果关系。社会的形成乃是精神进化发动的根本标志,精神进化就是社会进化,社会进化就是精神进化。从这个意义上讲,英国前首相玛格丽特·撒切尔的那句话的确是一个彻头彻尾的错误——撒切尔说:"根本不存在社会这种事物。只存在作为个体的男人、女人及家庭。"〔1〕

然而,社会生物学家似乎并不这么认为。出于对生物学的专业自信,社会生物学家往往对人的遗传决定论十分青睐。威尔逊在《论人的本性》中说道:"现在我们终于说到遗传决定论这个关键词。生物学和社会科学之间的全部关系得靠遗传决定论来解释。"〔2〕社会生物学家强调遗传对于人的重要性本身并没有错,不过如此轻视社会对人的重要性的确也是不应该的。在我看来,社会生物学家之所以会出现这个问题,原因大致上有两个:其一,人虽然是精神进化的产物,但是精神进化的确又是奠基在生命进化的基础之上的。换句话说,人既具有生命属性,又具有精神属性,是生命与精神互动共存的双重存在物。社会生物学家们所津津乐道的遗传,在生命层面上是完全正确的,但是如果因此而忽略了人的精神属性,那就不正确了。关于这个问题,我们将在本书第四章"人的本质是精神与生命的互动"中予以详述。其二,社会是我们每个人生存的母体,也是

〔1〕［美］史蒂芬·平克:《白板》,袁冬华译,浙江人民出版社2016年版,第339页。

〔2〕［美］爱德华·O.威尔逊:《论人的本性》,胡婧译,新华出版社2015年版,第55页。

我们每个人生存的环境。环境就如同空气,你是如此的依赖它,却又是如此的忽视它——只有当你失去它的时候,你才会知道它对你有多么重要。因此,要想回应社会生物学家这种"身在福中不知福"的遗传决定论,最好的方法就是找到两个极端的例子,以证明失去社会和拥有社会对一个人的影响究竟有多大。

我想举的第一个例子,是印度狼孩卡玛拉的故事。1920 年 10 月,印度传教士辛格在印度加尔各答的丛林中发现了两个由狼哺育长大的裸体女孩。大的女孩约 8 岁,小的 1 岁半左右。据推测,她们应该是在半岁左右的时候被母狼带到洞里去的。辛格给她们起了名字,大的叫卡玛拉,小的叫阿玛拉。在孤儿院里,人们首先对她们进行了身体检查,发现他们虽然营养不良,但是生命系统是正常的。两个狼孩虽然长得与人一样,但是生活习惯与野兽无异——她们不会用双脚站立,只会用四肢走路;她们害怕日光,到了夜间就活泼起来,发出非人非兽的长嗥;她们完全不懂语言,也不发出人类的音节;她们不会用手拿东西,吃起东西来狼吞虎咽,喝水也跟狼一样用舌头舔;吃东西时,如果有人或有动物走近,便呜呜作声地去吓唬;晒得热了,她们就张开嘴伸出舌头来,像狗一样地喘气;她们怕火和水,不肯洗澡,也不肯穿衣服,并随地大小便。卡玛拉和阿玛拉被领进孤儿院后,辛格夫妇非常爱护她们,耐心地抚养和教育她们,希望帮助她们恢复人性。总体而言,年幼的阿玛拉比年长的卡玛拉的进展更快些,遗憾的是阿玛拉进院不到 1 年就因病去世了。而卡玛拉的进展十分缓慢,她用了 2 年才学会直立,但需要有人扶着,6 年后才能够单独直立行走,但是想要走得快,就会四肢并用;她用了 4 年时间才学会了 6 个单词,直到 17 岁去世也没真正学会说话。在她生命的最后 3 年中,卡玛拉终于喜欢并开始适应人类社会——她能照料孤儿院的幼小儿童，会为跑腿受到赞扬而高兴。然而，卡玛拉的智力发展令人失望，她快到15岁的时候，智力只相当于2岁的婴儿；直到17岁死于伤寒热病的时候，卡玛拉的智力也只相当于三四岁的小孩。

我想举的第二个例子，是美国黑猩猩古亚的故事。印度卡玛拉的故事广为人知后，美国心理学家温思罗普·凯洛格做了一个反向实验，那就是将一只幼年黑猩猩完全当作人类婴儿进行抚养。1931年，凯洛格在亲生儿子唐纳德10个月大的时候，领养了一只7个半月大的雌性黑猩猩古亚，把她当作唐纳德的“妹妹”，正式开始了实验。凯洛格给予了古亚人类家庭的温暖，同时也将亲生儿子严格作为试验对象来对待。凯洛格夫妇每天测量两个孩子的体重、血压、身高等生理数据，甚至为了测试两个孩子受到惊吓后的反应，凯洛格躲在他们身后开枪，观察并记录下他们的反应。通过实验，凯洛格惊奇地发现，古亚在绝大多数测试中的表现都要优于唐纳德——她不仅十分听话，还会用亲吻和拥抱请求原谅，甚至会在想要上厕所前就主动示意。尤其是面对吊在天花板上晃动的饼干，它比唐纳德更快的学会使用凳子。然而这项原计划持续5年的实验仅仅进行了9个月就夭折了。因为凯洛格夫妇惊恐地发现，虽然古亚越来越像人了，但是唐纳德也越来越像黑猩猩了——古亚更像是唐纳德的领导者，唐纳德唯一的优势就是善于模仿古亚：他学会了四肢行走、咬人、用嘴叼东西，还学会了古亚索要食物时的叫声，看到水果就会剧烈喘息。在实验持续的9个月时间里，小唐纳德只学会了3个单词，而正常的同龄孩子应该能说50个单词，并开始尝试造句。在惊恐中提前结束实验的凯洛格将古亚送回了动物园，由她的亲生母亲继续抚养。然而一切都已经晚了：古亚不承认自己的母亲，不承认自己是黑猩猩,她无法适应在笼子中的生活,觉得自己不属于这里,表现出了极大的抗拒和痛苦。1933 年 12 月,刚满 3 岁的古亚因肺炎去世。而小唐纳德在父母的努力下,终于改正了黑猩猩的习性,智力也迅速赶上甚至超过了同龄人。长大后的唐纳德考入了哈佛大学医学院,成为一名精神科医生。然而不幸的是,在父母双双辞世之后几个月,年仅 42 岁的唐纳德就因为抑郁症发作而自杀了,人们最终也无法确知他的自杀是否与他幼年时的实验有关。

这是两个十分令人深思的案例。从生命的角度来看,狼孩卡玛拉是个彻头彻尾的人;然而从精神的角度来看,狼孩卡玛拉基本上就不能算是人。尽管经过后期的努力,她最终还是没能成为一个真正的人。卡玛拉是从超级计算机中滑落的一颗芯片,是从互联网上断开的一台电脑。毫无疑问,她的人生悲剧不是因为生命,而是因为精神;不是因为个人,而是因为社会。而黑猩猩古亚则是反过来的:它是一只被拖带进了人类社会的黑猩猩,居然在一定意义上获得了“人性”。从生命的角度来看,古亚是一只彻头彻尾的黑猩猩;然而从精神的角度来看,古亚却在一定程度成为了一个“人”——至少她自己应该是这么认为的,而她的“哥哥”唐纳德恐怕也是这么认为的。古亚是一颗并联进了超级计算机的低性能芯片,是一台连接上了互联网的 486 电脑。毫无疑问,她早期的“人生”喜剧和后期的“人生”悲剧都不是因为生命,而是因为精神;不是因为个人,而是因为社会。

## 大脑互联:语言的出现是人类结盟最重要的条件

在温思罗普·凯洛格的实验中,黑猩猩古亚的表现是如此的出色,以至于竟然超过了她的“哥哥”唐纳德。然而,在一个十分关键的问题上，古亚却让凯洛格完全失望了，那就是语言。无论凯洛格如何教导，古亚就是学不会人类的语言，而这也“拖累”了向她学习的小唐纳德，导致后者差点不会说话了。这个事实提醒我们，语言在人与动物的差别中，绝对是一个不可忽视的关键因素。事实上，科学家的确就是这么认为的。达尔文在《人类的由来》中写道：“语言——这一才能被认为是人与低于人的动物之间的主要区别之一，那是公平合理的。”[1]苏联著名心理学家利维·维谷斯基认为，没有语言，人类思维就不会变得如此复杂。人类推理的发展受符号和象征物的影响，因此它很大程度上由语言决定。美国著名语言学家诺姆·乔姆斯基认为，语言既是沟通的工具，又是组织我们思考世界的系统。[2] 史蒂夫·奥尔森认为，语言的出现标示着人类意识的一大根本转变，我们使用语词思维，事实上，假如没有语词，我们不可能思维。我们无法直接体验非人类动物的意识，原因是我们无法超越语言使用所界定的意识。语言不仅仅披露已经存在的意识，事实上还创造意识，有了语言之后，人类的故事才刚刚开始。[3]

没错，如果说人类超越动物的根本原因是人类的结盟，那么语言毫无疑问就是人类之所以能够结盟的最重要条件。如果说人类社会是一个互联网的话，那么语言就是那无线路由技术，否则无数台孤立的个人电脑就完全无法联网。道金斯在《基因之河》中也是这么说的：“语言是一个起联网作用的系统。借助这个系统，脑之间可以友好地交换信息，从而使协作的技术得以发展。”[4]的确不可想象，如果人类没有了语言，人类又该如何沟通，如何协作，如何传承

〔1〕［英］达尔文：《人类的由来》，潘光旦、胡寿文译，商务印书馆 1983 年版，第 126 页。
〔2〕［英］凯文·拉兰德：《未完成的进化》，史耕山、张尚莲译，中信出版社 2018 年版，第 178 页。
〔3〕［美］史蒂夫·奥尔森：《人类基因的历史地图》，霍达文译，三联书店 2016 年版，第 86 页。
〔4〕［英］理查德·道金斯：《基因之河》，王直华、岳韧锋译，上海科学技术出版社 2012 年版，第 127 页。

呢？进化生物学家对于人类语言进化的动因究竟为何常常争论不休,有的认为是为了合作狩猎,有的认为是为了亲子沟通,还有的认为是为了传授技能……其实在我看来,所有这些原因都只不过是同一事物的不同表现而已,与其细细碎碎地列举,不如用一句话予以总结——语言的进化是人类结盟的必要条件,也是人类结盟的必然选择。这种结盟,不仅在于横向的协作,还在于纵向的传承——用赫尔德的话来说,那就是"第一颗人类心灵的第一个思想与最后一颗人类心灵的最后一个思想维系在一起。"〔1〕

在进化的命题中,存在无数的"蛋生鸡,鸡生蛋"的陷阱,这也是进化生物学家们之所以对许多问题永远争论不休的原因之一。比如说语言与思维的关系问题。在人类的进化中,究竟是思维更重要,还是语言更重要呢？在我看来,用还原论的方式追问这个问题的答案是没有意义的,因为进化是一条连续流动的河,思维的最早雏形和语言的最早雏形究竟是什么并不是很好界定。不过,如果我们愿意将研究的尺度放得大一点的话,那么大致上可以说,在人类的进化中,语言应该比思维更重要。这个道理其实也很简单:如果黑猩猩能够说话,我相信以黑猩猩的思维能力,应该也有机会创造出超越其他动物的奇迹。黑猩猩古亚在大多数测试中超越小唐纳德,当然不能证明黑猩猩的智商高于人类,因为9个月的时间并不能完全说明问题,毕竟人类与黑猩猩的发育速度不同,对后天教育的依赖程度也不同。但是,这个案例的确十分清楚地告诉我们,黑猩猩的思维能力是绝对不赖的。那么,现在问题来了:既然黑猩猩也那么聪明,为什么它们与人类最终的能力差距会如此之大呢？答案

---

〔1〕［德］J. G. 赫尔德:《论语言的起源》,姚小平译,商务印书馆2014年版,第118页。

其实很简单——黑猩猩不会说话。换句话说，当生命演进到了黑猩猩的阶段，进化事实上已经造就了一台配置不算很低的个人电脑，却唯独没有授予它无线上网的技术，最终累积形成了不可跨越的代差，犹如PC时代与无线互联时代的区别一般。这个答案也可以帮助我们理解：为什么黑猩猩在经过训练之后，居然可以用符号语言“说话”？因为它事实上已经具备了相当的思维能力，就是苦于不能开口说话。这个答案还可以帮助我们理解：为什么黑猩猩的能力与人类差距如此之大，而智商水平却能够如此地接近人类？因为黑猩猩与人类的最大差距其实不在于思维，不在于智商，而在于语言，在于由语言联结起来的社会。

飞禽会鸣叫，走兽会低吼，也许有人会认为，这不就是动物的语言吗？没错，这的确是动物的“语言”，不过我们得为这个词加上个引号才行。这是一个在科学上已经达成共识的结论：人类的语言与任何动物的呼叫，其间的鸿沟，几乎没有桥梁可以跨越。目前最精密的“动物语言”研究，是针对非洲长尾黑鄂猴的呼叫做的。生物学家斯特鲁萨克在肯尼亚安波塞利国家公园观察到：有三种不同的猎食动物，会使长尾黑鄂猴采取三种不同的防御措施，而且会发出三种不同的警告呼叫。要是长尾黑鄂猴遇上的是豹子或其他的大型猫科动物，雄长尾黑鄂猴会发出一连串响亮的吠叫声，雌性则是高亢的喳喳声，其他的长尾黑鄂猴一听到警告声，可能会立即爬上树。看见猛雕或冠鹰盘旋在头顶上，长尾黑鄂猴会发出两个音节的短暂咳声，听见的猴子就会抬头仰望天空，或跑向矮树丛。长尾黑鄂猴一发现蟒蛇或其他危险的蛇类，就会发出另一种特别的叫声，附近的长尾黑鄂猴一听到就以后腿直起身子，四下张望（看蛇在哪里）。除此之外，还有至少三种警告呼叫，不过不那么响亮，也不常听见。

一种是狒狒出现时的呼叫，另一种是针对土狼、鬣狗之类的哺乳动物，最后一种微弱的警告呼叫，针对的是不熟悉的人类。而长尾黑鄂猴互动的时候，也会发出类似咕噜声的呼叫。可以分辨出对应的四种不同社会脉络：接近占支配地位的同伙；接近地位低下的同伙；观察同伙；看见敌对队群。所以，安波塞利国家公园的长尾黑鄂猴至少有 10 个——暂且这么说吧——“词”，用来表达：“豹子”“鹰”“蛇”“狒狒”“其他猎食兽”“陌生的‘人’”“居高位的同伴”“低阶同伴”“观察其他的同伴”“看见敌对队群”。从词汇的“质量”来看，长尾黑鄂猴的每一种呼叫，都指涉一类特定的外在危险，而不是特定的对象，比如看到野猫和山猫，也会让它们发出“豹子叫声”；从词汇的数量来看，即使是“最先进”的动物，词汇的数量也很小，长尾黑鄂猴只有 10 种不同的呼叫。[1]

就像前面我们不把动物的生殖群称为“社会”一样，我们也不准备把动物的这种呼叫称为“语言”，否则我们就没有合适的词汇留给人类了。其实，科学家之所以会在对动物呼叫的研究还很不足的情况下依然如此自信，不仅是因为对人类启动精神进化之后的语言学习能力充满自信，而且还因为科学家现在已经基本确认：在人类启动精神进化的时候，曾经发生过几次与大脑发育和语言能力有关的基因突变，从而导致了人类与其他动物之间不可跨越的巨大鸿沟。这些基因突变首先与大脑有关。我们知道，人类大脑的重量只占全身重量的 2%，却贪婪地消耗了 20%的血氧和 25%的葡萄糖。在人类、黑猩猩和大猩猩尚未分家之前，人科动物祖先的大脑大约只消耗全身 8%的能量。然而，距今 1500 万～1000 万年前，RNF213 基因

---

〔1〕［美］贾雷德·戴蒙德：《第三种黑猩猩》，王道还译，上海译文出版社 2016 年版，第 150～156 页。

发生突变,导致颈动脉直径扩张,使流往大脑的血量大增。此后,又有一个叫“葡萄糖转运子”的 SLC2A1 基因发生突变,使人类大脑比黑猩猩大脑能够多吸收 3 倍的葡萄糖。距今 700 万~600 万年前,人类的祖先刚刚与黑猩猩分家,有 3 个基因发生突变,帮助人类扩大了脑容量:第 1 个基因是名为 ASPM 的“异常纺锤状小脑畸形症相关”基因;第 2 个基因是与大脑扩增及皮质高度折叠现象有关的 ARHGAP11B 基因;第 3 个基因是被称为“第 1 号人类加速区”的可以影响大脑皮质发展的 HAR1 序列。接下来,距今 270 万~210 万年前,MYH16 基因发生突变,人类的咀嚼肌群变小,意外地释放了该肌群对头骨的束缚,使大脑获得增大的机会。同时较小的咀嚼肌群也让下颚骨变小,促成了更精巧的嘴型操控能力,让语言发声能力得以更进一步;此后,SRGAP2 基因发生突变,增加了神经脊的数量和密度,从而形成了更多的神经联结。[1]

连续的基因突变为人类创造了一个日益发达的大脑,也为人类发明语言奠定了思维的基础。我们完全有理由相信,当人类拥有如此发达的大脑之后,应该已经开始尝试相互结盟,以便获取更大的生存优势;不过也同样有理由相信,大规模的社会性结盟应该还没有开始,因为那时候的人类还没有发明真正的语言。然而,距今大约 20 万年前,著名的“语言基因”FOXP2 发生了突变,人类终于打开了通向语言王国的大门。FOXP2 基因是一个转录因子,其任务是打开和关闭其他基因。1990 年英国遗传学家简·赫斯特对伦敦 KE 家庭的研究表明,如果一个人的 FOXP2 基因出现问题,他的语言能力就会立即遭到严重破坏。虽然时至今日,对于 FOXP2 基因突变

---

〔1〕 谢伯让:《大脑简史》,化学工业出版社 2018 年版,第 127~132 页。

究竟如何作用于人类的语言能力,科学家还没有得出确切的答案,但是FOXP2基因突变不仅会导致大脑负责听说能力的区域和负责语法能力的区域出现问题,而且还会影响颅面骨、颅底骨和咽喉软骨的发育,从而影响到发声道的构建,这点已经基本上得到确认。换句话说,20万年前发生在人类身上的FOXP2基因突变,很可能帮助人类构建了发声道的生理基础,从而促进了人类语言的发育和进化。黑猩猩在思维层面上已经具备了语言的可能,却始终无法开口说话,哪怕经过人类的反复训练依然毫无进展,不是因为黑猩猩的脑子不够聪明,归根结底还是因为黑猩猩声道的生理基础决定了它们真的无法像人类那样精巧地控制自己的喉舌气息,因此无法发出复杂多变的语音,自然也就谈不上发明语言了。控制语音对于语言的产生的确十分关键。赫尔德在《论语言的起源》中对视觉、触觉和听觉这三种心灵的感官方式进行了详尽的分析,最后得出了一个结论:触觉提供的信息太过含混不清,而视觉提供的信息又太过丰富,只有听觉提供的信息比较适中,使过于模糊的感觉变得清晰,使过于明晰的感觉变得舒适,因此是发明语言的最佳载体。[1] 赫尔德的观点是有道理的,不过在我看来并没有抓住重点。语言的关键不仅在于接受端,更在于表达端。而在原始人类能够表达和传递信息的方法上,的确没有一种方法能够比得上运用语音来得及时和有效。赫尔德认为视觉语言提供的信息太过丰富,其实这是从接受端的角度来看的,如果从表达端的角度来看,情况恰恰是相反的:图画、符号、手势就是视觉语言,与语音这种听觉语言相比,其劣势并不在于提供的信息太丰富了,而是提供的信息太简单,或者太滞后了。直

[1] [德]J. G. 赫尔德:《论语言的起源》,姚小平译,商务印书馆2014年版,第58~63页。

到5000年前人类发明文字，视觉语言才有了理论上的可能，不过那也是站在听觉语言几十万年进化的巨人肩膀上的——可以肯定地说，如果没有听觉语言，就不可能会有文字语言；至于触觉语言，当然就更加低效、简单、模糊了，只有诸如蚂蚁之类的受到本能驱使的动物，才会停留在这种语言层次上。当然，除了赫德所说的视觉、听觉、触觉之外，生命还有多种传递信息的方法，比如蚂蚁的化学信息素就是一种嗅觉“语言”。然而毫无疑问，无论是哪一种方法，显然都无法与听觉语言的优势相提并论。由此可见，黑猩猩发声道的解剖学局限及其背后的基因学机缘对于语言的发明来说，绝对不是一个可有可无的小问题，而是一个致命性的大问题。

基因突变的关键性作用给人们留下的印象是如此的深刻，以至于生物学家们总是喜欢把所有的问题都还原到基因的突变上来——人类的进化是因为语言的发明，语言的发明是因为基因的突变，因为基因的突变是完全偶然的，所以人类的进化就是完全偶然的。如果从生物学的角度来看，这个逻辑或许并没有什么问题，但是如果从人文社科的角度来看，这个逻辑就是毫无意义甚至是有害的，因为我们从中得不到任何有价值的结论，甚至还会被它所误导。在我看来，人类之所以能够发动精神进化，其根本原因是人类的结盟，是社会的形成。基因的突变也罢，语言的产生也罢，都不是精神进化的根本原因，而只是成就这个原因的某种条件而已。人类发动精神进化的真正质变点，不在FOXP2基因随机突变的某个碱基上，而在人类向着超越生命逻辑的彼此结盟勇敢跨出的那个脚步上。想明白这个道理其实也很简单：即便人类拥有了一切条件，如果不能做到真正意义上的结盟，不要说战胜其他动物了，就是自相残杀自我毁灭也不是没有可能的。不要忘了，这可不是学术上的假设，而是历史上的真实——想想当年残酷的两次世界大战，想想今天美国人强加给全世界的贸易战。

现在，关于尼安德特人的一些最新科学发现，正在从另一个侧面证实我们的判断：FOXP2 基因的突变并不是人类精神进化的真正质变点。众所周知，尼安德特人比智人强壮，脑容量也超过了智人，那为什么最后会不敌智人呢？是智人会说话，而尼安德特人不会说话？为了解开谜团，科学家对尼安德特人进行了基因检测，结果非常让人吃惊：发生在人类身上的 FOXP2 基因的两个突变，在尼安德特人的身上居然也有——这说明尼安德特人很可能也会说话。身体比你强壮，脑子比你还大，还一样都会说话，我想，尼安德特人若是在天有灵，大概也很想问问智人："你究竟是哪个基因比我强，居然最后把我给淘汰了？"这个问题的答案，现在已经基本上被基因科学家卡托维奇博士以及中国科学家仇子龙等人的研究所揭晓，只不过这个答案应该会出乎所有人的意料：智人淘汰尼安德特人并不是因为哪个基因强，而是因为有些基因弱。为了搞清楚智人大脑的秘密，科学家检测了智人大脑里的基因表达，结果找到了一些通过基因重组而产生的新基因。然而奇怪的是，这些新基因不仅没有增加什么外显子（可以翻译成蛋白质的基因序列），反而把自己的外显子或多或少地给丢掉了一些——换句话说，这些人类新基因其实并不新，只是比原来的基因缺胳膊少腿了。2012 年，科学家决定看看这些人类新基因对大脑神经元的生长发育究竟有什么影响，于是他们把这些新基因注入到神经元里，结果让他们大吃一惊：这些缺胳膊少腿的人类新基因，居然减慢了神经元细胞的生长。不仅如此，在人类的大脑中，还有一些信使 RNA 出现得比较晚——它们在其他动物刚出生的时候就出现了，但是在人类的大脑里，却要到 3 岁到 4

岁以后才开始出现。这些信使 RNA 表达出来的蛋白质有一个共同的作用，那就是帮助大脑里的神经细胞发育成熟。信使 RNA 出现得晚，说明这些基因的开关被特意调慢了，也就是说，人类大脑的发育速度被故意调慢了。[1] 缺胳膊少腿的新基因本来就已经导致人类大脑发育减慢，唯恐天下不乱的信使 RNA 又来插上一脚，从而把大脑发育的基因开关调得更慢了——一个踩刹车，一个松油门，从而导致人类大脑的发育速度比其他动物的慢了不少。天下武功，唯快不破。在物竞天择的残酷竞争中，脑子是个好东西，能够早一天成熟，自然多一分胜算。然而，在这个关键时刻，人类的大脑居然在慢吞吞地发育，这不是自寻死路吗？自然选择是不是不长眼睛了，居然没有把这样的智人给淘汰了？

基因科学家的答案出乎所有人的意料：人类的成功，恰恰是因为大脑发育得更慢。众所周知，在大脑的学习过程中，外界信息的输入会刺激大脑中的神经连接。伴随着学习过程的不断推进，大脑中的神经连接也在不断地生长和固定，从而将各种知识和技能以记忆的方式固定在脑子里，以备未来不时之需。而一旦神经连接被固定，就不容易改变了——这就是为什么小孩的头脑往往比大人的头脑更具可塑性的原因所在，也就是为什么 8 岁的卡玛拉回到人类社会后改变速度不如 1 岁半的阿玛拉，而且最终也没有办法重新变回人的原因所在。由于我们人类的最大能力正是源于我们的社会性学习，因此大脑的发育速度被基因调慢，反而阴差阳错地使大脑在学习中更具可塑性，从而使社会化的烙印在我们的头脑中印刻得更深，使我们的能力比所有动物都更加强大。只有从这个认识出发，

[1] 仇子龙：《基因科学 20 讲》第 5 讲"人类是基因演化的巅峰"，连载于"得到"APP。

我们才能够理解:为什么黑猩猩古亚会在与唐纳德的比较与竞争中很快领先?原因其实很简单:小黑猩猩一出生,大脑就已经发育得很完整了——残酷的丛林环境不会允许黑猩猩的大脑发育太慢;而人类的小孩刚刚出生的时候,那真是叫作什么都不懂,什么都不会——不是因为人类的小孩笨,而是因为他的大脑发育速度确实比较慢。事实也的确证明了这点:虽然当年唐纳德在实验的初期落后于古亚,但是在实验的后期,唐纳德的表现便迅速地赶了上来;如果不是因为实验仅仅持续了 9 个月就被叫停,我相信唐纳德应该很快就会超过古亚,并将它远远地甩在后边——这就是人类社会化学习的威力所在。更值得深思的是:我们人类的社会化生活方式,事实上为这种社会化学习提供了最好的条件:在父母的保护下,人类的孩子可以安全度过幼年的学习期;而社会化的教育条件,又为人类的孩子增强社会化的本领提供了条件;接下来,社会化学习的结果反过来又为人类的社会化生活方式提供了更大的可能——人类社会化的自我强化和因果循环,最终推动了人类螺旋式向上的发展。

现在,让我们的注意力再次回到尼安德特人身上:科学家通过研究,在那些导致人类大脑推迟表达的基因里,发现了一个重要的基因 MEF2A,这个基因是人脑中非常重要的管理者基因,负责打开其他基因。研究表明,MEF2A 基因开始推迟表达的历史时刻,恰恰就发生在智人与尼安德特人分离之后。换句话说,MEF2A 基因的推迟表达,的确是智人独有的。[1] 尽管研究目前还在进行之中,不过真相已经基本揭晓:4 万年前,在与智人的这场生死存亡的竞争

〔1〕 仇子龙:《基因科学 20 讲》第 5 讲“人类是基因演化的巅峰”,连载于“得到”APP。

中,尼安德特人没有输在体能上,没有输在脑容量上,甚至也没有输在语言上;尼安德特人是输在了学习上,输在了社会化上,输在了人类的本质上。

## 前途光明:人类进化的趋势是结盟的不断扩大与深化

人类社会脱胎于动物世界,精神进化脱胎于生命进化,这个最基本的判断提醒我们,人类最初一定是如同动物一般彼此对待的。动物在自己的生殖群内已经建立起了共生与协作的秩序,然而在生殖群之间依然彼此残酷对待,甚至有时在生殖群内也是如此。然而,距今几百万年前,当非洲故乡的某些类人猿在各种条件因缘际会的推动下,勇敢地突破了生殖群的限制,跨出社会性结盟的关键步伐的时候,一个成员数量远超生殖群的社会就诞生了,一群超越动物的人类也就诞生了。完全有理由相信,这个社会最开始一定是一个比普通家庭群更大的家族;然后,随着智能的增长和情感的扩延,这个社会逐渐从血缘联系较为紧密的家族扩大成了血缘联系较为松散的氏族;接着,又逐渐从血缘性的氏族扩大成了地域性的部落;最后,逐渐从地域性的部落与部落联盟扩大成了文化性的民族,从而大致上形成了我们今天看到的这个世界的模样。毫无疑问,尽管过程漫长而又血腥,然而人类社会的进化一定是一个不断结晶扩大的过程。换句话说,人类的进化趋势一定是人类结盟的不断扩大与深化。

然而,这个过程的确是漫长而又血腥的。自文艺复兴以来,许多人文社会科学家在目睹自己所处时代的人与人之间的各种不平等现象之后,将精神上的寄托回归到了原始部落社会的人类身上,认为原始社会的人类虽然没有丰富的物质财富,但是人与人的关系平等而又自由，堪称“高贵的野蛮人”。卢梭在《论人与人之间不平等的起因与基础》中写道：“野蛮人的欲望的冲动是那样的少，加之又受怜悯心的有益的制约，因此，他们行事虽粗野，但心地并不坏；他们更多的是注意于保护自己不受可能遇到的坏事的伤害，而无意于伤害别人；由于他们彼此之间没有任何种类的交往，所以很少发生危险的争端。”〔1〕卢梭所描绘的“高贵的野蛮人”的形象的确影响到了很多欧洲人，印象派画家高更因此厌倦巴黎的文明生活，多次隐居于太平洋的塔希提岛，希望从中得到心灵的皈依和创作的灵感，最终在贫病交加之中逝于太平洋的马克萨斯群岛。然而，很遗憾，与卢梭和高更的幻觉完全不同的是，事情的真相往往是十分残酷的。达尔文在跟随“小猎犬号”环球航行的过程中，就曾真实地记录了火地岛土人的野蛮生活。他在航海日记中写道：“不同部落在交战时会食人，在冬天闹饥荒的时候，土人会首先把年老的妇女杀死吃掉，之后才去杀狗——洛先生带上船的男孩和杰米·巴顿在不同场合都分别提到过类似的事情。洛先生问男孩为什么先吃人后吃狗，得到的回答是，‘狗会捉水獭，老太婆不行。’男孩讲述怎么用烟熏老妇人直到她们窒息而死，还模仿老妇人的哀叫声取乐，甚至不忌讳谈论老妇人身上哪些部位最好吃。死于亲友之手何其恐怖，可以联想到饥荒来临给老妇人内心造成的恐慌则更让人不寒而栗。她们常常逃到深山里去，但男人们会把她们捉回来，直接在灶台边杀掉……各个部落都各自为政，视周围部落为仇敌。每个部落说不同的土话，彼此之间只隔着一块荒地或中立区。部落之间爆发战争的原因似乎是为了争夺口粮……他们体会不到家的感觉，更别提家

〔1〕［法］卢梭：《论人与人之间不平等的起因与基础》，李平沤译，商务印书馆2007年版，第76页。

庭的亲情了,因为丈夫之于妻子就像残暴的奴隶主之于卖苦力的奴隶。世间再也没有什么罪恶比拜伦先生在西海岸目睹的那一幕更令人发指了。一个可怜的母亲拾起她那流血将死的孩子,只因为这个孩子失手打翻了一篮海胆,就被父亲无情地摔在石头上!”[1]平克在《白板》中也批判了所谓“高贵的野蛮人”的卢梭式幻觉:“伊丽莎白·马歇尔·托马斯在一本同名书中,将喀拉哈利沙漠里的昆申人描述为‘不会伤害他人的人’。但是,当人类学家有足够的时间驻扎在那里收集数据时,他们很快发现,昆申人的凶杀犯罪率要远远高于美国内陆的城市居民。他们还了解到,在这群人当中刚刚发生了一起复仇性凶杀案,他们偷偷潜入凶手所在的部落,并趁所有人熟睡的时候,杀死了所有男人、妇女以及孩子……1978 年,人类学家卡洛·恩伯的研究统计结果表明,90%的狩猎部落都会发生争端,64%的部落在两年之内至少会发动一次战争。甚至高达 90%的数据都被低估了,因为人类学家往往没有足够长的时间对一个部落进行研究,以观测出大约每 10 年内战争爆发的次数。1972 年,另一位人类学家 W. T. 狄瓦勒对 37 种文化背景下的 99 个狩猎部落进行了调查研究,结果发现,其中的 68 个部落在当时正处于战争状态,其中的 20 个部落在 5~20 年之前曾经发生过战争,剩余的部落在更为遥远的过去也都曾发生过战事。”[2]

达尔文与平克所观察的是与我们基本处于平行时代的狩猎部落,不过鉴于这些部落与人类早期祖先在生活方式上的趋同,将这些观察结果推延运用于我们的早期祖先,应该是一个比较合理的判断。然而,我在这里描述人类早期祖先似乎令人失望的道德水准并

---

〔1〕［英］达尔文:《比格尔号航海日记》,张耀宇译,外语教学与研究出版社 2016 年版,第 124~126 页。

〔2〕［美］史蒂芬·平克:《白板》,袁冬华译,浙江人民出版社 2016 年版,第 65~67 页。

不是为了让我们对人性绝望，恰恰相反，是为了让我们对人类的进化以及我们的未来充满信心。所谓人性，从来就不是那个刻舟求剑的记号，而是那条与时俱进的河流。既然我们承认人类乃是进化的产物，那么人性就必定有着一个进化的过程。既然人类的早期祖先介于动物与现在的我们之间，那么以前后这两个坐标点作为比较的参照系，我们就应该能够获得一条比较清晰的人类进化曲线。说到动物，威尔逊在《论人的本性》中写道："虽然人类具有明显的攻击性倾向，但离最残暴的动物还相距甚远。就拿鬣狗、狮子和叶猴这三种我们熟悉的动物来说，最近的研究表明它们致死搏斗、残杀幼崽甚至同类相食的比例远远高于人类。从每年个体残杀千分率来看，人类在暴力攻击者名单中的排名会很低，而且我相信，即使把人类各时期的战争也算在内，我们的排名仍是末尾……我怀疑，如果狒狒拥有核武器的话，它们会在一周之内毁灭这个世界。还有蚂蚁，它们把凶杀、激战当作家常便饭，相比之下，人类真是没啥脾气的和事佬。"〔1〕

如果将人类早期祖先与动物进行比较还不足以令人信服的话，那么不妨将人类的早期祖先与今天的我们进行一下比较。其实，什么都不用说，如果你刚才的确被达尔文所描述的火地岛土人的野蛮生活吓了一跳，而不是像那个男孩一样津津乐道于老妇人身上的哪些部位最好吃，你就应该相信，人类的确已经进化了，人性的确已经进步了。以色列的尤瓦尔·赫拉利在最近出版的《人类简史》中写道："大多数人看不到这个年代究竟有多么和平。我们毕竟都没有真正看过 1000 年前的模样，所以容易忘记过去的世界其实更加残

---

〔1〕［美］爱德华·O. 威尔逊：《论人的本性》，胡婧译，新华出版社 2015 年版，第 103~104 页。

暴。而且,因为战争变成少见的事,也让战争吸引了更多关注。许多人紧盯着阿富汗和伊拉克战争肆虐,但没什么人特别想到巴西和印度一片安详……在全球大多数地方,我们晚上入眠时都不用担心附近的部落会不会包围自己的村庄,来场全村大屠杀。现在的英国有钱人就算每天走过罗宾汉的舍伍德森林,也不用担心会有人埋伏抢钱,再把他们的钱分给穷人(或者更可能直接收进口袋)。学生不再需要担心师长棍棒齐飞,孩子不再需要烦恼可能被贩为奴,女性也知道丈夫不得违法殴打她们或强迫她们留在家里。在全球越来越多的地方,这些期待都已经成为事实。"[1]

没错,尽管这条进化的道路幽暗曲折,杀机四伏,然而几百万年的历史告诉我们,人类的进化曲线的确是从黑暗不断走向光明的。千百万年来,动物彼此之间的相处方式并没有发生过任何改变,而人类彼此之间的相处方式却早已经发生了天翻地覆的变化——人类不断地从暴力走向了和平,从野蛮走向了文明。原因很简单:千百万年来,动物始终困守在生命进化的围城之内,而人类则早已走上了精神进化的超越之路。精神进化的根本原因就在于人类的结盟,尽管速度时快时慢,甚至进三退二,然而这种结盟的确在总体上呈现出不断扩大与不断深化的趋势。要知道,仅仅在几十万年之前,人类结盟的数量很可能还超不过每个群体几百人;而如今,一个普通的民族国家的人口数量就能够达到几百万人乃至于几千万人;至于中国,则已经成功地将令人瞠目结舌的14亿人凝聚成了一个真正的命运共同体,的确堪称人类进化史上最不可思议的奇迹。我当然知道,人类结盟的成功标准不仅仅在于简单的结盟数量,更在于

〔1〕［以色列］尤瓦尔·赫拉利:《人类简史:从动物到上帝》,林俊宏译,中信出版社2014年版,第358~359页。

不断优化的结盟质量;我当然也知道,就在区区几十年之前,这颗蓝色星球的智人后代们还曾在第二次世界大战的战场上彼此大打出手,然而我在这里想要说的依然是:只要人类这条几百万年来的进化曲线还算正确的话,那么我们就绝对有理由相信,人类的结盟终有一日会在不断扩大与深化的征程中跨越最后的障碍,从而在这颗蓝色的星球上构建出一个真正的人类命运共同体。这不是一种愿望,而是一种科学,因为进化是科学的,而科学是必然的。

## 本能驱使:蚂蚁式“社会”并非真正意义的社会

当我在论述“人类结盟成社会是人类超越动物的根本标志”这个观点的时候,我相信社会生物学家们早已经在大声反对了。因为在他们的眼里,动物社会简直就是无处不在,你不知道那是因为你孤陋寡闻。威尔逊在《社会生物学》中写道:“社会系统一再在各个主要生物群之中产生,都达到极度特化与复杂的程度。尤其有四类动物的社会达到了比其他动物都高的顶峰:即是集群无脊椎动物、社会昆虫、人类以外的哺乳类动物,以及人类。”[1]在威尔逊看来,集群无脊椎动物,例如珊瑚、管水母、苔藓虫,构造了近似十全十美的社会。其中的个体成员——又称为单虫体——多为完全顺从群体,不仅功能上以聚落为主,形体上也密切相连又完全相互依存。因为成员极度特化,集合成一体的程度又非常彻底,因此这种聚落简直可以算是一个生物体;较高等的社会昆虫(蚂蚁、白蚁、部分胡蜂和蜜蜂)组成的社会,距离完美境界还差得很远。这些社会都特化出

〔1〕[美]威尔逊:《社会生物学:新综合理论》(第3册),薛绚译,左岸文化事业有限公司2013年版,第207页。

不生殖阶级(工蚁工蜂),为了服务蚁后蜂后而自我牺牲,而且利他行为既显著又多样。不过蚁后蜂后与工蚁工蜂间一直存在为繁衍后代的机会而发生的低调斗争;至于脊椎动物社会里的争斗冲突程度就更激烈,哺乳动物也在此例。脊椎动物社会成员之间的关系是以利己为本,不生殖阶级并不存在,利他行为也不常发生,即使有,也多半是针对自己的后代;而人类打破了脊椎动物社会一向的局限,倒不是降低了利己的心性,而是有足够智能来参考过去与计划未来。人类社会表现的合作模式接近昆虫社会,但在沟通能力上却遥遥领先。生命史社会演化向下的趋势超过了十亿年,在人类社会出现后却被逆转了。[1]

在《社会生物学》的这段论述中,威尔逊把集群无脊椎动物、社会昆虫、脊椎动物以及人类都一股脑儿塞进了"社会"的箩筐。不过,由于人类之外的脊椎动物群体往往很小,利他行为很少,因此这种"社会"事实上就是我们前文中所说的生殖群而已,并不是社会生物学家最感兴趣的研究对象。社会生物学家最感兴趣的研究对象,主要是集群无脊椎动物与社会性昆虫。集群无脊椎动物群居形态的极致代表是管水母。每一个管水母都是一个聚落,组成它的个虫都极度特化,分为漂浮个虫、游泳个虫、营养个虫、保护个虫、繁殖个虫,等等。漂浮个虫是管水母顶端的一只特化成为充气浮囊的个虫,由它为挂在下面的聚落提供浮力;游泳个虫又称泳钟体,作用如同小风箱,喷出水流的推力使聚落可以在水中前进;营养个虫是有小芽般突出来的囊状个虫,专门负责吸收营养并将养分输送到聚落的其他部位。营养个虫伸出长枝的触手,可以抓住猎物,或许也有

---

〔1〕[美]威尔逊:《社会生物学:新综合理论》(第3册),薛绚译,左岸文化事业有限公司2013年版,第207~209页。

防卫作用;繁殖个虫是聚落中另一批特化的专家,采用传统的配子形成与受精的方式生出新聚落;保护个虫又称苞片,是变异得最奇特的结构。他们通常是平的,像一面棱镜或一片叶子,形态和功能都与水母体大相径庭,如果没有跟踪观察它们的生长历程的话,完全不会想到它们是从水母体变异而来。个虫会有一定程度的独立行为,但仍要服从聚落其他成员的控制。例如,每个泳钟体都有自己的神经系统,由神经系统决定收缩频率与喷水的方向。泳钟体平时静止不动,只在感受到聚落其他成员的兴奋时才动起来。如果触碰聚落的后端,前端的泳钟体会开始收缩,其他部分也就跟着前进。如果触碰浮囊,泳钟体会逆转推动方向,使聚落向后退。协调动作的传导作用不是借神经完成,而是借上皮的感应细胞完成的。小水母的营养个虫在行动上比较独立。几个营养个虫可以协力捕捉并摄食一件猎物,但各自的身体运动与神经活动完全分开。营养个虫和担任辅助消化器官的触管,把消化的事物从聚落茎部送到聚落的其余部位。空着未装食物的个虫也参与蠕动输送,所以已消化的食物可以更快速地在聚落的茎部来回流过。除此之外,个虫的行动是独立的。[1]

第一次从生物学家的研究中见识管水母这种神奇生物的时候,我真的好感叹什么叫作“大千世界,无奇不有”。在生物学家看来,管水母既是生物体也是聚落。因为它(们)是由同一受精卵经过多次分裂形成的,所以在构造上和胚胎发展上都算是生物体,而在系统发生上则是以聚落出现的。当然,管水母只是无脊椎动物聚落进化的一个例子;还有一个有趣的例子,是苔藓虫中居然还有特化成

〔1〕［美］威尔逊:《社会生物学:新综合理论》(第3册),薛绚译,左岸文化事业有限公司2013年版,第216~219页。

为鸟头体的个虫。鸟头体酷似鸟的头，能转动并且能咬住侵扰的物体。它的蒴盖变成边缘锋利的盖子，能藉头部内的开颚肌和闭颚肌张开又猛然夹紧，不仅能除去群体表面的污物，还能对其他动物的攻击进行防御。只不过效用低的出奇，能够抓住扣牢的动物只限长度0.4~0.5毫米且有许多附肢，或是直径小于0.05毫米的虫体。[1]

虽然集群无脊椎动物的“社会性”堪称完美，不过社会生物学家们最喜欢的真社会性动物还是蚂蚁、蜜蜂这些社会性昆虫。“真社会性”是苏珊·巴特拉在1966年提出的概念，威尔逊又对其做了进一步的定义。在社会生物学家看来，真社会性有三个基本特征：第一，繁殖分工。群体中分为专门从事繁殖的阶级以及较少、甚至不从事繁殖的阶级。第二，世代重叠。群体中的成熟个体可分为两个以上的世代。第三，合作照顾未成熟个体。某一个体会照顾群体中其他个体的后代。目前人类所知道的真社会性动物，有十足目的枪虾科、啮齿目的裸鼹鼠以及包含所有蚂蚁、所有白蚁和组织性较高的蜜蜂与胡蜂在内的昆虫等19种动物种类。而其中最重要的，无疑就是蚂蚁、蜜蜂这些所谓的社会性昆虫。

威尔逊是世界著名的蚂蚁研究专家，他之所以创立社会生物学，无疑是因为受到了长期从事蚂蚁研究的影响。蚂蚁的确是一种令人着迷的小动物。1920年，哈佛大学的洛厄尔校长在为伟大的蚁学家威廉·莫顿·惠勒授予荣誉学位时说：“对蚂蚁的研究已经证明，这些昆虫就像人类一样能够创造文明，而且它们不需要运用理

---

[1] [美]威尔逊：《社会生物学：新综合理论》（第3册），薛绚译，左岸文化事业有限公司2013年版，第236~238页。

性。”[1]而圣巴兹尔说:“如果谁声称自己博闻广识,那就让他先给我们讲讲蚂蚁的天性吧。”作为社会性昆虫的典型代表,蚂蚁的族群生活的确令人叹为观止。世界上族群规模最小的蚂蚁应该是解剖学上最原始的澳大利亚巨响蚁和世界性的钝猛蚁属——一个族群只有不到 100 只工蚁,使用着最简单的通信信号。除了蚁后和工蚁的区分之外,它们很少有或者没有劳动分工;而世界上族群规模最大的蚂蚁则是南美切叶蚁、行军蚁、军蚁以及织叶蚁,族群规模大到了令人瞠目结舌的程度——南美的 Atta 切叶蚁的族群由数百万只蚂蚁共同组成,某些行军蚁的族群规模甚至可以达到令人恐怖的 2000 多万只。这些蚂蚁族群具有十分复杂的劳动分工和通讯系统,能够共同建造精致的巢穴,甚至还能够从事“农业”活动——培植真菌用于食用。无论从哪个角度来看,蚂蚁无疑都是一种妥妥的“社会性动物”。

以南美切叶蚁 Atta 族群为例。每个 Atta 族群通常由一只专门从事生殖的蚁后和最多可达数百万只不育的工蚁组成。一个蚁群的创建过程是这样的:在每年的某个固定时间段里,族群里年轻的生殖性雌蚁和雄蚁就会离开母亲族群进行婚飞。所谓婚飞,顾名思义,就是“飞出去结婚”——说得再拟人点,那就是“私奔”了。是的,你没看错,这些年轻的蚂蚁的确是有翅膀会飞的,只不过它们一生也就飞这么一次。年轻的雌蚁与年轻的雄蚁在高空中不断交尾受精,场面似乎十分浪漫热烈,实际上只有 3~8 只幸运的雄蚁可以获此良机。落地之后,所有的雄蚁都会立刻死去;而雌蚁的翅膀脱落,摇身一变成为新蚁后,然后凭借自己体内储存的精子,用一生的时

[1] [美]伯特·荷尔多布勒、爱德华·O. 威尔逊:《超个体》,焦鸿丽、张雁译,中国人民大学出版社 2011 年版,第 2 页。

间来生育后代，白手起家地创建属于自己的新蚁群。在这场受到自然选择严酷对待的“私奔”活动中，雄蚁的死亡率是100%，而蚁后的死亡率也高得令人难以接受。在巴西的一项跟踪研究表明，在Atta capiguara新建立的13，300个族群中，3个月后只有12个能够活下来；而在3558个初期的塞氏美切叶蚁族群中，3个月只有90个能存活下来；在另一项研究中，只有10%的大头切叶蚁在族群建立后的头几个月中存活下来。[1] 然而，一旦侥幸存活了下来，新蚁后就可以在自己长达10~15年的生命周期内，持续生育出1.5亿~2亿只雌性后代，从而成功地创建出属于自己的新帝国。

蚂蚁是天生的农业高手。在准备婚飞之前，每只Atta新蚁后都会在自己的口下囊装上一小团共生真菌的菌丝，仿佛新娘子带上自己的嫁妆一般。婚飞之后，蚁后蜕掉翅膀并在土壤中挖掘出一个巢穴，然后吐出菌丝团作为一个接种体，一个新菌圃就这样诞生了。“作始也简”的蚁后亲自栽培菌圃，用排泄出来的液体为菌圃施肥，并将卵产在菌圃里，自己则完全靠身体的脂肪储存以及分解无用的翼肌来维持生存。当第一批的工蚁羽化后，它们便以真菌为食并接管了觅食、照顾菌圃、抚养幼虫、养护和保卫巢穴的任务。蚁后则逐渐演变成为产卵机器，并将这一“将毕也钜”的角色保持终生。与绝大多数种类的蚂蚁一样，Atta蚁后所产的卵也分为受精卵与未受精卵，受精卵孵化成了雌蚁，而未受精卵则孵化成了雄蚁。是的，你没有看错：雌蚁是双性繁殖的，用基因学的话来说叫作双倍体；而雄蚁则是单性繁殖的，用基因学的话来说叫作单倍体——如果用大白话来说，那就是：雌蚁是有爹有妈的，而雄蚁则是有妈没爹的。在蚁后

〔1〕［美］伯特·荷尔多布勒、爱德华·O.威尔逊：《超个体》，焦鸿丽、张雁译，中国人民大学出版社2011年版，第261页。

的所有后代中,雌蚁的数量占据了压倒性优势,其中的绝大多数都长成了工蚁。不过,一个成熟的族群每年总有数千只雌蚁不会长成工蚁,而是成为有翅的新蚁后;另外每年还会产生数千只由未受精卵发育而成的雄蚁——正如前文所述,恰恰是这两种少数派成为建设新蚁群的动力所在。

如此庞大的 Atta 族群当然需要一个巨大的巢穴,而蚂蚁恰恰又是天生的建筑师。研究表明,一个典型的 6 年以上的 Atta sexdens 巢穴有 1920 个蚁室,其中 238 个蚁室里有菌圃和蚂蚁。Atta 蚁群巢穴的最大深度可达 7~8 米,挖出来的土壤堆积成丘,重量可达 40 吨。而为了防止巢穴内的二氧化碳浓度过高,巢穴通常都具备气体交换的能力,同时还具备防止水淹的能力。而为了方便外出觅食,巢穴居然还有广阔的水平觅食隧道,一般修建在地面以下 40~50 厘米的地方。这些隧道的长度有时会超过 6 米,它们伸展到连接巢穴和收获区域的干线上,而收获区域与巢穴的距离有时会超过 250 米,总觅食区域的面积估计可以达到 1.03 公顷。[1]

蚂蚁是一个存在明显的品级等级和劳动分工的典型物种。除了蚁后和工蚁的品级关系之外,工蚁之间也有品级关系,个体大小相差极大。比如 Atta sexdens 最小的小型工蚁与巨大的大型工蚁之间,头宽能够相差 8 倍,干重相差 200 倍。[2] 工蚁之间普遍存在真菌养殖、照顾幼虫、保卫巢穴以及出外觅食等劳动分工,有时彼此之间还会有攻击性互动。比如在切叶蚁 Atta cephalotes 中,垃圾处理蚁的身上会留有垃圾的气味,其同巢伙伴对这种气味作出反应,会

---

〔1〕[美]伯特·荷尔多布勒、爱德华·O. 威尔逊:《超个体》,焦鸿丽、张雁译,中国人民大学出版社 2011 年版,第 286~290 页。

〔2〕[美]伯特·荷尔多布勒、爱德华·O. 威尔逊:《超个体》,焦鸿丽、张雁译,中国人民大学出版社 2011 年版,第 266 页。

倾向于用攻击性的行为强迫它们从事这项工作。巨大的蚁后则被它的工蚁女儿围绕着,一直被喂食,唯一的任务就是不断产卵,每年可以产下1000多万个卵。蚁后在生育能力旺盛的情况下,可以通过自身化学信息素的传播,有效地抑制工蚁们的生育能力,从而让工蚁持续保持不育状态。工蚁们一般只能产下一些不成形的营养卵,产下之后便喂给蚁后吃。如果有某只工蚁表现出了生育能力,就会立即受到同伴们的攻击和约束,以确保蚁群的生殖秩序。然而,看似恭顺无比的工蚁其实无时无刻不在监控着蚁后的情况,一旦觉察到蚁后的生育能力下降或者丧失,品级较高的大工蚁的卵巢就会立即重新发育,产下可孵化的、最终变成雄蚁的单倍体卵。而率先产卵的高品级大工蚁还会巡视巢穴,然后将其他工蚁产下的卵和幼虫统统咬死。

与作为“空军”的蜜蜂不同的是,作为“陆军”的蚂蚁视野狭窄,运动缓慢,不可能太依赖于视觉通信和触觉通信,因此只能严重依赖于化学通信。伟大的进化让蚂蚁成为化学通信的高手,浑身上下遍布用来生产化学信息素的外分泌腺。通过混合不同信息素、控制某种信息素的不同浓度、根据情景不同改变信息含义,同时辅之以触摸和振动等方法,蚂蚁们可以在彼此之间传递相当复杂的信息。比如,红火蚁可以使用20种信号,其中只有2个信号是触觉信号,其余的都是化学信号;又如,切叶蚁的觅食踪迹就是用蚂蚁毒腺囊的分泌物来做化学标记的。这种踪迹信息素至少分为两种:一种易挥发的作为招募信号;另一种不易挥发的作为长效的定位暗号。这种化学信息素的威力是十分惊人的,1毫克的招募踪迹信息素就足以铺设一条绕地球60圈的踪迹。当情况紧急的时候,蚂蚁还可以用鸣声振动来辅助传递信息,它们对空气传播的鸣声没有反应,但是对振动通过介质的传播十分敏感,这种短距离作用的警报信息可以用来作为化学信息素的增效剂。另外,化学信息素还是蚂蚁进行族群辨认的方法,信息素的差别越大,彼此之间的攻击性就越强。

从微观上看,蚂蚁族群的内部互动是如此的复杂;从宏观上看,蚂蚁族群的整体结构是如此的完美,这就难怪生物学家们会异口同声地将蚂蚁称为真社会性动物,甚至将蚂蚁族群称为"超个体"。然而在我看来,不管蚂蚁族群的规模有多大,也不管蚂蚁之间的分工与协作有多么的复杂和完美,它们依然不是真正意义上的社会。原因很简单,那就是:无论蚂蚁的族群有多大,它依然是一个生殖群。将如此之多的蚂蚁紧紧联系在一起的力量,说到底还是源自生命进化,而不是源自精神进化。蚁后与工蚁之间是母亲与孩子的关系,雌蚁(工蚁)身上的基因一半来自母亲,一半来自父亲,而雄蚁则是由母亲的一半基因直接发育而来的。同族群的工蚁之间都是姐妹关系,彼此之间的基因相似度最高可以达到3/4。蚂蚁族群庞大的个体数量与彼此之间的利他主义行为迷惑了社会生物学家的眼睛,以至于他们毫不犹豫地将"社会"这顶桂冠送给了蚂蚁。其实,庞大的数量只是蚂蚁这种小动物在残酷的自然选择面前所采用的一种有效的应对策略罢了,这与细菌依靠大量繁殖来应对自然选择其实并没有什么本质的区别;而为了让如此之多的个体能够紧密团结起来,蚂蚁最终进化出了由蚁后专门负责生殖,所有蚂蚁都是至亲的族群秩序,从而为蚂蚁族群在残酷的自然选择面前保持团结协作奠定了基因学的基础。至于蚂蚁族群内部的分工、合作与利他主义行为,虽然其复杂程度与彻底程度远远胜过其他动物的生殖群,但是在本质上依然没有跳出生命进化的范畴。正因如此,无论蚂蚁族群内部有多么的团结,蚂蚁族群之间依然彼此残酷对待。最为关键的是,不同蚂蚁族群之间根本就没有任何相互融合的可能性,这点与人类结盟不断扩大深化的进化逻辑完全没有任何可比性。与大型猫科动物与灵长类动物相比,蚂蚁的确堪称生命进化的另一个高峰,不过也仅仅是生命进化的高峰而已。无论蚂蚁的行为有多么“社会性”,它们的行为依然是由基因逻辑控制的本能驱动的——蚂蚁那小得可怜的大脑中没有任何社会秩序的概念,它们的品级是由发育算法决定的,而它们的瞬间行为则是由行为算法决定的。换句话说,它们是完全受到生命进化操纵的动物,而绝无任何超越生命进化的可能。对于蚂蚁的生存与繁衍,生物学家完全可以运用生命进化的逻辑进行研究,一点都不用担心会掉到卢比孔河里去。当然,如果有人对把蚂蚁之间如此复杂的互动关系归因于生命进化而感到不甘心的话,建议他可以复习一下生命进化的基本内容——比起一个生命体内部令人难以置信的复杂与精巧,蚂蚁之间的这点互动性又算得了什么呢?不要忘了,长达38亿年的生命进化本来就是可以缔造奇迹的。

从管水母这样的集群无脊椎动物,到蚂蚁这样的社会性昆虫,所谓的真社会性动物其实都是生命进化的结果,遵循的都是生命进化的逻辑。集群无脊椎动物之所以能够构建如此完美的聚落,原因其实也很简单:整个群落都是由同一个受精卵发育分裂而来的,所有个虫的基因都是一模一样的。如果将一个聚落拆为两个,然后再将拆散的聚落混在一起,那么各个部分很容易就合成原状;如果将两个不相干的聚落放在一起,那么两者之间就会产生一个坏死带。而社会性昆虫之间的遗传关系也很近,蚁后与工蚁之间是1/2,工蚁之间则可以达到3/4。不过,即便是同族群的社会性昆虫之间,也会有许多争斗的现象,协作程度的确比不上集群无脊椎动物。而当生命进化到了更高级的脊椎动物、哺乳动物乃至于灵长类动物的时候,随着生命形态越来越高级,个体能力越来越强大,这种个体之间相互排斥的力量似乎就会越来越大,相互结合的力量就会越来越小,从而导致了这些动物的族群规模也越来越小。然而,当人类出现之后,这种“个体越强、群体越小”的进化逻辑终于被逆转了——人类的个体能力越来越强,而群体的规模却越来越大。这种不可思议的逆转为什么会发生呢?原因其实也很简单:因为人类发动了精神进化,从而超越了生命进化的逻辑控制。

威尔逊在《论人的本性》中写道:“如果蚂蚁有和人类一样善于推理的大脑,它们就能成为和人类并驾齐驱的群体……如果他们能够有计划地消除不同蚁群之间的斗争并且保护自然环境的话,它们将有比人类更强的生存能力,从广义上来说,它们的道德境界可能比人类更高。文明并不是人类所独有的。它仅仅是偶然地与无毛双足哺乳动物以及特殊的人类本性扯上关系。”[1]威尔逊肯定错了,蚂蚁永远都不可能进化出与人类一样善于推理的大脑,也永远不可能有计划地消除不同蚁群之间的斗争并且保护自然环境,因为所有这一切只能是精神进化的产物,而绝不可能是生命进化的产物。在生命进化之树不断分道扬镳的枝杈上,兴起于白垩纪的蚂蚁已经选择了一条永远不可能走向精神进化的另类成功之路。时至今日,这种全球生物总量几乎与人类持平的小动物已经永远不可能从自己的成功之路上退回到进化的分岔点,然后再重新出发走向精神进化

〔1〕[美]爱德华·O.威尔逊:《论人的本性》,胡婧译,新华出版社2015年版,第23~24页。

的未来了。从这个意义上讲,社会生物学家将蚂蚁族群称为“社会”的确是错误的——如果我们把蚂蚁称为社会,那么还有什么词可以留给人类呢?如果我们非要把蚂蚁和人类都统称为社会,那么又该如何区分二者之间的巨大差别,又该如何定义这场从生命进化到精神进化的伟大质变呢?

CHAPTER 03>

# 第三章

# 精神进化是智能进化与情感进化的交织

## 三位一体:大脑进化是精神进化的微观载体

如果说社会是一台超级计算机,那么我们每个人的大脑无疑就是这台超级计算机的一个又一个的计算节点,或者说,是一块又一块的高性能芯片。如果说超级计算机的计算能力最终要落脚在这些芯片上,那么社会的精神进化最终无疑也要落脚在那一个个仅仅拥有全身2%的质量,却消耗掉了全身20%的血氧与25%的葡萄糖的大脑上。从最直观的角度来看,人类区别于其他动物最明显的本质特征,不正是因为人类拥有一个与众不同的大脑吗?毫无疑问,认识精神进化,离不开对大脑的认知。

我们的人脑是由大脑、小脑和脑干构成的。脑干是连接大脑和脊髓的中间部位,分为左右两个部分。经由脊髓传至脑的神经冲动,呈左右交叉方式进入脑干,然后传至大脑。脑干的主要功能是维持生命,包括心跳、呼吸、消化、体温、睡眠等重要生理功能；小脑位于大脑枕叶的下方，在脑干的后面，也是由左右两个半球构成的。小脑与大脑皮层的运动区共同控制着肌肉的运动，调节人体姿势，维持身体平衡；而大脑是人脑最重要的部分，占人脑总质量的 80%，因此我们有时候也把人脑统称为大脑。大脑被中间的大脑纵裂十分明显地分为左右两个基本对称的大脑半球，两个半球的底部则由 2 亿条神经纤维构成的胼胝体相互连接着。大脑的左半球是优势半球，被称为“语言的脑”，主要负责语言能力、计算能力和逻辑思维等；大脑的右半球被称为“感觉的脑”，擅长通过视觉信息认知空间和方向，是人的创造力、艺术灵感的源泉之地。令人惊讶的是，大脑的两个半球居然同时具备独立的思考能力，所以为了避免精神分裂，感性的右半脑的思考结果必须要通过胼胝体传送给理性的左半脑，然后由左半脑进行综合考量之后做出最后的决定。所以，可以形象地说，我们的每个决策事实上都是由左半脑根据“民主集中制”的原则做出的。

作为人类精神进化的结果与载体，大脑无疑是人体最为重要的器官，人类对大脑的认识至今还处于一个十分初级的阶段。与身体的其他器官相比，大脑的结构不仅十分复杂，而且就像是乱七八糟地随机拼凑在一起似的，以至于尝试给大脑绘图往往被称为“给傻瓜制图”。不过，如果我们从进化论的视角切入的话，那么保罗·麦克莱恩提出的“三位一体大脑”(triune brain)假说，至今依旧是一个值得介绍的经典大脑图。1967 年，美国国家精神健康研究院的医生保罗·麦克莱恩为了解释看似随机的大脑结构，跳出了解剖学的平面思维，将达尔文进化论的历史思维创造性地应用在了大脑结构分析上。他根据在进化史上出现的先后顺序，将人类的大脑分为“爬行动物脑”、“古哺乳动物脑”和“新哺乳动物脑”三大部分。首先，麦克莱恩注意到，人类大脑的中心部分，包括脑干、小脑、基底核，与爬行动物的大脑几乎相同。他由此得出判断，这部分大脑应该就是大脑的最早雏形，是在2.5亿年前的爬行动物时代就已经出现的脑结构，我们可以称其为“旧脑”或“爬虫动物脑”。爬虫动物脑进化的唯一目的就是为了生存，因此控制着生命的基本功能，比如心跳、呼吸、打架、逃命、喂食和繁殖等。这个层面的脑没有情绪，更没有理智，只有纯生命意义的应激反应——从这个意义上说，我们将那种冷酷无情的人称为“冷血动物”，看来还是有点科学道理的。

其次，随着生命从爬行动物进化到了哺乳动物，大脑也进化得更加复杂了，在爬行动物脑的外围开始发展出新的大脑结构，也就是大脑的边缘系统，我们可以称其为“间脑”或“哺乳动物脑”。大脑边缘系统掌管着十分重要的情绪反应，是哺乳动物情感的发生地，大致上可以分为海马、杏仁核、丘脑、下丘脑等组成部分。海马因其形状与海洋动物海马十分相像而得名，主要负责处理记忆，并将需要长期保存的记忆传输到大脑皮层；杏仁核也因其与杏仁长得十分相像而得名，它是大脑产生情绪、识别情绪和调节情绪的地方；丘脑是大脑边缘系统中最大的卵圆形灰质核团，它是低等动物的最高神经中枢，然而在大脑皮层发达的动物身上，丘脑主动让出了头把交椅，并逐渐演化成了最重要的感觉传输站——用我的话来说，就好比是由司令官降为了参谋长。来自全身的各种感觉，除了嗅觉之外，都在丘脑内先进行粗略的分析与综合，然后传输给大脑皮层，因此科学家也形象地把丘脑称为“八卦转运站”——凡是大脑里的事都要插上一脚；下丘脑因为位于丘脑之下而得名，它的体积很小，却是全身植物神经的皮质下最高中枢，调节着我们的内脏活动和内分泌活动。

最后，当生命从哺乳动物进化到了人类的时候，在大脑边缘系统的外围开始爆发式地出现了第三层结构——大脑新皮层，我们可以称其为“新脑”或“新哺乳动物脑”。新皮层是大脑最重要的结构，占据了大脑80%的质量，掌管着人类最高级的认知，是人类理性的源泉所在。普通哺乳动物当然也有新皮层，只是与人类比起来，那可就小巫见大巫了。老鼠的新皮层是光滑的，而人类的新皮层由于进化得实在太厉害了，所以只好在空间有限的颅腔中拼命折叠，从而形成了人们印象中皱巴巴的大脑皮层结构。事实上，大脑新皮层的厚度只有2~3毫米，面积大约2200平方厘米，如果将新皮层展开的话，其大小和厚薄大致上相当于一张报纸。大脑新皮层大致上可以分为顶叶、枕叶、颞叶和额叶等几个区域，分别掌管着不同的功能，遵循分区运作的原则：处于大脑后部的枕叶主要负责处理我们的视觉信息；处于大脑侧部、太阳穴后方的颞叶主要负责处理我们的听觉信息；处于大脑顶部的顶叶既是躯体感觉区，又是运动联合区，主要负责控制我们的感官和运动；而大脑新皮层最重要的部位无疑是处于前额位置的额叶。这里才是大脑真正的司令部所在地，负责对人脑其他区域传递过来的信息进行综合判断和处理，并利用语言和数字进行思考和规划，然后对大脑乃至于全身进行发号施令。前额皮层是大脑最新的组成部分，也是大脑最近进化的结果。

大脑大致上就是一个由以上三个部分有机组成的统一体——三个部分各司其职，相对独立，然而又通过神经纤维彼此连接，从而相互影响，相互制约。有趣的是，大脑这三个部分的价值目标往往是相互冲突的，从而使我们的内心经常性地陷于潜意识与显意识、欲望和理智、感性与理性的矛盾冲突之中。德国哲学家特滕斯将大脑功能分为“知”“情”“意”三种——“知”指的是智力，思考并做出判断之类的高级精神活动，主要以大脑皮层，特别是前头联合区为中心；“情”指的是感情，愉快、不愉快、好恶、喜怒哀乐等内心活动，都产生自大脑边缘系统；“意”指的是意志、生存的欲望等，主要靠间脑的丘脑、下丘脑、脑下垂体、脑干的功能支撑。[1] 所谓“知、情、意”的大脑功能，大致上可以对应于“三位一体大脑”假说。在我看来，“三位一体大脑”假说较好地诠释了生命进化的基础性与超越性之间的关系，也不由地令我们联想起了马斯洛的需求层次理论。大脑的三个部分是由低级到高级逐渐进化而来的，正常情况下，下层级大脑部分必须将得到的信息传递给上层级大脑部分，由后者进行综合考量，并做出最后裁决；然而一旦出现紧急情况，下层级大脑部分可以立即作出紧急反应，不但信息没有及时上传，甚至连向上层级大脑部分的供血都会暂停，从而导致后者的暂时“断片”——当你遇到生命危险时，你是来不及悲伤和愤怒的；而当你悲伤和愤怒的时候，你是有可能失去理智的。总体而言，“三位一体大脑”假说比较好地解释了大脑的总体发展历程。然而，自从 20 世纪 80 年代以来，随着一系列新的神经解剖学技术的兴起，麦克莱恩的“三位一体大脑”假说所依托的解剖学基础被最新的解剖学发现所不断地修正——比如基底核也存在于比爬行类还要低等的鱼类和两栖类脑中，等等，从而导致许多神经科学家不愿意继续支持这一假说。但是，从进化论的意义看，麦克莱恩的“三位一体大脑”假说至今依然具有十分重要的科学价值。因为与大脑神经解剖学平铺直叙的思维方法相比，“三位一体大脑”假说比较成功地揭示了大脑的大致进

---

〔1〕［日］木村泰子：《大脑是如何工作的》，李雪梅译，人民邮电出版社 2018 年版，第 80 页。

化过程，从而以一种相对粗略的方式逼近了历史的真实，也为我们今天更好地理解从生命进化到精神进化的质变过程提供了一幅较好的进化路线图。

## 有情有理：精神进化包括智能进化与情感进化

在我的理解中，人类的精神进化应该同时包含智能进化和情感进化两大部分。从这个意义上讲，“三位一体大脑”假说事实上已经暗合了我们对精神进化的认知，然而对此我们不能过于机械地理解，否则很容易就会将“爬行动物脑”也就是脑干、小脑、基底核以及“哺乳动物脑”也就是大脑边缘系统简单地视为生命进化的结果，而将“新哺乳动物脑”也就是大脑新皮层简单地视为精神进化的结果。在前文的论述中，我们事实上已经将精神进化视为人类的独有范畴，然而要知道，大脑新皮层并不是人类独有的，许多哺乳动物都已经进化出了新皮层，只不过复杂程度远远比不上人类的大脑新皮层而已。然而仅凭这点就足以证明，智能绝对不是人类的专利，许多动物或多或少都已经进化出了一定的智能，否则它们长脑子干嘛？现在问题来了：动物拥有一定的智能是不是就意味着已经发动了智能进化？还有，大脑边缘系统从哺乳动物阶段就已经开始进化，从而导致哺乳动物已经普遍地出现了某种情感现象。又一个问题来了：哺乳动物拥有大脑边缘系统，是不是意味着情感进化早在哺乳动物阶段就已经正式发动了呢？

人与动物在心理方面究竟有没有本质上的差别，正是达尔文当年一直想要解决的问题之一。他在《人类的由来》中举出各种各样的例子，以证明许多较为高等的动物事实上已经在某种程度上具备了智能和情感。关于动物的智能，达尔文举例说：“常有人说，没有任何动物会使用工具，这又不然，黑猩猩在自然状态下就懂得用石块或石子来弄开当地所产的有些像核桃的一种干果。仑格尔教一只美洲种的猴子用同样的方法把椰子敲开，很容易就教会了。"[1]关于动物的情感，达尔文举例说："许多种类的动物是肯定对彼此的苦难或危险表示同情的。即使在鸟类也有这种情况。斯坦斯博瑞上尉在犹他的一个咸水湖上发现一只老而完全失明的鹈鹕，很肥胖，这说明，长期以来，它的同伴一定一直把它喂得很好。据勃莱思先生告诉我，他在印度看到乌鸦喂两三只瞎眼的同伴吃东西。"[2]最后，达尔文总结道："人和高等动物在心理上的差别虽大，这种差别肯定是个程度上，而不是种类上的差别。我们已经看到，各种感觉、一些直觉、各式各样的情绪和才能，例如人用来夸耀自己的仁爱、记忆、专注、好奇、模仿、推理等，在低于人的动物身上，都可以找到一些，有的只是一些苗头，有的甚至已经很发达。它们也能通过遗传而得到一步一步的改进。"[3]从本书的理论框架来看，达尔文关注的正是生命进化与精神进化之间的边缘问题，而他的结论很显然是在暗示人和动物之间并没有本质的区别。达尔文既是对的，又是错的。在我看来，动物具备一定的智能和情感一点都不奇怪，因为只要进化是一个连续的过程，那么不同层级进化之间的边缘就一定是模糊的。关于这个问题，我们将在本书的第五章"广义进化的动力机制与模糊边缘"中进一步予以详述。在这里，我们只需要强调一点就够了，那就是：人类之外的其他动物的所谓智能和情感，本质上都是服务于生命的，而不可能超越于生命。比如动物个体之间的所

---

〔1〕［英］达尔文：《人类的由来》，潘光旦、胡寿文译，商务印书馆 1983 年版，第 121 页。
〔2〕［英］达尔文：《人类的由来》，潘光旦、胡寿文译，商务印书馆 1983 年版，第 155 页。
〔3〕［英］达尔文：《人类的由来》，潘光旦、胡寿文译，商务印书馆 1983 年版，第 189~190 页。

谓情感行为，无一例外地发生在生殖群的内部，根本无法及于生殖群之外。也就是说，这些相对高级的智能和情感事实上都被约束在了相对低级的生命进化的逻辑之内，而没有任何超越生命进化的可能性。相比之下，人类的智能和情感的发展却早已突破了生殖群的限制，成功地将超越直接血缘关系的庞大人群凝聚成了一个复杂的社会，从而越过了从生命进化走向精神进化的伟大质变点，独自开启了人类精神进化的历史征程。从这个意义上讲，我们的确可以毫不犹豫地说，只有人类的智能进化和情感进化才称得上是真正的精神进化。

关于人类的精神进化是由智能进化与情感进化两条主线相互交织而成的这个观点，许多科学家都是认同的。威尔逊在《知识大融通》中写道："大脑科学家已经为这个心灵进化的观点做了最佳的论证。他们确认人类的热情和理性是不可分割的；情绪并不只是对理性的骚扰，而是其中极重要的部分。心灵所具有的混合特性，也正是它令人难以捉摸的原因。"[1] 平克在《白板》中写道："怀特认为，人性的三个特点促使人类合作者的圈子得以稳固扩展。第一个特点是认知，要描绘出世界是如何运作的，这一点必不可少。由此也产生了可以分享的技术诀窍，以及那种在更广阔的区域内销售货物、传播信息的能力，这两者都会增加在交易中获利的机会。第二个特点是语言，它确保技术能够被共享，使谈判成为可能，使协议得以执行。第三个特点是情感能力，如同情、信任、内疚、愤怒和自尊等，这有助于我们寻求新的合作者，巩固与他们的关系，防止这种关系被非法利用。很久很久以前，这些天赋就使人类站在了道德的上

---

〔1〕［美］爱德华·O.威尔逊：《知识大融通》，梁锦鋆译，中信出版社2016年版，第153页。

升阶梯上，随着我们的盟友和贸易伙伴圈子不断扩展，我们的心理圈也在不断扩展。”[1]如果我们把这段话中所说的第二个特点“语言”也纳入第一个特点“认知”的范畴之内的话，那么《白板》的这段话事实上也表达了同样的观点：在人类的精神进化过程中，智能进化与情感进化的确是一对相辅相成的范畴。

在推动社会进化的进程中，智能的作用大致上可以表现在多个方面：技术的学习与传承、贸易的拓展与深化、社会的形成与扩大。技术的学习与传承是人类进步的阶梯。完全可以想象，人类发明的第一个石器工具一定是极其简陋的，然而智能的进化使同代人之间横向的学习与不同代人之间纵向的传承成为可能，从而使人类的进步如同登山一般，一点一点地不断超越自己，超越他人，超越过去。关于这点，我在学习自然科学知识的过程中感受尤为深刻。比如说，p53 抑癌基因的发现，就是由无数的科学家在探索中相互借鉴，相互启发，一步一步地推进人类对这个问题的认知，最终打开了通往答案的大门。在长期的癌症研究中，来自英国皇家癌症研究基金会、美国普林斯顿高等研究院、法国维勒瑞夫综合癌症研究所、纽约纪念斯隆·凯特琳癌症中心的不同科学家团队都发现了 p53 蛋白质，这种分子量为 53 千道尔顿的蛋白质总是如影随形地出现在所有的癌细胞中，使科学家刚开始误以为，它很可能就是致癌的“歹徒”。在经过了无数次的反复和挫折之后，来自巴尔的摩的福格斯坦实验室、新泽西的莱文实验室、以色列的奥伦实验室的不同科学家团队终于揭开了真相：p53 基因并不是致癌的“歹徒”，而是抑癌的“警察”，只不过是在与致癌基因的搏斗中“牺牲”在了犯罪现场——而

[1] [美]史蒂芬·平克：《白板》，袁冬华译，浙江人民出版社 2016 年版，第 196 页。

认识到这点,并不是人类对 p53 基因研究的终结,相反仅仅是开始而已。在这个艰苦而又漫长的探索过程中,每个科学家团队都将自己的初步发现迅速发表在了各种权威期刊上——《自然》《细胞》《科学》《病毒学杂志》《美国科学院院刊》……每一篇论文都是一个前进的阶梯,每一个发现都是一个巨人的肩膀,就这样子一步一步地,最终将人类对 p53 基因的认知推进到了今天的水平。〔1〕 完全有理由相信,从狩猎采集时代石斧与投枪的渐进式改良,到现代科技时代量子与基因的接力式研究,人类智能进化的每一步,一定都是在相互学习和相互借鉴中累积完成的。除了技术的学习与传承,智能的进步还促进了贸易的拓展与深化。人类掌握贸易大概是从旧石器时代晚期开始的,那个时期的长矛尖端和刮削器通常都是由几百英里以外的材料制作的,这些材料必然是通过贸易和交换取得的。在此之前,工具几乎全是用本土材料制作的。〔2〕 贸易的扩大使人类可以互通有无,取长补短,并在一个更大的范围内相互学习,相互借鉴,逐渐形成了一个更为广阔的无形网络。

当然了,智能进步最为关键的作用,无疑还是促进了社会的形成与扩大。在进化生物学家看来,社会只有当其成员之间具有稳定的互助性时才有可能得到进化,然而帮助别人势必会影响到自己的后代和生育优势,假如利他者有较少的孩子,利他的行为就会被自然选择所淘汰。既然如此,那么社会性行为究竟是如何进化出来的呢? 进化生物学家首先想到的是汉密尔顿的包容性适应理论。这个理论通过计算亲属之间的基因关系,将利他行为的合理性扩延至

〔1〕 [英]休·阿姆斯特朗:《抑癌基因》,向梦龙、杨桓译,重庆出版社 2016 年版,第 21~67 页。

〔2〕 [美]格雷戈里·柯克伦、亨利·哈本丁:《一万年的爆发》,彭李菁译,中信出版社 2017 年版,第 24 页。

了亲属之间。然而以亲属关系为基础的社会结合力终究是十分有限的，一直在生命进化的逻辑圈里打转转的包容性适应理论终究无法对人类社会的进化做出真正的回答。尼古拉斯·韦德在《黎明之前》中写道："当村庄人口增多，他们之间的平均相关程度会减小。以亲属关系为基础的群体只能达到一定程度，之后即会崩溃……当一个村子变得太大，内部秩序和合作变得困难，便最终产生派系：亲属们各拥一方，社会生活紧张。由亲属、血缘和婚姻关系为主的群体大小有个上限……如果非部落社会的规模超过了一个亲戚关系所能维持的社会极限，它就需要一些新的凝聚力。人类历史可以被看作为克服这种限制的争斗。"〔1〕尼古拉斯·韦德所说的这种"新的凝聚力"很显然不可能源于基于生命进化逻辑的包容性适应理论，而必须源于超越生命进化逻辑的互惠利他主义，这就对更高的智能提出了进化的需求。互惠利他主义要求人们信任那些没有直接血缘关系的人，这种违背生命逻辑的信任究竟是如何产生的呢？进化生物学家又三句不离本行地想到了荷尔蒙："研究者认为有两种荷尔蒙起到关键作用，它们是后叶催激素和抗利尿激素，用于调节哺乳动物大脑中的社会行为……至少在动物实验中，它对促进合作和信任行为有所帮助，降低了动物对附近其他动物的自然反感。"〔2〕荷尔蒙的变化对于信任感的产生也许真的很重要，不过它首先应该是一种结果，而不可能是最初的原因。如果人类信任感的增强的确伴随着荷尔蒙的变化，那么最合理的解释应该是：这种荷尔蒙变化不太可能是基因突变的结果，而应该是人类的精神反作用于生命的一种表观遗传学现象。

---

〔1〕［美］尼古拉斯·韦德：《黎明之前》，陈华译，电子工业出版社 2015 年版，第 148~149 页。
〔2〕［美］尼古拉斯·韦德：《黎明之前》，陈华译，电子工业出版社 2015 年版，第 151 页。

高度的智能进化使人类的理性得到了极大的发展，从而推动了人类社会的快速进化——贸易的不断发展催生了横向平等的契约精神，秩序的刚性需求催生了纵向权威的国家机器，契约精神与国家强制力的相互结合又催生了惩恶扬善的法律制度。而法律制度一旦诞生，就标志着社会进化已经进入了高级阶段，因为人类从此拥有了激发、抑制和驾驭生命本性的最可靠的理性力量。法律制度所蕴含的整体理性力量成功地作用于大脑新皮层的个体理性之上，然后由大脑新皮层向身体发出命令，通过激发或者抑制生命逻辑的作用机理，最终实现奠基于生命而又超越于生命的进化目标。与卢梭的“高贵野蛮人”幻觉完全相反的是，国家机器的出现绝非文明的倒退，而是智能进化的必然结果。这个道理，达尔文在环球航行的时候就已经发现了，他说：“火地岛文明进步缓慢一定与部落中人与人之间的绝对平等有关，我们发现，本能驱使一些动物以社会化的方式群居并服从头领的指挥，这样的动物最容易获得进步，人类的各个种族也是如此。无论是因还是果，越文明的种族就越会有一个由权威人士构建的政府。例如，塔希提人被首次发现时由世袭的国王统治，他们的文明进步程度要高于同一种族的另一支——新西兰人。”〔1〕

然而，仅仅凭借智能进化带来的理性，人类终究无法进化出真正的社会，道理十分简单：理性的逻辑在本质上是趋利避害的，当个人利益与他人利益、集体利益的冲突不够强烈的时候，较高的理性的确有可能命令个体为了自己长远的利益需要而抑制自己暂时的欲望，甚至牺牲自己暂时的利益；然而，当个人利益与他人利益、集

〔1〕［英］达尔文：《比格尔号航海日记》，张耀宇译，外语教学与研究出版社2016年版，第140页。

体利益发生严重冲突的时候，趋利避害的理性计算终究无法命令个体为了成全他人利益和集体利益而牺牲自己的重大利益乃至于彻底牺牲自己的生命。就像涂尔干所说的："没有比利益更加变化无常的东西，今天，它使我与你联盟，明天，它又使我成为你的敌人。"〔1〕而只要这个问题不解决，一旦社会组织遭遇到生死存亡的重大危机，每个个体无疑都会以保存自己的生命作为自己行动的最高目标，眼看大事不妙，大家一哄而散，抽象的社会组织立刻就会陷入崩溃之中。试问如此乌合之众，社会又怎么可能得到真正的进化呢？

智能进化的内在限度折射出了情感进化对于社会进化的重要意义。其实我们都知道，一旦人们面对生死抉择，真正帮助我们战胜死亡恐惧的，绝不可能是理性，而只能是情感，是信仰，是超越生命的爱——就像罗素所说的："使人信仰来世的不是理性的论证，而是情感。"〔2〕其实对于这个问题，达尔文也是心知肚明的。就像亚当·斯密除了广为人知的《国富论》之外还写过《道德情操论》一样，达尔文除了广为人知的自然选择理论之外，也专门探讨过人类道德感的进化问题。他在《人类的由来》中认真分析了人类救人时的内心状态："如果这个人事后对救人的行为有机会追思一下，他大概会感觉到，当时在他身体里面有一股冲动的力量，而远不是一种追求快乐或幸福的愿望，这股冲动的力量无它，似乎就是扎根扎得很深的社会性本能了……当一个人冒了自己生命的危险来拯救一个同类的生命时，我们似乎也可以更正确地说他的行为是为了人类的一

〔1〕［英］安东尼·吉登斯：《资本主义与现代社会理论——对马克思、涂尔干和韦伯著作的分析》，郭忠华、潘华凌译，上海译文出版社2013年版，第101页。

〔2〕［英］罗素：《罗素文集》第11卷，徐奕春、胡溪、渔仁译，商务印书馆2012年版，第63页。

般的利益，而不是为了一般的幸福……人们就没有必要把天性中最为崇高的一部分的基石安顿在自私自利这个低劣的原则之上，而受到责怪了。如果有人硬要把自私自利的范围扩得很广，把每一只动物因顺从正常与恰当的本能而感到满足，或因受阻而感到不满这一类的情况也扯进这范围之内，那也只好听之任之了。”[1]达尔文的这段话事实上已经触及了人类情感进化的问题，只不过限于当年脑神经科学的水平，达尔文并没有告诉我们，这种能够克服理性计算的自利心的情感究竟源自于大脑的哪个部分。现在我们都知道了，是人类发达的大脑边缘系统为人类的情感提供了生物学基础——人类的情感与人类的智能一样，无疑都是进化的结果。平克在《心智探奇》中说：“情感是一种适应，它是与理智一道和谐运行、设计良好的软件模块，它也是整个心智机能不可或缺的一部分。”[2]瓦利恩特在《精神的进化》中浓墨重彩地论述了“爱”对于人类进化的重要意义：“为什么自然选择会创造出无私的爱呢？如果人类不团结起来，他们是没有办法在这片土地上生存下去的。”[3]“在地球上所有的动物群中，现代智人从根本上而言是最为依赖爱、依靠爱而存活下来的。因此，动物行为学家康拉德·劳伦兹认为爱是‘千万年进化过程中最为美妙的产物’；精神分析学家埃里希·弗洛姆也相信‘没有爱，人类连一天也活不下去’；圣徒保罗总结道‘在现存的信仰、希望和爱这三种中间，最为伟大的就是爱了’。”[4]

情感的确是人类超越生命的关键力量，关于这点我们可以从无数的历史事实和现实感受中得到印证。1931 年 9 月 18 日，日本帝

[1] [英]达尔文：《人类的由来》，潘光旦、胡寿文译，商务印书馆 1983 年版，第 181~182 页。
[2] [美]斯蒂芬·平克：《心智探奇》，郝耀伟译，浙江人民出版社 2016 年版，第 375 页。
[3] [美]乔治·瓦利恩特：《精神的进化》，张庆宗、周琼译，华东师范大学出版社 2018 年版，第 114 页。
[4] [美]乔治·瓦利恩特：《精神的进化》，张庆宗、周琼译，华东师范大学出版社 2018 年版，第 99 页。

国主义发动了侵华战争,积贫积弱的旧中国从此陷入了长达 14 年的苦战。是时,敌强我弱,面对日本侵略军的现代化武器装备,抵抗大概率地意味着死亡。然而在这国家危难之际,无数中国人拒绝了投降而生,他们选择了战斗而死。完全可以相信,当年驱动这些中国人面对枪林弹雨勇敢冲锋的,绝不可能是理性的计算,而一定是他们对国家和民族最真挚的爱;2008 年 5 月 12 日,中国汶川爆发了 8.0 级特大地震,大地颤抖,家园破碎,无数生命被掩埋在了废墟之中。面对这场新中国历史上破坏力最大的地震灾难,无数中国人昼夜驰援,共赴国难。完全可以相信,当时驱动这些中国人奋不顾身投入抗震救灾洪流的,绝不可能是理性的计算,也一定是他们对国家和民族最真挚的爱。爱,是命运共同体最强大的凝聚剂,它的诞生使得人类的结盟更加牢不可破,更加坚不可摧。如果说人类的精神进化必然会导致人类走向更深、更广的结盟,那么爱就一定是人类精神进化的必然结果,也一定是人类进化的必要条件。从这个意义上说,爱不仅是人文的,爱还是科学的,因为进化是科学的。

## 情理交融:精神是智能与情感的共振

没有情感的进化,个体就不可能真正超越生命;如果个体不能超越生命,那么社会在本质上就是“你我本是同林鸟,大难临头各自飞”的乌合之众,而不可能进化成为一个真正的命运共同体。这就是情感进化对于人类社会的重要意义。然而,前文的论述很可能会制造一种误解,即如果说情感源自大脑边缘系统,而智能源自大脑新皮层的话,那么在推动人类精神进化(社会进化)的进程中,岂不是更“低级”的大脑边缘系统的作用超过了更“高级”的大脑新皮层?事实上许多生物学家和心理学家的研究一直在提供这种强烈的暗示。瓦利恩特干脆利落地说："当代动物行为学和神经科学证实，所有的哺乳动物都是生而具有爱的能力。"[1]"我不会将精神放置在理性'智人'面积巨大的大脑新皮质下进行分析，相反我会承认宗教教义的作用确实存在，并且我准备将精神冲动置于哺乳动物大脑中掌管情绪的边缘系统部分进行研究。"[2]

将智能等同于大脑新皮层，将情感等同于大脑边缘系统的认识无疑是片面、机械乃至于错误的。"三位一体大脑"的进化路线图所描绘的，乃是一个连续的过程，而不是一种断裂的关系。毫无疑问，智能并不等于大脑新皮层。事实上，大脑一旦开始进化，哪怕是在"爬行动物脑"阶段，动物事实上就已经拥有了初级的智能。同理可证，当大脑进化到了"哺乳动物脑"阶段，大脑边缘系统也是不可能不产生智能的。只不过随着大脑的不断进化，更低层级的大脑部分逐步将最高指挥权上交，并将自己从身体得到的信息以及自己的初步判断层层上报，然后由更高层级的大脑部分作出最后的决定。于是乎就给人们留下了一个印象：人类的智能就是大脑皮层的产物。其实，我们从丘脑由"总司令"降级为"参谋长"的进化中就可以看得出来：在没有大脑新皮层的时候，大脑边缘系统事实上已经扮演了一定的智能角色，即便有了大脑新皮层之后，大脑边缘系统依然以某种方式参与了智能的工作。所以，准确地说，人类的智能理应是大脑皮层与边缘系统共同参与的结果，甚至可以这样说，人类的智能就是整个"三位一体大脑"共同参与的结果。

这个道理反过来对于情感进化也是适用的。当大脑进化出边缘系统之后，动物的确已经开始出现了情感现象，但是毫无疑问，这

[1] [美]乔治・瓦利恩特：《精神的进化》，张庆宗、周琼译，华东师范大学出版社 2018 年版，第 99 页。
[2] [美]乔治・瓦利恩特：《精神的进化》，张庆宗、周琼译，华东师范大学出版社 2018 年版，第 19 页。

种情感肯定是比较初级的。当人类进化出了大脑新皮层之后，大脑边缘系统每时每刻都会将各种信息传递给大脑新皮层，而大脑新皮层也每时每刻将自己处理过的信息反馈给大脑边缘系统。因此，在我看来，人类的情感既包含了自下而上的低级冲动，又包含了自上而下的高级共振，二者既是相互区别的，又是相互统一的，归根结底还是彼此交融，浑然一体的。自下而上的低级冲动比较好理解，比如一个人受到外界刺激之后产生的愤怒、恐惧、高兴等初级情感，就属于这个范畴。我相信这种初级情感应该是人与动物共有的现象；自上而下的高级共振也不难理解，比如一个人由于对国家的高度认同而产生的哪怕为国牺牲也在所不辞的爱国情怀等高级情感，就应该属于这个范畴。我相信这种高级情感应该是人类独有的情感现象，甚至可以说是人类情感进化的主要标志，因为只有与人类的高级认知相互共振，人类的情感才有可能获得超越生命的能力，否则人类根本就走不出普通动物低级情感的生命围城。

脑科学研究表明，大脑新皮层与边缘系统之间的确时时刻刻在进行着对话与互动。珍妮·卢普饶在《知识与感知》中写道："人们渐渐地知道，把大脑分成这儿是感觉，那儿是理性的情况是不正确的，把人'视为具有合理化皮质、不用马鞍和缰绳来驾驭边缘系统这匹野马的骑士'的说法是不确切的比喻。我们的大脑皮质并非是逻辑的、合理的'机器'，必须每天不断重复地去驯服边缘系统奔腾不息涌出来的感觉。这两个部分更多的是不断进行着对话，形成理智和感觉的统一，接下来主要是将一些获得偏爱的想法抛了出来。"[1]对于人类来说，无论是智能还是情感，事实上都是大脑新皮层与大

〔1〕［美］珍妮·卢普饶：《知识与感知》，葛放译，百家出版社2001年版，第44页。

脑边缘系统共同参与的结果——或者借用音乐上的一个词——是“共振”的结果。当然,如果我们愿意把“爬行动物脑”的某种参与也算在其中的话,那么我们甚至可以说:无论是智能还是情感,事实上都是整个“三位一体大脑”共振的结果。澄清这个问题十分关键,因为接下来我们马上就要论证一个问题,那就是:从某种意义上说,人类的情感不仅没有比智能更加“低级”,反而似乎要比智能更加“高级”,或者更准确地说,人类并不是用智能来驾驭情感,而是用情感来驾驭智能的,智能并不是情感的主人,智能只是情感的助手。因此,倘若我们机械地把智能理解为大脑新皮层,而把情感理解为大脑边缘系统的话,我们的认知就一定会陷入困局。

关于“理智是情感的助手”这个观点,其实很多科学家都是有共识的。平克在《心智探奇》中写道:“情绪是给大脑确立最高级别目标的机制。一种情绪一旦在恰当的时刻被引发,就会引出大量的子目标和再下一级的子目标,我们将其称为思考和行动……许多人工智能研究人员相信,机器人要想做到自由行动,就需要被设计加入一些类似情绪的程序,使它们在任何时候都知道下一步该怎么做。”[1]威尔逊的观点同样也是如此,他说:“理性思考如果没有情绪刺激的引导,将变得缓慢而终将瓦解。理性的心理活动并不是漂浮在非理性的活动之上,并且无法自我解放成为单纯的理性分析。”[2]相比起科学家的表述,心理学家威廉·詹姆斯的表述可能更加容易让人理解,他说:“理性其本身并不能抑制冲动,唯一能中和某种冲动的方式是产生相反的冲动。理性可以形成一种干扰,激发

〔1〕［美］史蒂芬·平克:《心智探奇》,郝耀伟译,浙江人民出版社2016年版,第378页。
〔2〕［美］爱德华·威尔逊:《知识大融通》,梁锦鋆译,中信出版社2016年版,第161页。

想象力，来释放这种相反的冲动。”[1]细细想来，我们在生活中不正是如此的吗？比如你十分讨厌甚至仇恨你的一个敌人，但是当你与他见面的时候，你最终还是忍住没有动手揍他，看上去似乎是理智约束住了情感，其实这是因为你知道现在动手揍他会引发严重后果，最后可能会以某种方式伤害到你自己。所以，真实的情况是：并不是你的理智约束住了你的情感，而是你对自己长远的爱约束住了你对敌人当下的恨。在这个过程中，理性的确诚如威廉·詹姆斯所言，扮演了一个释放干扰的角色，它诱发了另一种情感，从而与某种情感形成了对冲。休谟说，理智是情感的奴隶。这句话乍听似乎有点绝对，不过从科学的角度来看，其实是有一定道理的。

## 反叛基因：人类利他主义的本质是精神对生命的超越

在生物学家看来，生命的逻辑就是生存与繁衍，因此所有生命都应该以保存自己和繁衍后代为最高目标。换句话说，所有生命都应该是自私的。这个观点遇到的第一个挑战，就是动物之间的利他主义行为，包括蚂蚁这样的超个体中的个体对族群的高度忠诚，也包括高等动物族群内的近亲互助行为。不过，这个问题似乎难不倒生物学家。1974 年，理查德·道金斯出版了著名的《自私的基因》，将生命进化的自然选择对象锁定在了基因身上，于是这个理论困难似乎就迎刃而解了。在道金斯看来，物竞天择的选择对象既不是生物个体，也不是生物种群，而是基因。基因的唯一目的就是尽可能地复制自己，而同一族群的生物体身上携带着许多相同的等位基因。如果某个生物体为了兄弟姐妹而牺牲自己，它身上携带的等位

〔1〕［英］马特·里德利：《先天后天》，黄菁菁译，机械工业出版社 2015 年版，第 28 页。

基因看上去会随着它的死亡而死亡，事实上会因为兄弟姐妹们的生存繁衍而得到更多的复制，因此利他主义依然是等位基因自私行为的结果。道金斯说："现在我们能够以准确得多的语言谈论那些表现近亲利他行为的基因。一个操纵其个体拯救 5 个堂兄弟或姐妹，但自己因而牺牲的基因在种群中是不会兴旺起来的，但拯救 5 个兄弟或 10 个第一代堂兄弟姐妹的基因却会兴旺起来。一个准备自我牺牲的利他基因如果要取得成功，它至少要拯救两个以上的兄弟姐妹（子女或父母），或 4 个以上的异父异母兄弟姐妹（叔父、叔母、伯父、伯母、侄子、侄女、祖父母、孙子孙女）或 8 个以上的第一代堂兄弟姐妹等。按平均计算，这样的基因才有可能在利他主义者所拯救的个体内存在下去，同时这些个体的数目足以补偿利他主义者自身死亡所带来的损失。"[1]

"自私的基因"的理论逻辑看上去十分强大，因为它将基因的自我复制倾向与动物普遍存在的近亲利他行为联系在了一起，从而近乎完美地解决了利他主义对生命进化理论发起的挑战，也因此被许多生物学家尤其是基因科学家奉为经典。马特·里德利在《基因组》中写道："20 世纪 70 年代中期，有许多演化生物学家，尤其是那些对演化行为感兴趣的，已经逐渐意识到：自然选择带来的进化大体上并不关乎物种间的竞争，也不关乎群体间的竞争，甚至也不关乎个体间的竞争，而是关乎基因间的竞争。这些基因利用动物的个体（有时是动物的群体）作为它们临时的载体，展开竞争。例如，有两种生活方式可以选择，一种是安全、舒适、长寿地过一辈子，另一种是冒着危险、艰辛地繁衍养育后代，似乎所有的动物（事实上植物也

〔1〕［英］理查德·道金斯：《自私的基因》，卢允中等译，中信出版社 2012 年版，第 105~106 页。

是如此)都选择了后者。它们为繁衍后代,宁可缩短自己寿命……除非把动物的身体看作基因的载体,看作基因生存竞争中的工具,否则这些现象是无法解释的。"[1]

在我看来,"自私的基因"理论对了一半,又错了一半,对的那一半主要在动物层面,错的那一半主要在人类层面。或者更准确地说,即便在动物层面,"自私的基因"理论的解释力也难免会有捉襟见肘、勉为其难的时候;而在人类层面,"自私的基因"理论也不是一点解释力都没有,只不过这种解释力基本上只能覆盖人类与生俱来的生命属性,而无法覆盖人类已经高度发达的精神属性。为了解释基因的自私性,道金斯在书中大量运用了拟人化的比喻。他先是笼统地写道:"野兽怎能'知道'谁是它们的亲戚呢?换言之,它们遵循什么样的行为准则便可以间接地获得似乎是有亲缘关系的知识呢?提出'对亲属友好'这条准则意味着以未经证明的假定作为论据,因为事实上如何辨认亲属这个问题尚未解决。野兽必须从它们的基因那里取得一条简明的行动准则:这条准则不牵涉对行动的终极目标的全面认识,但它却是切实可行的,至少在一般条件下是如此。"然后,道金斯话锋一转,开始大量运用拟人化的比喻来论述自私的基因是如何决定动物的利他主义行为:"曾经发生过这样一件事情:一条野生海豚把一个在游泳的快要淹死的人救了起来,这个传闻据说非常可靠。这种情况我们可以看作鱼群错误地运用了援救快要淹死的成员这条准则。按照这条准则的'定义',鱼群里快要淹死的成员可能是这样的:'挣扎在接近水面处一条长长的快要窒息的东西。'据说成年的雄狒狒为了保护它的伙伴免受豹子之类猛兽的袭

---

〔1〕[英]马特·里德利:《基因组》,李南哲译,机械工业出版社2015年版,第121页。

击而甘冒生命危险。一般说来,一只成年的雄狒狒大概有相当多的基因储存在其他狒狒体内。一个基因如果这样说:‘喂,如果你碰巧是一个成年的雄狒狒,你就得保卫群体,打退豹子的进攻’,那么它在基因库中就会兴旺起来。”[1]道金斯的理论得到了许多生物学家的支持,也遭到了不少生物学家的质疑。S. J. 古尔德批评道:“道金斯和你我一样,知道基因并没有计划和方案,基因并不像一个有意识的动物一样保护自己……道金斯的理论之所以产生出令人着迷的效果,是由于西方科学思想中的某些不良品性——是由于我们称作原子论、还原论和决定论的态度。”[2]在我看来,古尔德的反对意见无疑是成立的,“自私的基因”理论的最大问题其实就在于道金斯语焉不详的“准则”上,也就是:基因究竟是通过什么方法了解到外界状况,又是通过什么方法操控了生物体的行为呢?尽管我们不能苛求道金斯揭示出进化论的全部微观奥秘,就像我们不能苛求当年的达尔文和孟德尔一样,然而如果我们不能大致上指出基因与基因之间、基因与生命之间究竟是如何取得沟通的话,“自私的基因”理论的拟人化比喻就有最终面临崩溃的危险。

关于生命进化的选择对象问题,我们将在第五章“广义进化的动力机制与模糊边缘”中进一步予以详述。在这里需要强调的是:基因仅仅是由四个碱基排列组合而成的密码串,它本身没有任何智能,唯一的本能就是复制——从繁衍的角度来看,复制出自己;从发育的角度来看,复制出蛋白质。然而,通过无数次的试错与淘汰,由基因构建的各种生命的确已经耦合出了一些行之有效的生物算法,从而让这种基因复制的游戏能够持续循环下去,而耦合不出有效算

[1] [英]理查德·道金斯:《自私的基因》,卢允中等译,中信出版社 2012 年版,第 113 页。
[2] [美]S. J. 古尔德:《熊猫的拇指》,田洺译,海南出版社 2016 年版,第 70~71 页。

法的绝大多数生命就会被自然选择所淘汰。从人类目前的认知能力来看,我们可能在很长一段时间里都无法完全洞察这些算法的奥秘。然而,哪怕仅仅凭借很少的证据,我们也能够知道,这些算法并不仅仅只有道金斯所说的"基因型利他主义"这一种。蚂蚁的生物算法看来比较符合"自私的基因"理论的要求。蚂蚁的智能相当低下,情感更是完全谈不上,然而单倍体基因的独特算法让同族群的个体之间具有十分接近的基因亲缘关系。基因主要通过化学信息素的准则固化了蚂蚁个体之间的互动关系。同族群的蚂蚁在化学信息素的驱使下,分工协作,无私奉献,的确堪称"基因型利他主义"的典范。然而,世界上的生命并不仅仅只有蚂蚁,很多生命的生物算法就不是这个模式。比如,比蚂蚁还要低级的细菌的生物算法就不是"基因型利他主义",而是大量复制繁衍,让敌人杀也杀不完,走以量取胜的道路。要知道,细菌同样是由基因发育而来的,那么为什么这些基因就没有"叮嘱"细菌们相互"利他"一下呢?顺便说一句,不要将"繁衍"随意扩大化地理解为"利他主义",因为繁衍的本质是复制,如果我们要给"繁衍"下个定义,那么为什么非得要采用"利他主义"这个充满道德暗示且极易引发误解的词,而不直接采用"复制"这个更客观且更接近本质的词呢?又如,比蚂蚁更高级的哺乳动物的近亲利他主义行为似乎也不能完全归因于基因的操纵。哺乳动物已经发育出了大脑边缘系统和一定的大脑皮层,从而具备了一定的情感和智能,生命活动的主动性已经大大增强。基因当然也通过某种算法为哺乳动物植入了某些近亲利他主义的本能,然而由于大脑边缘系统的发达,情感和智能也一定在哺乳动物的利他主义行为中发挥了某些重要作用。因此,哺乳动物的近亲利他主义恐怕已经不能如道金斯所言,简单地还原为"基因型利他主义"。再顺便说一句，不要因为大脑也是由基因发育而来就将一切都归因于基因，这种彻底的还原主义往往会让自己陷入尴尬之中。事实上，哺乳动物之间的近亲利他主义根本就没有“自私的基因”理论所描绘的那么精准可靠。道金斯在前文描绘雄狒狒的英勇行为时，不得不很遗憾地在后面又加了一句：“但在这里，我认为有必要补充一句，至少有一个受人尊敬的权威人士提供的事实与此却大相径庭。据她说，一旦豹子出现，成年雄狒狒总是第一个逃之夭夭。”〔1〕其实何止是雄狒狒，哺乳动物这种反叛基因操纵的“例外”简直就是层出不穷，以至于道金斯不得不在《自私的基因》中频繁地为自己的理论“打补丁”：“不过，在自然界里，这种错误有时也会发生。在群居的物种中，一只怙恃俱失的幼兽可能被一只陌生的雌兽所收养，而这只雌兽很可能是一只失去孩子的母兽……收养幼兽的行为尽管感人至深，但在大多数情况下我们也许应该把它视为一条固有准则的失灵。这是因为这只慷慨收养孤儿的母兽并不给自己的基因带来任何好处。它在浪费时间和精力，而这些时间和精力本来是可以花在它自己的亲属身上，尤其是它自己未来的儿女身上的……有人看见过一只失去孩子的母猴偷走另一只母猴的孩子，并抚养它。在我看来，这是双重的错误，因为收养小猴的母猴不但浪费自己的时间，它也使一只与之竞争的母猴得以卸掉抚养孩子的重担，从而能更快地生育另一只小猴子。”〔2〕

当然，不管怎么说，当研究对象停留在动物层面的时候，“自私的基因”理论毕竟还可以通过各种扩张解释或者限缩解释来勉强修补一下自己的理论漏洞。然而，当研究对象扩大到了人类层面的时

---

〔1〕［英］理查德·道金斯：《自私的基因》，卢允中等译，中信出版社2012年版，第114页。
〔2〕［英］理查德·道金斯：《自私的基因》，卢允中等译，中信出版社2012年版，第114~115页。

候，“自私的基因”理论终于 hold 不住了。古尔德在《自达尔文以来》中批评了“自私的基因”理论，强调了大脑的主观能动性对基因操纵的“反叛”，他说：“在人类的进化中，脑的明显增长产生的异速生长影响可能最重要——增加了足够的神经联系，将一个不易变的严格循规蹈矩的装置变成一个易变的器官，具备了有效的逻辑和记忆，灵活的学习取代了直接的演示，成为社会行为的基础。易变性可能是人类意识中最重要的决定因素，直接编程的行为大概成了不适应的。”〔1〕薛定谔在《生命是什么》中写道：“我觉得和其他人一样无法解释康德实践理性中的‘应该’。但这个道德律以其最简单的普通形式（不要自私）出现，则是一个显而易见的事实；它就在那里，甚至被那些不经常遵循它的大多数人所认同，我认为这种令人费解的存在，表明了我们人类已开始从利己主义向利他主义的生物学转变，表明了人类开始成为了社会动物。”〔2〕生物学家曾经做过很多对比实验，最后无一例外地得出结论：在利他主义行为表现上，黑猩猩等灵长类动物完全无法与人类相提并论。凯文·拉兰德在《未完成的进化》中写道：“我们看到了令人震惊的证据，即孩子们正在相互帮助解决任务中的问题。至少有 215 个利他主义的事例显示，一个孩子自发地帮另一个孩子（一半的孩子表现出这样的利他主义），但在黑猩猩或者卷尾猴中没有出现一次自愿捐赠食物的事情。这种利他主义可能说明孩子们明白分享是他们的动机和目标，但黑猩猩或卷尾猴不明白它们的动机和目标是分享。”〔3〕“黑猩猩总会选择能使自己的利益最大化的方案，而不考虑这对其他黑猩猩是否公

〔1〕［美］S. J. 古尔德：《自达尔文以来》，田洺译，海南出版社 2016 年版，第 232 页。

〔2〕［奥］埃尔温·薛定谔：《生命是什么》，罗来鸥、罗辽复译，湖南科学技术出版社 2016 年版，第 101 页。

〔3〕［英］凯文·拉兰德：《未完成的进化》，史耕山、张尚莲译，中信出版社 2018 年版，第 174 页。

平。与人类相比，黑猩猩表现得更加自私。”[1]

比起动物的所谓利他主义，人类的利他主义走得实在太远了，以至于“自私的基因”理论在面对人类的时候实在是难以自洽。人类的利他主义绝不仅仅局限在自己的家庭成员内部（如果我们把家庭约等于动物的生殖群的话），而是大大超越了家庭的范畴，从而普遍地及于整个社会乃至于整个人类，尽管这个过程依然遵循了“由家及国，再及天下”的进化逻辑，然而这种进化已经走得如此之远，整个过程又是如此的自觉，以至于我们完全可以有把握地说：生命进化的逻辑已经无法涵盖人类的利他主义行为，人类的利他主义虽然从生命进化的领地出发，但是已经成功地超越了生命进化，独自步入了精神进化的新天地。一句话，动物的利他主义主要是基因型的，而人类的利他主义则主要是精神型的。在社会这台超级计算机的进化过程中，人类的大脑发育早已经深深地打上了社会的烙印，人类必须进化出超越生命、超越家庭的利他主义，才有可能推动社会的真正结盟，从而促进人类的进一步进化。毋庸置疑，在利他主义推动社会结盟的历史过程中，人类高度发达的智能和情感肯定起到了十分重要的推动作用，反过来，人类的智能和情感也肯定在这个过程中得到了进一步的发展，这就是人类的社会性的自我反馈机制。换句话说，人类高度发达的大脑以及社会性在人类大脑的投射才是人类利他主义的决定性因素。尽管人类的利他主义与基因的作用必然有着千丝万缕的曲折关系，然而从矛盾的主要方面来看，人类的利他主义的确已经不能算是生命进化的结果，而应该是精神进化的结果。从汉密尔顿到道金斯，这么多杰出的生物学家竟然会

〔1〕［英］凯文·拉兰德：《未完成的进化》，史耕山、张尚莲译，中信出版社2018年版，第21页。

如此热衷于计算一个人究竟会为了几个堂兄弟而牺牲自己,的确让我感到十分不解。在我看来,这种将生命进化的逻辑从动物直接延伸覆盖到人类的研究方法无疑是线性的、机械的。如果基因对利他主义行为的操控能力真的如此厉害,那么我不知道汉密尔顿和道金斯们能不能回答一个假设性问题:如果有一个孩子出生后就与母亲分开了,后来在某个场合里,母子终于偶遇了,然而彼此依然不知道对方就是自己的母亲或孩子。这个时候,如果这个孩子突然遇到了生命危险,那么想象一下,这位母亲会不会出手舍命相救呢?从基因的角度来看,不管母亲和孩子之间知道不知道彼此的身份,她们之间的基因关系都没有改变。那么我们不妨可以猜一猜:那些"自私的基因"究竟会不会操纵这个不知情的母亲为了这个孩子身上的那些等位基因而甘愿牺牲自己的生命呢?再假设一下,如果这个孩子出生后就被一个家庭收养,从小受到养母无微不至的照顾,被养母视如己出。这个时候,如果这个孩子突然遇到了生命危险,那么想象一下,这位养母会不会出手舍命相救呢?从基因的角度来看,收养并没有改变养母和养子之间没有血缘关系的事实,那么我们不妨可以猜一猜:那些"自私的基因"究竟会不会操纵这位养母迅速逃离危险,抛弃她的养子呢?或者,来一个更直接的问题吧:如果一个人的5个兄弟或者10个堂兄弟合谋起来要杀死这个人并夺去他的财产,那么这个人身上的那些"自私的基因"究竟是应该操纵这个人去死,还是应该操纵这个人去反抗呢?

在我看来,无论基因有着多少不为我们所知的幽暗曲折的影响力,一旦人类的精神进化发动之后,基因的诸多诉求就都必须投射在大脑上才有可能获得回应,而大脑之间的联网带来的日渐深刻的社会性诉求同样也会投射在每一个大脑上。正是这两种诉求的对抗、交流与融合塑造了我们每个人的精神世界——这个道理不仅适用于人类的利他主义问题分析，也同样适用于人类精神进化的其他方面。当蚂蚁的基因通过化学信息素的方法实现蚂蚁式的利他主义时，“自私的基因”理论的生物算法的确是比较成功的；然而，当人类的基因企图通过大脑的方法来实现人类的利他主义时，已经获得自觉意识的大脑的主动性以及无数大脑之间的互动性所带来的天文数字级别的复杂性则完全可以让基因的生物算法崩溃。从这个意义上说，人类的利他主义早已不是自私的基因斤斤计较的算计结果，而是人类的社会属性对自然属性的一种超越。或者说，是人类的精神属性对生命属性的一种超越。

CHAPTER 04>

# 第四章

# 人的本质是精神与生命的互动

## 天人交战：人是生命进化与精神进化的双重存在物

尽管我们在前文中大篇幅地论述了精神超越生命的道理，然而必须要强调的是，超越生命并不等于不要生命，更不等于消灭生命，这就是本书会命名为“生命与超越”，而不是“生命的超越”的原因所在。从本质上说，人并不仅仅是生命进化的产物，也不仅仅是精神进化的产物，而是生命进化与精神进化的双重产物，人同时具备了生命与精神的双重属性——这两种属性并不是一种横向并列的关系，而是一种纵向超越的关系。用通俗的语言来说，这种超越性往往表现为社会性（或人性）与动物性之间的一种斗争。达尔文在《人类的由来》中说道：“到了人，以他的一些社会性本能，加上从其中派生出来的种种德行，为斗争的一方，他那些比较低级而暂时可以变得比社会性本能更为强烈的种种冲动或情欲，为又一方，两方也会进行斗争的这一情况，就不足为奇了。”[1]威廉·詹姆斯在《宗教经验之种种》中写道：“人有双重本质，这双重本质与两个思想层次有关，一种较为肤浅，一种较为深刻，人可能在其中一种层次中逐渐习惯其生活。较为肤浅与低级的层次就是肉体感觉、本能、欲望、自私、怀疑，以及低层次的个人利益。”[2]接着，詹姆斯引用奥古斯丁的话说道：“奥古斯丁是观察心理的天才，他对这种分裂自我所带来的痛苦留下一个无人能够超越的描写：这个我刚开始获得的新欲求还不够坚强，不能克服另一个因长期放纵而强大的欲求。因此，这两个欲求，一个新的，一个旧的；一个属于肉体，一个属于精神，互相竞争，困扰我的灵魂。我从自己的经验了解‘肉体的贪欲与精神相反，精神也与肉体相反’这句话。其实这两个欲求都是我自己。”[3]

奥古斯丁说得对，这两个欲求都是我自己——生命是人类的自然属性，精神是人类的社会属性，这两种属性都是我们人类的本性。也许有人会认为，只有自然属性才是我们人类的本性。其实，在经过数百万年的精神进化之后，社会属性早已不是外在强加于我们的约束，而已经内化成了我们人性的一部分。不仅如此，不管每个人做得到还是做不到，人类已经一致同意——我们应该将社会属性置于自然属性之上，将社会性置于动物性之上，即便我们目前做不到，那么未来也应该做到这点。换句话说，我们早就一致同意，人类的进化理应是一个精神不断超越生命的过程。在这个问题上，自然科

---

〔1〕［英］达尔文：《人类的由来》，潘光旦、胡寿文译，商务印书馆1983年版，第188页。

〔2〕［美］威廉·詹姆斯：《宗教经验之种种：对人性的研究》，蔡怡佳、刘宏信译，广西师范大学出版社2008年版，第72页。

〔3〕［美］威廉·詹姆斯：《宗教经验之种种：对人性的研究》，蔡怡佳、刘宏信译，广西师范大学出版社2008年版，第126~127页。

学家与人文社会科学家的意见难得地取得了一致。古埃及神话中的斯芬克斯拥有狮子一般的身体，而头部却是一个美丽的女人。第四王朝的法老哈夫拉正是按照斯芬克斯的形象在自己的金字塔前建造了著名的狮身人面像，至今依然耸立在埃及的沙漠之中。一半是人，一半是兽；上面是人，下面是兽——从理解人性的角度来看，斯芬克斯的神话形象无疑具有十分深刻的意蕴指向。尤瓦尔·赫拉利在《人类简史》中写道："诺斯替教和摩尼教认为，善神创造了精神和灵魂，而恶神创造了物质和身体。根据这种观点，人就成了善的灵魂和恶的身体之间的战场。"〔1〕没错，通过善和恶的价值判断，人文社会科学家无疑已经表明了自己对于人的精神属性与生命属性之间关系的基本态度。有意思的是，在这个"大是大非"的问题上，一直坚称人与动物之间具有连续性的进化生物学家也不敢有丝毫的怠慢。达尔文在《人类的由来》中写道："我们在一度屈从于某种诱惑之后，会有一种不满、羞愧、追悔或懊丧的感觉……展望未来的世代，没有什么原因可以使我们发生杞人之忧，认为这些社会性本能会趋于衰退。反之，我们可以指望，良好而合乎道德的一些习惯会变得越来越坚强、巩固，甚至有可能通过遗传而变得固定下来。到此，高级的冲动与低级的冲动之间的斗争也将不那么尖锐，而德行之美德将取得最后的胜利。"〔2〕道金斯在《自私的基因》中说："人类可能还有一种非凡的特征——表现真诚无私的利他行为的能力……我们甚至可以讨论如何审慎地培植纯粹的、无私的利他主义——这种利他主义在自然界里是没有立足之地的，在整个世界历

〔1〕［以色列］尤瓦尔·赫拉利：《人类简史：从动物到上帝》，林俊宏译，中信出版社 2014 年版，第 216 页。

〔2〕［英］达尔文：《人类的由来》，潘光旦、胡寿文译，商务印书馆 1983 年版，第 188~189 页。

史上也是前所未有的……但我们具备足够的力量去反对我们的缔造者。在这个世界上，只有我们人类，能够反抗自私的复制基因的暴政。”[1]

尽管道金斯说只有我们人类能够反抗自私复制基因的暴政，然而他最终还是没能说清楚，人类为什么要突然违背进化的原则，去反抗自私的复制基因的暴政？或者更简单地说，人类为什么要进化出道德来？为了解决这个进化悖论，道金斯在《自私的基因》中写道：“我们可以把意识视为一个进化趋向的终点，也就是说，生存机器最终从主宰它们的主人即基因那里解放出来，变成有执行能力的决策者。”[2]其实道金斯说错了，意识并不是进化的终点，它充其量只是生命进化的终点，然而同时又是精神进化的起点。当人类的意识诞生之后，进化并没有结束，它只是点燃了第三层进化——精神进化而已。面对人类精神超越生命的大量事实，坚持生命进化线性思维的道金斯的确无法继续采用生命进化的逻辑来作出合理解释，最终也只能含糊其辞地搪塞过去。其实，我很想在这里对道金斯说：“对不起，理查德，大脑并不是基因的掘墓人，进化的逻辑依然强大如初，只不过已经从生命进化跃进到了精神进化罢了。这种跃进，不是消灭，而是超越。在我们每个人身上，生命的逻辑依然还在，精神的逻辑已然展开。而正是这两种进化逻辑的对抗、互动与交融，方才构造出了我们每个人精彩而又复杂的人性。”生命进化的逻辑让生命相互排斥，精神进化的逻辑让生命彼此结盟，而不管是智能进化带来的契约、法律和国家，还是情感进化带来的情怀、道德和宗教，都是生命彼此结盟的必要手段和必然结果。也许正是由于

---

〔1〕［英］理查德·道金斯：《自私的基因》，卢允中等译，中信出版社 2012 年版，第 227 页。
〔2〕［英］理查德·道金斯：《自私的基因》，卢允中等译，中信出版社 2012 年版，第 66 页。

生命进化的逻辑依然还在对人类发挥着作用，因此使许多进化生物学家对达尔文进化论的威力深信不疑。然而，只要不正式引入精神进化的范畴，仅仅依靠生命进化的理论逻辑，不管这些进化生物学家们的理论有多么的杰出，也不管他们为自己的理论漏洞打了多少的补丁，最终也是难以自圆其说的，而且还会越来越难以自圆其说。

从第一个复制子在地球上出现至今，生命进化已经走过了整整38亿年的漫长历程，作为生命进化的产物，我们每个人身上都深深地打下了生命进化的烙印；然而自从人猿相揖别至今，精神进化满打满算也不过600万年时间，可以想象的是，作为精神进化的产物，我们每个人身上留下的精神进化的烙印应该还不够深。然而正是这道至今尚浅的烙印，才是人区别于普通动物的根本标志。坦白地说，进化的连续性至少已经让哺乳动物尤其是灵长类哺乳动物拥有了一定的智能和情感，那么它们算不算已经跨入了精神进化的门槛？依我个人之见，只要动物的那一点点智能和情感一直被囚禁在生命的笼子里，其全部目的只是为自己的生命利益服务，那么这种所谓的“精神”就称不上是精神进化。用更加直截了当的话来说，那就是：如果精神只向下服从于生命，那就是动物；如果精神能够向上超越于生命，那就是人。这句话听上去似乎平淡无奇，其实是有一定杀伤力的——如果我们按照这个标准来衡量的话，那么那些让自己的精神全部向下服务于自己的生命的人恐怕会有点坐不住的。现实的不堪这里就不多说了，还是说点历史吧。比方说，许多生物学家们都津津乐道于成吉思汗的Y染色体。在他们看来，成吉思汗大概最懂得如何享受成功的快乐，他对至高欢愉的定义是：“把我的敌人碎尸万段，鞭打他们为我拉车，抢走他们的财宝，看着他们心爱的人哭泣，然后再将他们的妻女拥入怀抱。”生物学家说，这最后一点对于成吉思汗来说显然格外有诱惑力。他和他的儿子们——这黄金家族——在统治亚洲的几百年间，四处留种。通过对一种特殊的Y染色体的认定，我们知道，如今有1600万的中亚男子都是他的直系后裔。[1] 按照生物学家的统计，成吉思汗绝对是人类历史上生殖比赛的冠军获得者，其他人最多也只能觊觎一下亚军的宝座。有的生物学家认为，亚军应该是觉昌安，也就是清朝满族统治家族的始祖，估计今天有160万人携带满族Y染色体。不过根据最近对爱尔兰Y染色体的研究，公元5世纪的爱尔兰国王“九个人质的尼尔”拥有的后代似乎多达200万~300万人。[2] 如此看来，人类生殖比赛的亚军宝座鹿死谁手恐怕还不一定呢。

实话实说，当我读到这些文字的时候，第一反应就是觉得可笑，然后在书上不无调侃地写了一段批注——“这有意义吗？我敢断定，这1600万的所谓后裔一定曾经互相殴打过，甚至拿刀子互相捅过。要是我的子孙后代如此不肖，我会觉得有还不如没有呢”。当然了，这话其实也不是什么调侃，而是历史事实。《新元史》记载：“太祖幼与别克帖儿交恶，诉于宣懿皇后：‘别克帖儿与别勒古台夺我鱼，又夺哈撒儿之雀，请杀之。’宣懿皇后戒之曰：‘尔兄弟除影子外无安答，除马尾外无鞭，奈何相贼害？独不见呵兰可敦五子之前事乎！’太祖不听，卒与哈撒儿射杀别克帖儿。”原来，铁木真在自己年幼的时候，就曾经因为一条鱼的争夺，亲手射杀了自己的同父异母兄弟别克帖儿，完全没有将母亲诃额仑苦口婆心的劝导放在心上，也完全没有考虑到对方身上有着一条与自己完全相同的、由父

[1] [美]格雷戈里·柯克仑、亨利·哈本丁：《一万年的爆发：文明如何加速人类进化》，彭李菁译，中信出版集团2017年版，第88页。

[2] [美]尼古拉斯·韦德：《黎明之前：基因技术颠覆人类进化史》，陈华译，电子工业出版社2015年版，第224~225页。

亲也速该遗传给他们的Y染色体。而等到成吉思汗去世之后,所谓黄金家族的子孙后代之间更是不知道发生过多少次相互攻伐残杀的事情:如果说1232年成吉思汗的四子拖雷有可能因为功高震主而被三子窝阔台毒死之事史家尚无定论的话,那么1259年成吉思汗的孙子忽必烈与阿里不哥兄弟俩为了争夺大汗宝座而大打出手,总归是千真万确的事情。虽然他们当年在干这些事情的时候,并不知道有个叫Y染色体的东西,不过对于“兄弟如手足”之类的道理总还是知道的吧;而成吉思汗那条自私的Y染色体当时居然也没能发挥作用,以阻止兄弟之间相互残杀,的确也算是咄咄怪事了。

所有将生命进化的逻辑简单推及人类的企图都是危险的。人类既是生命进化的产物,又是精神进化的产物;而人之所以为人,人之所以区别于动物,不是因为别的,正是因为精神对生命的超越。对成吉思汗的Y染色体的迷恋很容易就让我联想到了动物,那些为了繁殖而拼死拼活的动物。威尔逊在《社会生物学》中写道:“雄象海豹可以几乎完全专注在繁殖上。雄象海豹演化出壮观的繁殖适应特征,包括巨大的体积、控制妻妾群、对附近无配偶的雄性采取极凶猛的攻击压制。雄象海豹的时间大部分耗在打斗、交配、休息上。而蜉蝣的成年生命等于完全奉献给繁殖;因为成年期寿命短到只有几小时,排除了能量的问题。至于对付掠食者的策略,蜉蝣总以大量同时涌现,所以每次落入掠食者口中的比例只占极少数。”[1]在人类的生命属性与精神属性中偏执任何一方都是危险的——从某种意义上讲,偏执前者比偏执后者可能更加危险。平克在《白板》中写道:“他们担心的是,如果人类只是化学复制物经过突变和选择之后

〔1〕[美]威尔逊:《社会生物学》(第2册),薛绚译,左岸文化事业有限公司2013年版,第35页。

的偶然产物，那么道德就没有立足之地了，我们就会不通过大脑，而只会听从于生物性冲动的支配。一位神创论者在美国众议院司法委员会指证这种危险时，援引了一首摇滚歌曲的歌词：‘宝贝，你和我只是哺乳动物，让我们像探索频道里的哺乳动物一样去行事吧。’1999 年，科罗拉多州哥伦比亚高中两个十几岁的少年开枪打死了 13 个人。该事件发生后，美国众议院多数党领袖、共和党议员汤姆·迪莱指出，只要我们的教育系统一直教导孩子：他们只不过是长得好看的猿猴，是从最原始的泥浆进化而来的，那么这类暴行就不可避免。”[1]

关于神创论的问题我们将在第九章“广义进化论视野下的信仰”中予以详述，这里就不予展开了。其实，只要正式引入精神进化的范畴，不需要神创论的帮忙，我们照样可以超越生命进化的逻辑，为人类的道德和精神在科学的世界里寻找到正确的位置，就像凯瑟琳·赫本在电影《非洲皇后》（The African Queen）中对汉弗莱·博加特所说的那样：“先生，本性就是我们来到人世间需要去超越其上的标准。”[2]成吉思汗疑似拥有 1600 万后裔这件事，说到底只不过是一个数不清的数字游戏而已，即便对于这 1600 万疑似的后裔来说，其意义恐怕也不过如此罢了。我敢打赌的是：今天活在这个世界上的绝大多数人恐怕都说不出自己 5 代以上的祖先究竟是谁，即便难得有本家传的族谱来帮忙，说到底也只不过是一个记不住的文字游戏而已。其实，从生命进化的层面来看，我们真的不太在乎自己究竟是哪位原始人的后裔。我们真正在乎的是：从精神进化的层

〔1〕［美］史蒂芬·平克：《白板：科学和常识所揭示的人性奥秘》，袁冬华译，浙江人民出版社 2016 年版，第 154 页。

〔2〕［美］史蒂芬·平克：《白板：科学和常识所揭示的人性奥秘》，袁冬华译，浙江人民出版社 2016 年版，第 191 页。

面来看,我们每个中国人几乎都是孔子、老子和墨子的后裔。可以肯定地说:今天将中华民族真正凝聚在一起的,并不是哪位祖先的自私基因,而是全体中国人对中华文化与民族精神的广泛认同。即便是某种共同的基因所带来的某种认同,也必定要投射到每个人的精神层面上才能获得确切的呼应,否则抗日战争时期的中国人就应该对日本人的黄皮肤和黑头发产生好感才对。炎帝与黄帝的基因究竟为何如今已经不太可考了——事实上也无须去考,然而作为一种文明的象征,炎黄子孙的概念却早已镌刻在了我们的内心深处。说到底,这份穿越数千年历史风雨的民族凝聚力,并非发动于我们自私的基因,而是发动于我们共振的灵魂。

### 身心合一:精神进化离不开生命进化的支撑

精神进化的超越性自然而然地引发了人类的终极性思考:精神是否可以脱离生命而独立存在?或者说,世界上有没有独立于肉体的灵魂?正是这个终极性思考为人类带来了宗教。综观当今世上的各大宗教经典,尽管其中也有不少教导人们应该如何生活的准则,然而它的真正力量无疑是向人们许诺一个超越生命的永生未来。换句话说,宗教是主张灵魂可以脱离生命而独立存在的。这一基本思想无疑是各大宗教教义的底色,只是侧重点各有不同罢了。《圣经·罗马书》是这么说的:“体贴肉体的就是死,体贴圣灵的乃是生命平安……如果神的灵住在你们心里,你们就不属于肉体,乃属圣灵了。人若没有基督的灵,就不是属基督的。基督若在你们心里,身体就因罪而死,心灵却因义而活。”相较而言,伊斯兰教可能会把“来生”看得更“实”一点。佛教很显然又把一切看得更“空”一点。《金刚经》是这么说的:“须菩提,又念过去于五百世作忍辱仙人，于尔所世无我相、无人相、无众生相、无寿者相。是故，须菩提，菩萨应离一切相，发阿耨多罗三藐三菩提心，不应住色生心，不应住声、香、味、触、法生心，应生无所住心。若心有住，则为非住……一切有为法，如梦幻泡影，如露亦如电，应作如是观。”

千万不要以为，只有宗教界才有灵肉分离的想法，科学界同样有人在正儿八经地思考这个问题，只不过他们所依靠的，并非上帝的律令和佛祖的智慧，而是科学的思维。理论物理学家加来道雄在《心灵的未来》中写道：“意识能够不受我们肉身的束缚而独自存在吗？我们能够离开终将逝去的躯体，像神灵一样在这被称为宇宙的乐园里游荡吗？《星际迷航》采用了这个主题，‘进取号’星舰的柯克船长遇到了一个超人种族，比行星联盟领先近100万年。他们已经先进到很早就抛弃了脆弱的、终将死去的躯壳，住在由纯能量构成的脉冲球体中。那些令人心醉的感觉，如呼吸新鲜空气、触摸另一个人的手或者感受肉体的爱，对于他们来说已经是千年之前的事了……他们虽然拥有先进的技术，但他们没有肉体，他们从肉体中分离出来已经有几十万年。所以，他们渴望体验肉体感觉的冲击，渴望重新变为人类……科学家们自问道，有没有物理规律禁止心灵在肉体之外存在？具体而言，如果人类有意识的心灵是一件不断创造出世界模型并在未来予以模拟的设备，那么是否有可能制造出一台机器模拟这整个过程？”[1]道恩·菲尔德和尼尔·戴维斯在《基因组革命：基因技术如何改变人类的未来》中也探讨了这种可能性：“俄罗斯商业大亨德米特里·伊茨科夫在呼吁新人种进化方面更近一步。他希望能延长人类寿命直至获得基因组意义上的永生。他希

〔1〕［美］加来道雄：《心灵的未来》，伍义生等译，重庆出版社2015年版，第237~238页。

望借助人类与技术更深入的‘杂交’,实现更加彻底的人类进化……他的目标是利用纳米材料为人类打造一个供意识栖息并可以变形的‘化身’。如果你想体验飞鸟在天空任意翱翔,或是海豚在水底世界自在遨游的感觉,那么机会来了。更惊人的是,这个‘化身’还可以在这两种形态之间自由转换。人们的意识仍存在于血肉之躯,但却能遥控另一个超级化身。伊茨科夫的终极目标是找到一种方法,将人的大脑,连带着个性、情感以及记忆,统统转移到数字存储设备当中。一旦该目标实现,人类将依托电脑获得永生。”〔1〕

精神进化真的会走到这一步吗?人类的精神真的可以进化到抛弃生命而独立存在吗?关于这个问题,我们将在第六章讨论人工智能的时候继续予以论述。在这里,我想要强调的是:进化的方向是逐级向上的。三层进化就如同一座三层楼房,上一层的进化必须建构在下一层进化的基础之上。换句话说,生命进化必须以物理进化为基础,精神进化也必须以生命进化为基础。因此,探讨精神能不能脱离生命而独立存在,就好比探讨生命能不能脱离物质而独立存在一样,都是一种空中楼阁式的幻想。生命虽然奇妙无比,但是说到底还是由粒子构成的。尽管生命不能无限还原为粒子,然而生命的确是由某些特殊的粒子以某种特殊的方法耦合出来的某种特殊性质。从这个认识出发,我们可以很肯定地说:生命进化固然不可能还原为物理进化,然而生命进化也永远不可能脱离物理进化的支撑。同理可证,精神虽然奇妙无比,但是说到底还是以生命为载体的。尽管精神不能无限还原为生命运动,然而精神的确是由某些特殊的生命物质以某种特殊的运动方式耦合出来的某种特殊性质。

〔1〕[英]道恩·菲尔德、尼尔·戴维斯:《基因组革命:基因技术如何改变人类的未来》,刘雁译,机械工业出版社2017年版,第82~83页。

从这个认识出发，我们也可以很肯定地说：精神进化固然不可能还原为生命进化，然而精神进化也永远不可能脱离生命进化的支撑。

这不仅仅是一种科学推理，也是一种科学事实。马特·里德利在《基因组》中写道："人不只是一个大脑，通过释放激素来控制身体的大脑；人不只是一个身体，通过激活激素受体来控制基因组；人也不只是一个基因组，通过激活调节激素分泌的基因来控制大脑。人同时具备上述所有功能……大脑与身体是同一个系统的两个组成部分。如果大脑在回应心理压力时，刺激了皮质醇的释放，而皮质醇抑制了免疫系统的活性，从而导致了潜在的病毒感染发作，或新病毒进入身体，那么它的症状虽然是生理上的，原因却是心理上的。如果一种疾病影响到大脑，破坏了人的心情，那么它的症状虽然是心理上的，但原因却是生理上的……护士同样都携带病毒，但心情长期不好的护士更容易得'口疮'。"〔1〕的确如此，尽管人的意识似乎的确存在于人的大脑之中，然而如果我们真的把大脑等同于意识，那可就大错特错了。这个道理其实是非常简单的：当你观察到一支军队总是由它的将军来发号施令的时候，你应该不会把这个将军等同于整支军队吧。同理可证，当你观察到一个人总是由大脑发号施令的时候，也不应该把这个大脑完全等同于这个人。一支军队无疑是由将军和士兵共同构成的，即便是这支军队的指挥系统，同样也是将军和士兵之间的复杂互动，而不是将军单方面拍脑袋的结果。将军之所以能够运筹帷幄，决胜千里，绝不是因为这个将军是个神仙，而是因为士兵会把前线情报从千里之外源源不断地送至将军的帷幄之中，其间许多情报还必须经过下级军官和参谋部的逐级

〔1〕［英］马特·里德利：《基因组：人类自传》，李南哲译，机械工业出版社2015年版，第145页。

加工。将军在下属的情报和参谋的基础上作出自己的判断和决策，然后又通过指挥系统将命令层层下达给士兵，从而完成了一次指挥系统运作的循环过程；然后，再进行下一次循环……同理可证，人的意识同样也是大脑与身体之间不断互动的结果。“三位一体大脑”理论告诉我们，大脑本来就是为了管理身体而逐级进化出来的控制中心。从它诞生的第一刻开始，大脑就没有停止过与身体的交流，而且极度依赖于与身体的交流。因此，从本质上说，遍布我们全身的神经系统本来就是大脑不可或缺的组成部分，就像威尔逊在《人类存在的意义》中所说的：“大脑被编组成了几个功能相异的区域、核心，以及负责不同部位功能的运作中心。这些部分会对激素和脑外产生的感觉刺激以不同方式起反应，而全身的感觉和运动神经元与大脑的信息交流也十分密切，以至于它们几乎可以被视为大脑的一部分。”〔1〕

一个丢掉了所有士兵的将军是不配称为将军的，一个丢掉了身体的大脑也是不配称为大脑的。没有全身神经系统的信息输入，大脑无疑将会迅速地蜕变成为一个无用的白痴。加来道雄在《心灵的未来》中探讨了这个问题：“这种反向工程大脑由于没有身体的支持，可能会出现感觉隔离的现象，甚至会表现出精神疾病的症状，就像一个囚犯被关在隔离室时会出现的情形一样。也许疯狂状态是用反向工程制造永生大脑所付出的代价。把受试者置于隔离室中，阻断他们与外部世界的所有联系，他们最后会产生幻觉。2008 年，英国广播公司电视台播放了一部名为《完全隔离》的科学节目。他们记录了 6 个志愿者的情况，这些人独处于全黑的核弹掩体中，仅仅

〔1〕［美］爱德华·威尔逊：《人类存在的意义：社会进化的源动力》，钱静、魏薇译，浙江人民出版社 2018 年版，第 166 页。

过了两天,其中3个志愿者就开始出现视觉和听觉上的幻觉,他们看到了蛇、汽车、斑马和牡蛎。他们从掩体出来之后,医生发现所有人都患上了精神错乱症。其中一个受试者的记忆下降了36%。我们可以想象,如果在这种环境中待上几个星期,他们中的多数人都可能会疯掉。"[1]在我看来,这些受试者的实验条件其实已经十分宽松了,因为哪怕独处于全黑的核弹掩体之中,这些志愿者本身的生命系统依然还在发挥着作用。大脑虽然得不到环境的信息,但是还能得到来自身体的信息。实验当然不可能把后者也全然切断,不过我敢打赌:如果真的切断了身体与大脑的信息联系,估计根本用不了那么久,大脑早就彻底崩溃了。针对这个问题,加来道雄在《心灵的未来》中继续探讨道:"为了使反向工程制造出的大脑保持正常理智,把它连接到传感器上也许是必要的,传感器可以从环境中接收信号,这样大脑就能看到、感觉到外部世界。但又出现另一个问题:它可能会觉得自己是个怪物,是一个笨拙的科学实验小白鼠,生活在科学实验的恩泽之下。因为这个大脑有着与原体那个人相同的记忆和性格,它将渴望与人类的交往。但它存在于某个超级计算机的内存中,外表是可怕的电极丛,这会使人类感到反感,与它建立联系不太可能。它的朋友都会转身离开。"[2]加来道雄的这个判断无疑是正确的。且不论将大脑中的精神世界原封不动地复制到电脑的内存中已经是一个不可能完成的任务,即便在极其遥远的未来侥幸能够做到,精神的存续与发展也绝不可能离得开与生命丝丝入扣的互动。没有了真实的生命,就不可能会有真实的信息和感受,这样的精神必将最终扭曲乃至于彻底崩溃。所以,还是允许我说一句

[1] [美]加来道雄:《心灵的未来》,伍义生等译,重庆出版社2015年版,第245~246页。
[2] [美]加来道雄:《心灵的未来》,伍义生等译,重庆出版社2015年版,第246页。

既保守又武断的话吧——不管是幻想人的意识生存在超级计算机之中，还是幻想人的意识生存在脉冲能量球之中，这种精神脱离生命的科学幻想永远都不可能演变成为真正的科学现实，就像达尔文在《人类的由来》全书的最后所说的那句话："不过我以为我们总得承认，人，尽管有他的一切华贵的品质，有他高度的同情心，能怜悯到最为下贱的人，有他的慈爱，惠泽所及，不仅是其他的人，而且是最卑微的有生之物，有他的上帝一般的智慧，能探索奥秘，而窥测到太阳系的运行和组织——有他这一切一切的崇高的本领，然而，在他的躯干上面仍然保留着他出身于寒微的永不磨灭的烙印。"[1]

## 鸟枪换炮：生命进化已经近乎停滞，精神进化正在加速进行

人类启动了精神进化之后，生命进化还在继续进行吗？这个问题的答案既是肯定的，又是否定的。从理论上说，只要 DNA 的复制游戏还在进行之中，那么基因的突变和漂变就一定还在发生，生命的进化就一定还在继续进行。事实也的确如此。比如说，生物学家就经常举乳糖耐受能力变化的例子，以力证人类的基因在晚近几千年时间里还在不断发生着变异——当人类还处在狩猎采集阶段的时候，一旦度过了幼儿期，身体中合成乳糖酶的基因就会自动关闭，原因很简单：停止食用母乳之后，继续合成乳糖酶就没有意义了。然而，随着农业时代的来临，人类尤其是游牧民族开始大量驯养动物并饮用动物乳。在生活方式变化的选择压力之下，人类身体中合成乳糖酶的 13910-T 等位基因终于在距今 8000 年前发生变异，并迅速得以在欧洲人中传播，在北欧的丹麦和瑞典甚至达到了 95%的

[1] [英]达尔文：《人类的由来》，潘光旦、胡寿文译，商务印书馆 1983 年版，第 936 页。

频率,从而使这些人在成年之后依然具备乳糖耐受能力。又如,我们都知道,攀登珠穆朗玛峰的爱好者往往离不开夏尔巴人向导的帮助。而夏尔巴人之所以具备如此强大的登山能力,正是由于他们的 EPAS1 基因发生了变异,从而在大气条件不足的时候,仍然能够给身体运送足够的氧气。研究表明,夏尔巴人向珠穆朗玛迁移的时间,大概正是哥伦布发现新大陆的时间,说明这次基因突变仅仅发生在短短的几百年之内。有些研究人员认为,这很可能是有记载以来人类进化最快的一个案例。[1] 还有,除了基因的突变和漂变,DNA 的甲基化也能够改变人类基因的表达。所谓 DNA 甲基化,就是在不改变 DNA 序列的情况下,通过在 DNA 序列中的碱基 C(胞嘧啶)上黏附一个由 3 个氢原子和 1 个碳原子组成的甲基基团,从而控制基因的表达方式,改变基因的遗传表现——这种现象又被称为表观遗传学现象。比如说,我们人体内有种叫作 SERT(血清素转运体)的基因,可以帮助神经递质血清素进入神经元细胞。科学家的跟踪研究表明,当一个人受到严重欺辱之后,该基因的转录区会被大量甲基化,使该基因被大量关闭,从而导致创伤后应激障碍(PTSD)。[2] 又如,1945 年冬天,荷兰人反抗纳粹德国的起义失败之后,纳粹德国报复性地切断了荷兰的粮食供应,导致数万荷兰人在这个漫长而又恐怖的寒冬中死于饥荒。几十年后,科学家在荷兰的流行病学调查中惊奇地发现,出生于 1945 年的那批人十分容易患上高血脂、肥胖、糖尿病等代谢疾病。原来,在饥饿冬天中怀孕的荷兰母亲对胎儿体内与能量代谢有关的基因进行了甲基化修饰,敦促这些婴儿出生后要尽可能地获取食物,储存更多的脂肪,从而过犹

〔1〕［美］沙伦·莫勒姆等:《基因革命》,杨涛、吴荆卉译,机械工业出版社 2017 年版,第 125 页。
〔2〕［美］沙伦·莫勒姆等:《基因革命》,杨涛、吴荆卉译,机械工业出版社 2017 年版,第 47~48 页。

不及地导致了高血脂、肥胖症的普遍出现。当然了，人类在近1万年时间内最令人印象深刻的生命进化，无疑还是导致我们肤色、发色、瞳色发生分化的SLC24A5、HERC2、OCA2等基因的突变。所有这些事实都在向我们证明：哪怕人类的精神进化已经突进到了晚近1万年的农业革命时代，生命进化的步伐也从来没有停止过，这条基因之河无时无刻不在流淌之中。

然而，必须要强调的是：虽然人类的生命进化从未停止，但是比起精神进化的速度，生命进化的速度简直就是不值一提。更为重要的是：一旦精神进化发动，生命进化的进程就必然会受到精神进化的重大干扰，甚至有可能因此导致生命进化的逻辑链被精神进化所切断而无法自洽循环下去。达尔文在《人类的由来》中说道："人在部分取得那些把他和低于他的动物区别开来的理智的和道德的能力之后，在体格方面通过自然选择或任何其他方法而发生的倾向就几乎停止了。因为，从此，通过这些心理能力，人能够'用他的不再变化的身体来和不断变化中的宇宙取得和谐，而可以相安'。他从此有了巨大的能力足以使他的种种习惯适应于新的一些生活条件。他发明了武器、工具与觅取事物和保卫自己的各式各样的谋略。当他迁徙到气候寒冷的地区的时候，他会使用衣服，搭造窝棚，生火取暖，而利用火的力量，他又能把原来消化不了的食物烤熟煮烂。他能多方面地帮同伴的忙，能预见一些未来的事态发展。即在距今很荒远的时期里，他已经能实行某种程度的劳动分工。在低于人的动物则不然，为了能在大大改变了的条件下生存下来，它们必须在身体结构方面起些变化。它们必须变得更强壮些，或者取得效率更高的牙和爪，否则就不足以抵御新的敌人而保卫自己。要不然，就得把体格变得小些，以免于被敌人发觉而陷于危险之地。当迁徙到一个寒冷的地区时，它们的皮毛有必要长得浓厚些，或内部的生理组织不得不有所改变。如果不能起这一类的变化，或变化不成，它们就得停止生存。”[1]达尔文说得没错。如果说当人类处于简单工具阶段时生命进化还能勉强跟随精神进化的脚步的话，那么当人类打开了现代科学大门之后，精神进化早就已经一骑绝尘，将生命进化远远地甩在了身后——如果说梭镖投射器和弓箭的发明与人类肱二头肌的发达程度也许还有些关系的话，那么喷气式飞机的发明与人类什么时候进化出翅膀来那真是一点关系也没有了。今天，我们不再需要进化出猎豹的奔跑能力，却能在 1 小时之内将自己安全地送达千里之外，因为我们已经发明出了高铁和飞机；我们不再需要进化出蓝鲸的超声波声呐能力，却能在万里之外与自己的爱人互诉衷肠，因为我们已经发明出了无线电通信和移动电话；我们不再需要进化出能在水中吸氧的鳃，却能在深海中长时间地潜航与逗留，因为已经我们发明出了核潜艇和深潜器；更要命的是，我们不再需要进化出脱离生命进化的摇篮——地球环境的生存能力，却能将自己送上月球一窥究竟之后再安全返回，因为我们已经发明出了大推力火箭和登月舱……

可以毫不客气地说，在令人瞠目结舌的精神进化速度面前，生命进化的那一点点速度简直就是慢动作，甚至完全可以忽略不计。科学家们认为，由于人类正在迅速改变着环境，地球上很可能正在经历着第六次生命大灭绝。比如说，新生的小海龟破壳而出之后会马上从沙滩爬进海里，吸引它们爬向大海的，是水面反射出来的亮光。现在，人类制造出来的更亮光源毁掉了这些海龟——它们爬向

---

〔1〕［英］达尔文：《人类的由来》，潘光旦、胡寿文译，商务印书馆 1983 年版，第 197~198 页。

了与大海相反的方向。事实上，关于第六次生命大灭绝的警报也从一个侧面证实了我们的判断——人类的精神进化迅速改变着环境，导致动物的生命进化无法适应环境，生命进化的速度的确已经完全跟不上精神进化的速度了。而就人类本身的生命与精神的关系而言，还有一个比进化速度问题更加重要、更加致命的问题：如今的各种发明创造基本上都是围绕着人的生命需要而展开的，这说明人类正在主动地创造着适应生命的环境。也就是说，精神进化正在让环境来适应生命，而不是让生命去适应环境。这意味着什么呢？这意味着：生命进化的逻辑链事实上已经越来越多地被我们高度发达的精神能力所切断，人择越来越多地替代了天择；而当人的精神进化越来越多地围绕着人的生命进化而展开的时候，人类的生命进化也就越来越多地围绕着精神进化的逻辑而展开了——就好比奴仆伺候得主人越好，主人事实上就被奴仆控制得越牢一样。达尔文的《物种起源》是一部揭示生命进化奥秘的巨著，然而全书第1章所论述的，却是“家养状态下的变异”。达尔文的本意当然是通过观察人类的选择对家鸽等家养动物的变异所产生的影响，以证明动物同样也会在自然选择的作用下产生变异和进化。然而，如果我们要严格界定的话，那么这个案例的确不应该属于生命进化的范畴，而应该属于生命围绕精神开展进化的范畴。在我的理解中，所谓生命进化必须是基因变异与自然选择交互作用的结果，一旦人择替代了天择，导致自然选择不能发挥作用，那么所谓的生命进化就不能算是真正的生命进化，而只能算是精神进化的附属产物，是我们的精神塑造世界、塑造生命的结果。如果按照这个定义，那么那些通过人工育种而变得越来越可人的叭儿狗本质上只能算是人类精神进化的产物，尽管它们的生命底子无疑是由生命进化提供的。同理可证,对于人类来说,一旦人类的自觉选择替代了自然选择,那么即便人类的生命因此出现各种变异,也不应该简单地归入生命进化的范畴,而应该归入精神进化的范畴,至少应该归入生命进化与精神进化交互作用的范畴。关于这个问题,我们还将在本书第五章“广义进化的动力机制与模糊边缘”中继续予以探讨。

尽管生命进化已经近乎停滞,精神进化正在加速进行,然而相比起 38 亿年的生命进化历程,600 万年的精神进化历史毕竟还是太短暂了。因此毫无疑问,我们这代人正处在人类精神进化的初级阶段。生命进化的烙印太深,精神进化的烙印太浅,以至于这个世界的绝大多数人至今都被困在了生命的盒子之中,难以跳出生命的盒子来理解自己的生命和自己的精神。生命进化的逻辑是为了生存而相互厮杀,精神进化的逻辑是为了生存而相互结盟。生命进化的烙印太深,的确让一路走来的人类付出了难以想象的沉重代价。尤瓦尔·赫拉利在《人类简史》中写道:“许多人类学和考古研究显示,在只有基本的村庄和部落政治结构的农业社会中,人类的暴力行为造成了 15%的总死亡数,而在男性之间则是 25%。现在的新几内亚还有达尼和恩加两个农业部落社会,暴力造成男性死亡所占百分率分别是 30%和 35%。而在厄瓜多尔的瓦拉尼人,成年人甚至约有 50%会死在另一个人的暴力行为之下。慢慢地,人类发展出进阶的社会结构,如城市、王国、国家,于是人类的暴力也得到了控制。”〔1〕千万不要以为,屠杀灭族的事情只会发生在原始部落之间,贾雷德·戴蒙德在《第三种黑猩猩》中写道:“澳大利亚大陆上的政府,执行灭族政策的工具,是塔斯马尼亚岛‘清乡队’的翻版,属于骑警,叫作

〔1〕［以色列］尤瓦尔·赫拉利:《人类简史:从动物到上帝》,林俊宏译,中信出版社 2014 年版,第 82 页。

‘土著警察’。他们使用搜索—消灭的战术,杀害或驱赶土著。典型的办法,是在深夜包围土著营地,然后拂晓攻击,开枪射杀。白人也广泛地使用下了毒的食物,毒杀土著……1945 年 5 月,在阿尔及利亚的塞提夫,庆祝第二次世界大战结束的活动,发展成种族暴动,阿尔及利亚人杀死了 103 名法国人。法国人的反应残酷得很:以飞机轰炸 44 个村落,一艘巡洋舰炮轰海岸的城市,平民突击队发动报复性的大屠杀,军队也开枪杀人,不分平民还是战斗人员。结果,根据法国的数字,阿尔及利亚死亡了 1500 人,阿尔及利亚政府宣布的数字是 50,000 人。”〔1〕人类社会相互屠杀灭族的记录的确是太不堪了,以至于会被戴蒙德逮了个正着,也难怪他要给这本书取上一个令人尴尬的名字——《第三种黑猩猩》。

然而,这就是进化——出身寒微,志存高远;道路曲折,前途光明。按照本书的理论逻辑,生命进化的终点应该是一个完美的生命系统,一个真正的人;而精神进化的终点则应该是一个完美的社会系统,一个真正的命运共同体。柏拉图在《理想国》中说:“当一个国家最最像一个人的时候,它是管理得最好的国家。”〔2〕在我的理解中,柏拉图的这句话不仅富含哲理,而且还十分科学。现代系统科学的确也有这样的一个观点:目前世界上最完美、最高级的系统是人的生命系统,所有其他系统,包括社会系统在内,都在向着这个方向进化。正确理解这句话,需要从两个维度来展开。第一个维度是:精神进化是比生命进化更高一个层级的进化,生命进化的逻辑终点是人,而精神进化的逻辑起点是人。换句话说,一个高度复杂

〔1〕[美]贾雷德・戴蒙德:《第三种黑猩猩:人类的身世与未来》,王进还译,上海译文出版社 2016 年版,第 284、291 页。

〔2〕[古希腊]柏拉图:《理想国》,郭斌和、张竹明译,商务印书馆 2002 年版,第 197 页。

的人仅仅构成了社会的一个细胞,这个基本事实提醒我们,精神进化的复杂程度绝对是生命进化所无法比拟的。第二个维度是:生命进化已经进行了 38 亿年,精神进化才进行了 600 万年,这个基本事实提醒我们,从系统本身的完备性与成熟度来看,生命系统绝对是社会系统所无法比拟的。而从这个维度来看,柏拉图的这句名言无疑是十分正确的。要想自觉构建起一个完美的社会系统,社会科学的确可以从生命科学领域汲取很多的营养和启示。有许多人认为:社会科学比较简单,自然科学比较复杂。这个认识无疑是错误的。关于这个问题,我们将在本书最后的余论“自然科学与人文社科的最终统一”中进一步予以详述。在这里,我只强调一点:人类从微观层面认识生命具有天然的难度,因为生命本身是个“黑匣子”,我们很难从外部直接观察到如此微小的基因在微观层面的互动状态;而人类从微观层面认识社会则具有天然的优势,因为我们每个人都是社会的微观个体,所以可以十分方便地了解到人的本性,并观察到人与人之间的互动。但是,这种观察点的巨大反差绝不能证明社会系统就比生命系统简单,因为优点与缺点本来就是相互转化的——虽然人类从微观层面认识生命很困难,但是从宏观层面认识生命就很方便;虽然人类从微观层面认识社会很容易,但是从宏观层面认识社会就很困难了。由此可见,站在生命进化与精神进化的中间点,人类认知的难度其实是在两头的:向微观处认识生命,向宏观处认识社会。很多人自以为十分了解社会,其实他们哪里了解社会,充其量只是在盲人摸象,然后把片面当作全部,把当下当成未来,糊里糊涂混日子,迷迷瞪瞪过一生罢了。毫不客气地说,他们的视野其实十分狭窄,他们仅仅从宏观处了解了一点生命,又从微观处了解了一点社会,然后就把生命当成了自己的内在本质,又把社会当成了自己的外在环境;最后,对自己的生命百般迁就,对我们的社会予取予求。他们完全不了解人的本质其实就是社会,也不了解社会的未来其实就是命运共同体。于是,他们的生命不断膨胀,不断膨胀,而精神却不断向下,不断向下——他们终于活得越来越不像人,而是活得越来越像动物了。

## 生命更迭:生命的传承主要靠基因,精神的传承主要靠教育

前几天,我看到了一条关于中国篮协主席姚明的报道,不过焦点却是他女儿的身高。作为中国最伟大的篮球运动员,姚明的身高达到了 2.26 米,而他的妻子叶莉的身高也达到了 1.90 米。于是猜测他们女儿的身高,自然也就成了一些媒体津津乐道的话题,而答案自然也在球迷们的意料之中——年仅 9 岁的姚沁蕾,身高已经达到了大约 1.70 米。球迷们往往爱国,之所以会关注篮球明星的下一代,其实只是寄托着他们的一种希望,那就是为我们的国家多储备一名篮坛的未来之星。我年轻的时候也喜欢打篮球,不过从来就没有人会来关注我的下一代,因为只要一看我的身高,就知道压根没戏。在主要是比拼生命能力的运动场上,有时候不相信遗传的确是不行的。运动场上固然也需要智慧与汗水,然而一向喜欢说"我命由我不由天"的人们其实都相信,运动场上的某些最重要的东西恐怕真的是在基因里就已经被决定了。然而,这个逻辑可不能随便推广到其他领域。在精神进化已经启动的今天,体育运动其实是人类刻意保留下来的有关于生命进化的某种记忆——跑得更快,跳得更远,举得更重……然而,在主要依靠脑力的其他众多领域里,基因的遗传虽然并非没有作用,但的确越来越难以起到决定性的作用了。如果说生命的传承主要依靠基因的话,那么毫无疑问,精神的传承

主要应该依靠教育。

基因的记忆的确赋予了我们很多生存的本能，然而自从精神进化启动之后，人类开始结盟，大脑开始发育，我们的精神能力就不可能再依靠基因来传承，而是依靠一种伟大的新发明——教育。印度狼孩卡玛拉的故事告诉我们，人之所以为人，就是因为人具有社会性，而社会性基本上是无法依靠基因来传承的，只能依靠教育来传承。达尔文在《论人类的由来》中也探讨了这个问题，他说："如果我们暂时承认德行的倾向是可以遗传的……首先应该是由于这些倾向，在一个家族的若干世代之间，通过长期的习惯、教诲和示范等作用，在心理组织上留下了深刻的印象，而不是由于具备这些德行的一些个人在生存竞争之中取得了更大的胜利。但这种看法终究是有问题的。我是怀疑任何这一类的遗传的。"[1]达尔文的这段话事实上就是在否定人的精神可以通过生命的逻辑进行遗传，他的判断应该是正确的。尽管从理论上讲，社会性的长期发展不可能没有在人类的生命上留下任何烙印——比如有可能导致某个基因发生了某种突变，或者产生了某种甲基化修饰。然而从矛盾的主要方面来看，人类的精神根本就不可能指望通过基因来传承，没有社会化的教育，人根本就不是人，社会根本就不是社会。生物学家经常通过研究同卵双胞胎在不同环境中成长起来之后的异与同，从而判断基因的决定性作用究竟有多强。这当然是一种科学的研究方法，然而也有个别生物学家钻了牛角尖，最后得出结论认为：基因遗传的作用最大，个别家庭环境的作用其次，而共同社会环境的作用几乎为零。比如马特·里德利在《先天后天》中说："从数字上看，西方社会

〔1〕［英］达尔文：《人类的由来》，潘光旦、胡寿文译，商务印书馆1983年版，第186页。

里 20 岁以下的人之中,‘共享环境’对 IQ 相对差异的影响大约为 40%。但在年龄较大的人群中,这个百分比骤降为零。反之,在婴儿时期,基因对 IQ 相对差异的影响为 20%;到了儿童阶段,百分比上升为 40%;在成人阶段,又升为 60%;到中年以后,甚至升为 80%。”[1]这些生物学家的研究当然是有根据的,不过他们很显然是把社会环境当空气了——空气是最经常被我们忽略不计的东西,不过那绝不意味着空气对我们不重要。当我们每个人都拥有空气的时候,空气就不是一种变量,而是一种常量,而常量总是不像变量那么容易引人关注。不过,如果有一天你失去了这个常量,你马上就会明白:原来最容易被我们忽略的,往往才是对我们最重要的。当每个孩子都能够得到教育机会的时候,基因遗传导致的智商差异和家庭环境差异的确有可能被放大为孩子最终表现差异的重要原因。然而,假设有个孩子不幸成了狼孩卡玛拉,那么我们能够十分肯定地说,无论他的父母的智商有多高,基因有多优秀,这个孩子的未来表现一定比不上他的任何一位同学。

由于历史的原因,中国人的宗教情愫一向比较淡薄,大部分中国人的信仰并不在天上,而是在人间——这就是中国人的家国情怀。对于寄托了超越自己生命希望的孩子,中国人是不可能看得破的。既然看不破,那就要看得懂。要知道,我们对孩子的遗传其实是分为两个部分的:生命的遗传主要靠基因,精神的遗传主要靠教育。你的孩子一生出来就与你长得像——没错,那是因为基因在静悄悄地起着作用呢。然而,到目前为止,你仅仅赋予了孩子生命的外壳,却还没有赋予孩子精神的内核——这就好比一个电脑有了硬

〔1〕［英］马特·里德利:《先天后天》,黄菁菁译,机械工业出版社 2015 年版,第 73 页。

件,却没有配上软件一样的道理。通过基因,孩子仅仅遗传了你的生命;只有通过教育,孩子才能遗传你的精神。而只有二者兼备,这个孩子才能真正成为你在这个世界上的"复制品",你的生命和精神才能够在这个世界上真正得以延续。所以,你坚强,孩子也应该坚强;你善良,孩子也应该善良;如果你希望你孩子未来比你做得更好,那就好好教育他,让他比你更坚强,更善良。究竟是虎父无犬子,还是播下龙种收获跳蚤,其实一切都取决于你对他的教育。当然,在精神进化的世界里,教育的意义绝不仅仅限于家庭之内:教育不仅是家庭共同体的精神纽带,也是社会共同体的精神纽带,更是历史共同体的精神纽带。通过教育,人类不仅实现了横向的结盟,事实上还实现了纵向的结盟,就像赫尔德在《论语言的起源》中所说的:"通过教育这一纽带,父母与孩子结为一体;在教育上,每一代人都处在另外两代人之间,担负着自然赋予的双重使命,即接受知识和传授知识。而语言通过教育,也就得到了持续的发展。总之,第一颗人类心灵的第一个思想与最后一颗人类心灵的最后一个思想维系在一起。假如语言于人如同蜂房于蜜蜂一样完全是与生俱来的,那么,人类文明这一最最宏伟壮观的大厦就会骤然倒塌,化为一堆废墟。"〔1〕

〔1〕［德］J. G. 赫尔德:《论语言的起源》,姚小平译,商务印书馆2014年版,第117页。

CHAPTER 05>

# 第五章

# 广义进化的动力机制与模糊边缘

## 动力升级:三层进化的动力机制

现在,让我们再次回到三层进化的广义进化论命题。从物理进化,到生命进化,再到精神进化,广义进化论就像是一座完整的三层楼房,自下而上,依次跃升。之所以要把这三层进化分开,是因为三层进化的动力机制是完全不同的——物理进化的动力机制是力,生命进化的动力机制是复制,而精神进化的动力机制则是自觉。动力机制不同,进化逻辑就不同,因此三层进化是不能混为一谈的。

物理进化的动力机制是力。138 亿年前,宇宙大爆炸发生。对于宇宙大爆炸发生后 $10^{-43}$ 秒之前的普朗克时间里究竟发生了什么,科学家至今也没能告诉我们一个确切的答案。不过对于 $10^{-43}$ 秒之后发生的事情,科学家大致已经给出了他们的答案。按照科学家的说法,宇宙大爆炸的时候,宇宙的四种自然力还没有分开,而是统一成单一的“超力”；大爆炸之后 $10^{-43}$ 秒，引力首先从四种自然力中独立了出来；大爆炸之后 $10^{-34}$ 秒，强核力与其他两种力分离开来；大爆炸之后 $10^{-12}$ 秒，弱核力与电磁力也彼此分离了。至此，四种自然力全部出现在了宇宙之中。接下来的宇宙故事，事实上就是由这四种自然力来主导书写了：随着宇宙温度的不断下降，秩序开始形成，大爆炸之后 $10^{-6}$ 秒，强核力将夸克结合在了一起，形成了质子、中子和其他重粒子；大爆炸之后 3 分钟，在强核力的主导以及弱核力的参与下，质子和中子开始结合成为最简单的原子核；大爆炸之后 38 万年，在电磁力的作用下，氢核和氦核捕捉住了电子，形成了完整的原子；大爆炸之后 1 亿年，在引力的作用下，弥漫在宇宙中的氢-氦云逐渐旋转收缩形成星云。而当星云被引力压缩到一定程度的时候，中心爆发了核聚变，闪耀天际的恒星诞生了。接下来，恒星在引力与光辐射压力的平衡作用下，稳定地进行着核聚变；等到核燃料燃烧完毕之后，光辐射压力消失，大质量的恒星在引力的作用下，塌缩爆炸，形成了超新星爆炸；然后，爆炸的残骸在引力的作用下，又重新收缩形成新一代恒星，然后又进入下一个循环……在这个周而复始的过程中，每一颗恒星都会熔炼出重元素，每一次超新星爆炸都会熔炼出更重的元素。然后，在引力的作用下，包含这些元素在内的超新星爆炸残骸也有可能在相对远离恒星的位置聚集形成行星；而一旦某颗行星刚好处于幸运的“金凤花区域”，并最终孕育出了生命，那么物理进化就算是完成了自己的“使命”——持续了 100 亿年的物理进化如同长征 5 号运载火箭的第一级火箭一般，在燃尽自己的同时，点燃了第二级火箭，从而将进化送入了生命进化的新轨道。可以看出，在物理进化的整个过程中，除了宇宙大爆炸之初的普朗克时间内究竟发生了什么目前尚不得而知之外，之后的全部进化过程基本上都是在四种自然力的作用下推进的。宇宙的物理进化看似一片混沌和混乱,事实上完全是在四种自然力的掌控之下,遵循着力的基本规律进行的——力,无疑就是物理进化的动力机制。

生命进化的动力机制是复制。38亿年前,地球上出现了第一条具备自我复制能力的RNA复制子,从而宣告了生命的诞生;34亿年前,某些复制子进化出了细胞的外壳,单细胞生物宣告诞生,生命的复制游戏从此由复制子的自我复制升级为整个细胞的自我复制;21亿年前,单细胞联合形成多细胞,多细胞生物宣告诞生,生命的复制游戏由单细胞的自我复制升级为多细胞的自我复制。而一旦到了多细胞生命层面,这种复制游戏就具有了二元性:既包括生物体发育时从单细胞到多细胞的自我复制,又包括生物体繁衍时整个生命的自我复制;5.42亿年前,寒武纪生命大爆发,各种复杂生物纷纷诞生,然而推动生命不断向前的根本力量依然是生命自我复制的本能。只不过随着生命的逐渐高级化,这种自我复制的本能也会逐渐高级化,但最终总是通过某种生物算法来实现自我复制的目标;即便是生命进化推进到了出现人类的新阶段,这种自我复制的游戏依然没有结束。原因很简单:因为人类同时具备了生命与精神的双重属性,所以在生命层面上,人类依然摆脱不了自我复制的本能控制,只不过背后的生物算法会因为精神算法的深度介入而变得更加复杂、更加曲折而已。当然了,由于精神进化的发动,人类的精神逐渐超越生命,生命层面的自我复制也就不再成为人类唯一的目标了,不过这是后话了。达尔文的进化论认为,进化是由变异、选择和时间的交互作用推动的。其实,这个理论忽略了一个最重要的因素——复制,生命的自我复制。假设一下,如果生命失去了那种不可遏制的自我复制冲动,变异从何而来?选择又如何作用?要知道,变异本质上就是一种复制错误,可是如果没有复制,那么哪来的错误?而严酷的自然选择之所以没能摧垮生命,难道不正是因为生命本身具有一种不屈不挠的自我复制能力吗?如果生命失去了复制冲动,那么自然选择还有得选吗?我想,达尔文之所以没有强调复制的重要性,不是因为复制不重要,而是因为他也把复制当成空气了——最重要的,最不言而喻的,却又是最容易被忽略的。在我看来,变异与选择只是为生命进化提供了方向,只有复制才为生命进化提供了真正的动力源泉——如果变异与选择是生命进化的方向盘,那么复制就是生命进化的发动机。

精神进化的动力机制是自觉。自从600万年前人猿相揖别之后,人类就独自迈上了精神进化的新征程。正如前文所述,人之所以能够超越所有动物,其根本原因就在于人类相互结盟成了社会。通过结盟,通过社会,人类不仅可以做到横向学习,还可以做到纵向传承,从而使"第一颗人类心灵的第一个思想与最后一颗人类心灵的最后一个思想维系在了一起"。社会性的累积进步推动了人类智能的进化,而社会性的相互依赖又推动了人类情感的进化。然后,高度发达的智能与高度发达的情感的交互作用,终于使地球上第一次出现了一种拥有自觉意识的生命——这种生命能够认识世界,也能够认识自我;能够改造工具,也能够改造环境。这无疑是一次伟大的飞跃:在人类出现之前,所有的生命,包括最强大的大型猫科动物和最聪明的类人猿在内,说到底都只能被动地适应着自然环境的变化,接受大自然优胜劣汰的残酷选择。人类的出现改变了这个游戏规则。关于这点,我们不妨听听当年的朱利安·赫胥黎是怎么说的。他说,"尽管自然选择是指令性原则,但它是盲目行事"。它"从背后推动生命向前发展"。它"在前人类水平上引起了进化的自动化,毫无有意识之目的或目的之意识"。但是与人类水平上的自然选择相对应的是"社会心理选择",它也"充当着一种指令性原则,但它从前面牵引我们向前发展。因为它总是涉及一定的目的意识,一些真实的目的因素"。在社会心理进化中,"选择机制本身也跟其结果一起进化。它是一种目标选择机制,它选择的目标将随着由(我们)不断增长的知识提供的关于世界和人类本质的图景一起变化"。[1] 朱利安·赫胥黎说得一点都没错,自然选择是盲目的,就像从背后推动生命向前发展;而人类选择是自觉的,就像从前面牵引我们向前发展。不仅如此,由于人类的自觉,不仅是选择的过程,甚至连选择的机制和目标本身也都在不断优化之中。如果我们从人类的视角来观察生命进化,就会发现所谓的生命进化简直就是一场极其残酷和无比浪费的灾难——为了通过变异来适应环境的变化,生命进化居然指望基因复制中的偶然错误!天哪,要知道,基因的复制是极其准确的,出错的概率大概只有十亿分之一。指望基因复制错误,简直比中六合彩还难。更要命的是,天知道这么难得的偶然错误是不是就刚好合了自然选择的意?答案是:一切全靠蒙。蒙错了,那就是必然;蒙对了,那就是偶然。

一切全靠蒙的生命进化无疑会产生两个最直接的后果:一是胡乱拼凑;二是大量死亡。生命给人们的印象往往是十分精巧、十分合理的,其实真相绝非如此。今天我们能够看到的所有的精巧与合理,在进化的过程中其实只是一个数值极小的分子,而数值极大的分母则是无数的胡乱拼凑——我们之所以看不到那些胡乱拼凑,是因为它们早已被残酷的选择从我们的视野中抹去了。不过,即便如

〔1〕[美]D. 洛耶编著:《人类动因对进化的冲击》,胡恩华等译,社会科学文献出版社 2004 年版,第 219~220 页。

此,在幸运保留下来的这些精巧与合理中,依然夹杂着那种胡乱拼凑留下来的证据。比如说,生物学家就经常举出喉返神经的例子,以证明生命进化绝不是什么精巧的设计,实在是一个“胡乱拼凑”的过程——喉返神经是大脑控制咽喉运动的神经,它从脑干伸出来,放着直达咽喉的近路不走,偏要往下延至心脏,绕过主动脉再折返回来。原来,当生命还处于鱼类阶段的时候,喉返神经的走向与血管是一致的,都分布在了鳃的部位。然而,随着生物的不断进化,鳃部的血管位置逐渐下移,喉返神经只好老老实实地拉长了跟着血管往下移。于是,在没有脖子的鱼类身上似乎没有什么问题的喉返神经,到了有脖子的哺乳动物身上那可就绕大圈了。而且很显然,谁的脖子最长,谁的喉返神经绕的圈子就最大。于是,长颈鹿很不幸地当选了喉返神经绕圈子世界冠军,它的喉返神经居然绕出一个长达4.56米的大圈子,想想都替它觉得累——这还让不让人好好说话了,难怪有人说长颈鹿是哑巴。当然了,世界冠军归世界冠军,世界纪录可不是长颈鹿的。原因很简单:想一想当年那些蜥脚类恐龙的超长脖子吧——按照生物学家的估算,这些恐龙的喉返神经最长可以达到38米。道金斯在《地球上最伟大的表演》中不无感慨地评论道:“从某种意义上说,人体载满了那些我们称之为缺陷的东西,但从另一种意义上来说,我们是祖先从其他种类的动物演化而来的,在其漫长的历史过程中,那些缺陷是不可避免的妥协的产物。”〔1〕“在你考察任何一个大型动物的内部结构时,你都会得到一个不可磨灭的印象,那就是——它是一团混乱。一个设计师,永远不会做出像绕行神经那样的错误设计;一个像样的设计师,也绝不会导致

〔1〕［英］理查德·道金斯:《地球上最伟大的表演》,李虎、徐双悦译,中信出版集团2017年版,第321页。

任何像下面这样的混乱局面——动脉、静脉、神经、肠、大量的脂肪和肌肉、肠系膜以及更多结构之间的纵横交错。引用美国生物学家科林·皮登卓伊的话来说,这整个事情,不过是当命运敲门之际,从可利用的物件中,出产了临时拼凑起来的混杂物,并且被自然选择以后见之明(而不是先见之明)所接纳。"[1]

其实,在残酷的自然选择面前,胡乱拼凑若是能应付得过去,那已经算是阿弥陀佛了。真正要命的问题是:在这场胡乱下注的赌局中,绝大多数的生命都没有赌赢老天爷,它们都死了。生命进化的逻辑决定了生命进化取得的每一点进展,都必然伴随着生命的大量死亡。原因很简单:被自然选择选中的概率有多低,那么被自然选择淘汰的概率反过来也就有多高。薛定谔在《生命是什么》中说:"自然对生命毫不尊重,仿佛它是世界上最没有价值的东西。它数以百万计地被制造出来,在很大程度上是因为它们经常被迅速消灭或成为其他生命捕食的猎物……施崴哲认为'你不应受到折磨,不应忍受痛苦'。但自然却不知这个戒律,它的物种在无休止的争斗中互相折磨。"[2]道金斯在《地球上最伟大的表演》中写道:"野生动物的痛苦,实在令人发指,敏感的头脑还是不要思考这类事情为妙。达尔文知道这种事情,他在一封写给友人胡克的信中说:'关于笨拙、浪费、愚蠢低级和残忍骇人的自然界的作品,一位魔鬼的牧师写的书,会写些什么呢?'……自然界中每年产生的'痛苦'的总量,大大超过了任何宽容的期望。"[3]

自然选择的"笨拙、浪费、愚蠢低级和残忍骇人",反衬出了人类

〔1〕［英］理查德·道金斯:《地球上最伟大的表演》,李虎、徐双悦译,中信出版集团2017年版,第327页。
〔2〕［奥］埃尔温·薛定谔:《生命是什么》,罗来鸥、罗辽复译,湖南科学技术出版社2016年版,第140页。
〔3〕［英］理查德·道金斯:《地球上最伟大的表演》,李虎、徐双悦译,中信出版集团2017年版,第342~343页。

选择的精准、节约、聪明智慧和人道主义。一句话，生命进化的盲目性，反衬出了精神进化的自觉性。这就是人类高度发达的智能与情感的真正价值所在：既然我们已经具备了理解世界与理解自己的能力，那么就必然会趋利避害，节能减排，以最小的代价换取最大的收益；既然我们已经具备了移情与共振的能力，那么就必然会相互合作，相互依赖，携手构建出越来越大的命运共同体。毫无疑问，在人类精神进化的过程中，自觉始终在起着关键性的引领作用。自觉，无疑正是人类精神进化的动力机制。

这就是三层进化不同的动力机制。那么，这三种不同的动力机制背后还有没有什么共同的规律呢？或者说，既然都被称作进化，那么这三层进化有没有什么共同的特质呢？这个问题其实也是科学家一直在思索的问题。赫尔曼·哈肯在《协同学》中写道："自然界，尤其是动物界和植物界，常以其形态的繁多，结构的精致，以及结构中各组成部分极其巧妙的协作，而使我们惊叹不止。以往，世世代代的人们认为这些结构出自上帝所赐。如今，科学则日益关注这些结构究竟是怎样产生的，是什么力量在起作用的问题……我们基于如下的认识出发：甚至在无生命物质中，新的、井然有序的结构也会从混沌中产生出来，并随着恒定的能量供应而得以维持……激光束的有序排列，液体的蜂窝模式和化学的螺线形波。由此可见，结构的形成是以普遍适用的规律为基础的……从无生命界到生命界，乃至精神世界，我们不断碰到各种结构；我们对此已经习以为常，以致不复意识到其存在的奇妙。"〔1〕

〔1〕［德］赫尔曼·哈肯：《协同学》，凌复华译，上海世纪出版集团2005年版，第1~3页。

协同学关于结构的观点为我们提供了一个很好的启发,那就是世间万物的进化似乎都在遵循着一种规律,一种从无序到有序的规律。物理进化说到底就是粒子在力的作用下的各种排列组合,由于粒子的独特性质,这种排列组合最终必定会呈现出某种规律性,或者说某种秩序——比如说,周期性晶体的形成。到了生命进化阶段,这种有序性很显然发生了一次质变性的飞跃。由于生命具有活性,可以进食,可以代谢,还可以繁殖,从而有能力主动避免因为熵的积聚而导致的无序性。因此,与物理进化相比,生命只需要很少的物质量就足以建立起一个内循环的秩序来。薛定谔说道:“一个生命有机体具有神奇的本领能延缓自己进入热力学平衡状态(死亡)……在有机生命体周期中所进行的一切活动,都显示出一种奇异的规律性和秩序性,这是我们所知道的任何一种无生命物质都无法与之相比的……一个有机体在其身上集中了‘序的流束’,并且从适当的环境中‘萃取序’,从而避免了快速衰退至混沌,这种神奇的能力很可能和‘非周期性固体’——染色体分子——的存在息息相关。毫无疑问,这种固体是人类已知的最为高度有序的原子集合体,其秩序性远远高出普通的周期性固体。”〔1〕生命进化固然是有序性的一次飞跃,然而到了精神进化阶段,这种有序性比起生命进化无疑又有了一次飞跃。如果说一个生命个体本身的确是一种有序性的话,那么生命进化的过程以及生命与生命之间的关系就是一种秩序灾难。从人类的视角来看,生命进化的盲目性带来的大量死亡简直就是一种巨大的浪费。而自觉的介入,无疑可以让人类更好地趋利避害,节能减排,从而以最小的投入获得最大的产出——从某

〔1〕[奥]埃尔温·薛定谔:《薛定谔生命物理学讲义》,赖海强译,北京联合出版公司 2017 年版,第 87~94 页。

种意义上说，物质利益在本质上是排他的：一辆汽车，我使用了，你就不能使用。而精神利益在本质上却是共享的：一个思想，我受益了，你也可以受益。无序造成浪费，有序带来节约，如果有序性的结果是节能减排，是更优的系统效能，那么精神进化无疑具有很大的选择优势。当然，最重要的是，自觉的介入可以让人类深度结盟，相互协作，从而使生命与生命之间的零和博弈走向了人与人之间的正和博弈。从这个意义上说，精神进化的有序性堪称宇宙中最高等级的有序性。三层进化，三层有序性，自上而下，依次跃升。

赫尔曼·哈肯是协同学的创始人，而协同学又是系统科学的重要分支。因此，如果我们对三层进化的“有序性”继续进行归纳的话，那么我们还可以得到一个更加耳熟能详的、更加通俗易懂的关键词——系统。在系统科学的视野里，物理进化的结果是大大小小的物理系统，生命进化的结果是大大小小的生命系统，而精神进化的结果则是大大小小的社会系统。因此，具体地看，三层进化的动力机制似乎是完全不同的；然而抽象地看，三层进化的动力机制其实又有共同之处，那就是对系统性的趋向与追求。只不过由于三层进化的渐次超越，这三种系统的能级也是依次跃升的，因此彼此之间又有着本质的区别。从这意义上讲，系统论与广义进化论必须结合起来，才能够对世界和历史做出准确的描述——如果缺乏广义进化论的支持，系统论很容易将物理系统、生命系统、社会系统、工程系统等形形色色的系统不加区别地混杂在一起，全倒是全了，只是十分杂乱，好比一个缺乏索引的图书馆，或者一个缺乏分类的大仓库。由此可见，如果用一句话来概括，广义进化的本质就是系统的进化。

## 砖头迭代:三层进化的基本单位

盖房子需要搬砖头,广义进化的三层楼房同样也有属于自己的“砖头”,这就是进化的基本单位。由于三层进化具有不同的质的规定性,因此每层进化的基本单位都是不一样的。物理进化的基本单位无疑应该是粒子。随着物理学认识水平的提高,人类对粒子的认识深度也在不断提高之中,然而不管是原子,还是夸克,抑或是轻子,我们身处的物理世界总是由无数粒子在力的作用下构建而成的;生命进化的基本单位无疑应该是基因。尽管生命的形态千变万化,但是不管是动植物,还是细菌,甚至是病毒,这个世界上的所有生命无疑都是由不同的基因在自我复制的冲动下繁衍和发育出来的;而精神进化的基本单位无疑应该是人。既然精神进化的本质是人与人的结盟,是社会的形成,那么很显然,人就应该是构成社会的基本单位。所有的社会,不管是原始社会,还是现代社会,不管是部落,还是国家,无疑都是由数量不等、发展程度不同的人在智能和情感的自觉作用下共同构建出来的。

认识清楚三层进化的基本单位,有助于我们澄清一些重要的问题。首先,需要特别指出的是,这里所称的生命进化的基本单位并不是指自然选择的基本单位:生命进化的基本单位,就好比房子是用一块又一块的砖头砌起来的;而自然选择的基本单位,就好比是对房子的综合性能进行评比——这种评比很显然是针对房子的,而不可能是针对砖头的。自从道金斯的《自私的基因》出版以来,关于生命进化中自然选择的基本单位问题,就一直是生物学家争论的焦点。在达尔文的进化论中,自然选择的基本单位一直都锁定在生物个体身上,而道金斯却将自然选择的基本单位大胆地锁定在了基因身上,他说:“在任何称得上是自然选择的基本单位的实体中,我们都会发现自私性。我们也已看到，有人认为物种是自然选择单位，而另有一些人则认为物种中的种群或群体是自然选择单位，还有的人认为个体是自然选择单位。我曾经讲过，我宁可把基因看作自然选择的基本单位，因为也是自我利益的基本单位……染色体也像打出去不久的一副牌一样，混合以致被湮没。但牌本身虽经洗牌而仍存在。在这里，牌就是基因。基因不会被交换所破坏，它们只是调换伙伴在继续前进。它们继续前进是理所当然的，这是它们的本性。它们是复制基因，而我们则是它们的生存机器。”〔1〕

对于道金斯的这个观点，古尔德十分不满，他说：“无论道金斯赋予基因多大的力量，有一种东西他无法使基因具备，那就是自然选择施加影响时所应有的可见性。选择无法看见基因，无法作用于基因，选择必然需要身体做中介。基因是存在于细胞中的一段DNA，选择看得到的是身体……不可能将身体划分成一个又一个的部分，每一个部分由单一的基因造成。身体上大多数部分的构造与上百个基因有关，而且基因的作用要通过环境千变万化的影响来传递……选择保留或淘汰的是作为整体的生物，因为是身体的各个部分以复杂的方式相互作用，才表现出优势。”〔2〕古尔德的观点无疑是正确的。要知道，物竞天择的时候，动物之间相互比拼的绝对是速度、力量、凶猛和狡诈，绝对是整个生命体的综合效能，自然选择的直接对象，当然只能是生命个体，而不可能是个别的基因。不过，这个结论似乎也还不够完整。因为物竞天择的时候，动物之间也不完全都是单挑，经常还有群殴——比如狮子基本上就是集体捕猎的，而野牛基本上也是集体防御的；虽然大群的角马彼此之间谈不上什

〔1〕［英］理查德·道金斯：《自私的基因》，卢允中等译，中信出版社2012年版，第36~37页。
〔2〕［美］S. J. 古尔德：《熊猫的拇指》，田洺译，海南出版社2016年版，第70~71页。

么合作,但是基因算法让它们聚集在一起,通过万马奔腾的方式,提高了狮子的捕猎难度,从而为自己赢得更大的生存概率。还有,狮子与角马本来就是天敌,基因算法让狮子只要看见角马模样的移动物体,就想扑上去一口咬住它的脖子,才不管你是哪一只角马,也不管你是哪一群角马群里的角马。因此从这个意义上说,这场物竞天择的大戏,的确也带有物种与物种之间对抗的意味。由此可见,自然选择的作用对象,首先是生物个体,有时候也会是族群,甚至会是整个物种。

如此说来,我们倒是可以将自然选择的对象锁定在基因组身上了。要知道,亿万年的生命进化早已让单个基因相互结合成了完整的基因组,整个基因组就是一个命运共同体,一荣俱荣,一损俱损。因此,如果我们非要把自然选择的基本单位从生物个体的层面继续向基因层面抽象的话,那么也不应该将其锁定在单个基因身上,而是应该锁定在整个基因组身上。一个完整的基因组,从微观上看约等于一个生物个体,从中观上看约等于一个族群,从宏观上看约等于整个物种,因此,说自然选择的对象是基因组,还算是一个具有较强解释张力的提法。即便如道金斯所言,某个基因突变导致拥有这个突变的生物个体获得了更大的生存优势,从而导致了该基因的流行,其实细究起来,也不过是该基因所在的基因组的流行,因为单个基因既无法生存,也无法流行,我们完全可以将这种情况视为基因组通过局部改良而获得了一种整体竞争优势。一个基因组就好比是一支篮球队或者一支足球队,永远都不存在哪个球员赢球或是输球的命题,只存在整支球队赢球或是输球的命题,因为这是集体项目,不是个人项目。如果球队输了球,即便个别球员表现得再出色,整支球队最终还是要被淘汰的。NBA 总决赛的 MVP 和世界杯的金球奖按惯例都要颁发给冠军球队的球员,其中道理大概便是如此。反过来,如果球队赢了球,即便个别球员表现不好,甚至有的板凳球员从来都没有上过场,也不会妨碍整支球队登上领奖台,不会妨碍总冠军的每个球员都会得到一枚总冠军戒指。要知道,在人类的基因组中,有97%以上的DNA序列是不表达的,其中大部分都是“垃圾DNA”,如果自然选择的对象真的是单个基因的话,那么自然选择实在也太无能了,居然会容忍这些百无一用甚至有害的家伙“搭了几十亿年的便车”。

其次,认识清楚三层进化的基本单位,还有助于我们澄清精神进化的基本单位问题。道金斯在《自私的基因》里专门探讨了所谓文化进化的“复制基因”问题,他说:“我认为就在我们这个星球上,最近出现了一种新型的复制基因。它就在我们眼前,不过它还在幼年时代,还在它的原始汤里笨拙地漂流着。但它正在推动进化的进程,速度之快已为原来的基因所望尘莫及。这种新汤就是人类文化的汤。我们需要为这个新的复制基因取一个名字。这个名字要能表达作为一种文化传播单位或模仿单位的概念。”〔1〕道金斯最终将这个复制基因取名为meme(觅母,也译作弥母、迷因),他说:“曲调、概念、妙句、时装、制锅或建造拱廊的方式等都是觅母。正如基因通过精子或卵子从一个个体转移到另一个个体,从而在基因库中进行繁殖一样,觅母通过广义上可以称为模仿的过程从一个大脑转移到另一个大脑,从而在觅母库中进行繁殖。”〔2〕

不得不说,道金斯的觅母理论的确令人耳目一新,就像他的自私基因理论一样;不过,同样地,觅母理论也存在很大的漏洞,就像

〔1〕［英］理查德·道金斯:《自私的基因》,卢允中等译,中信出版社2012年版,第217页。
〔2〕［英］理查德·道金斯:《自私的基因》,卢允中等译,中信出版社2012年版,第218页。

他的自私基因理论一样。其实，道金斯自己也意识到了这个问题，他在《自私的基因》中紧接着写道："我要谈谈成功的复制基因的第三个普遍的特性：精确的复制能力。关于这一点，我承认我的论据不是十分可靠的。乍看起来，觅母好像完全不是能够精确进行繁殖的复制基因。每当一个科学家听到一个新的概念并把它转告给其他人的时候，他很可能变更其中的某些内容。我在本书中很坦率地承认特里弗斯的观点对我的影响非常之大。然而，我并没有在本书中逐字逐句地照搬他的观点。"[1]等到2003年出版《魔鬼的牧师》的时候，道金斯很显然还是没能摆脱争议，他写道："我曾经提到过关于迷因思想的两大反对意见：迷因没有足够的复制高保真度，以及没人真正明白迷因在物理层面到底是什么。第三大争论不休的问题是，一个多大的单位能称得上是迷因。"[2]等到2006年出版《上帝的错觉》的时候，道金斯对觅母理论的底气就更不足了，虽然他在书中依旧辩解了一番，不过最后还是退到了底线："文化基因理论的主要目的，就其目前所处的发展的早期阶段而言，并不在于提供一个与沃森—克里克遗传学相当的全面的文化理论。我提出文化基因理论的原初目的，是要抵消这一印象，即基因是世上唯一的进化游戏，不然《自私的基因》一书就有造成这种印象的风险。"[3]当然了，觅母理论也不乏重量级的支持者，威尔逊就是其中之一。他在《知识大融通》中写道："文化的天然成分可以合理假设为语意记忆中按阶层排列的元素，由仍待确定的个别神经线路识别编码。文化单位的主张已经存在了30多年之久，不同的作者为这个最基本

〔1〕［英］理查德·道金斯：《自私的基因》，卢允中等译，中信出版社2012年版，第220页。
〔2〕［英］理查德·道金斯：《魔鬼的牧师》，马岩等译，中信出版社2016年版，第163页。
〔3〕［英］理查德·道金斯：《上帝的错觉》，陈蓉霞译，海南出版社2017年版，第169页。

的元素冠以各样的名称……其中采用最广，也是我投票赞成的冠军用词是'弥母'……但是我建议把弥母的定义变得更狭窄些，并且多少和道金斯的定义有所不同……我们提议文化的单位、现在的弥母，就是语意记忆的节点，以及与它相对应的大脑活动。"[1]

很显然，道金斯和威尔逊都力图为文化进化（也就是本书所说的精神进化）寻找到进化的基本单位，于是他们做了一件对于一名生物学家来说再自然不过的事情：将生命进化的逻辑直接借用到精神进化领域——既然生命进化的基本单位是基因，那么精神进化的基本单位也一定是某种"基因"；既然生命进化的动力机制是复制，那么精神进化的动力机制也一定是某种"复制"。于是，一种想象中的文化复制基因——觅母就这样诞生了。在我看来，觅母理论虽然不能说一点合理成分都没有，但是从根本上说就是错误的，原因也很简单：精神进化的动力机制并不是复制，而是自觉。觅母理论让道金斯最头疼的 bug，就是所谓的觅母严重缺乏复制的高保真度。没错，这就是自觉发挥作用时所必然带来的变动和干扰。在人类高度自觉的作用下，精神领域的所谓"复制"其实根本就不是什么复制，而是人类主动的学习和教育。各种文化信息在学习教育过程中不断得到扬弃，进化速度极快，根本就不是无意识的基因一板一眼的自我复制所能比拟的。学习教育中当然也存在模仿复制的现象，但是从根本上讲，这种模仿复制与基因的复制是完全不同的。在自觉意识的主导下，人类当模仿则模仿，当复制则复制，当创新则创新，当抛弃则抛弃。当一切尚处于量变阶段之时，可能多有模仿复制之事；一旦质变来临，往往就会出现颠覆性的技术和知识，就像当

---

〔1〕［美］爱德华·威尔逊：《知识大融通》，梁锦鋆译，中信出版社 2016 年版，第 194 页。

年胶卷换成了数码,如今燃油换成了电动。这可不是道金斯所说的什么洗牌,而是把桥牌全盘换成了麻将,然后又把麻将全盘换成了围棋,个中逻辑,又岂是基因的复制以及个别碱基的突变所能比拟的?既然精神进化的动力机制不是复制,那么精神进化的基本单位自然也就不是什么“基因”了。因此,恕我直言,道金斯和威尔逊用了那么大的力气去寻找的所谓“觅母”或者“语意记忆的节点”,事实上是一个永远都不会有结果的伪命题。文化基因的提法当然还可以使用,不过说到底,那只是一个比喻而已,它应该存在于文学意义之中,而不应该存在于科学意义之上。

## 不可分割:三层进化的模糊边缘

1839 年,红毛猩猩珍妮在伦敦展出,维多利亚女王曾去观看。女王在她的日记中讲道:那个动物“很可怕,还那么像人,像得令人痛苦而不快”。对一位女王而言,她的每一个举动都建立在这样一种信念之上:教养高于一切,那种令她反感的相似性尤其使她感到不安。达尔文也去看了珍妮,他的体验就不同了,他在日记中以毫不掩饰的拟人手法写道,珍妮充满顽童般的喜悦,“人类傲慢地认为自己是一项杰作……谦虚一些吧,我相信真实情况是他从动物演变而来。”这段话在他发表进化论的 20 年前被记录下来,是对于珍妮带给他的强烈心理冲击做出的回应,对于他而言,她就像是一位突然出现在面前的远亲。[1] 有意思的是,在达尔文的进化论面世之前,人与动物的区别问题似乎并不是一个特别引人关注的问题——对

〔1〕［英］克里斯托弗·波特:《我们人类的宇宙:138 亿年的演化史诗》,曹月、包慧琦译,中信出版社 2017 年版,第 263~264 页。

于很多人来说，这难道不是毋庸置疑的吗？然而，当达尔文的进化论面世之后，界定人与动物之间的本质区别，忽然间就成了人类社会的头等大事——就像是一个骄傲的贵族忽然被一个破落的远亲攀上了亲戚，于是赶紧使出浑身解数来与这个远亲划清界限一般。进化论是如此的科学，以至于除了最保守的神创论者之外，越来越多的人都不得不承认，人类的确应该是由最低等的生命进化而来的。然而，人与动物很显然又是如此的不同，以至于所有的人都相信，人与动物之间的确有着某种本质的区别。那么，这种本质区别究竟是什么呢？——如果我们不求助于神创论，而是求助于科学的话。

科学起初并没有帮到我们，反而让我们变得更加迷惑。马特·里德利在《先天后天》中写道："亚里士多德说，人是天生的政治动物；笛卡尔说，人类是唯一有理智的生物；马克思说，只有我们才能进行有意识的选择。如今，除非要对这些概念进行非常狭隘的解读，才能把古道尔描述的黑猩猩排除在外。圣奥古斯丁说过，我们是唯一能够以性为乐，而不只是为了传宗接代的动物。可是黑猩猩的存在使以上说法不再准确，还有其南方的亲缘族倭黑猩猩更能将这个说法击得粉碎……然后我们又会说我们是唯一能够制造和使用工具的。但是珍妮·古道尔最初便发现黑猩猩会用草杆去吸食白蚁，或碾碎叶子的海绵组织以获取饮水……再后来我们告诉自己只有人类才有文化：通过模仿，人类将一代人的习俗延续承接到下一代。但是，在西非地区的塔伊森林里，那些黑猩猩世世代代以来都教会他们的幼子在石头上用木制的锤子把坚果敲裂开……我们仍然相信，我们是唯一拥有语言的动物。可是我们后来发现猴子也有一套词汇，用于指称不同的食肉动物或鸟类……"[1]真的是好尴

[1] ［英］马特·里德利：《先天后天》，黄菁菁译，机械工业出版社2015年版，第7~8页。

尬啊!无论人类这个骄傲的贵族找到哪个领域来标榜自己的高贵血统,黑猩猩这个穷亲戚都会在科学的帮助下如影随形地尾随而至,一时间搞得人类手足无措。其实,不仅仅是黑猩猩,许多动物都有机会挑战一下人类的自负。新西兰附近的一些海岛上栖息着一种叫黑背鸥的鸟,它们善于歌唱。这些鸟经常唱的歌包括大约 9 支曲调完全不同的歌曲。任何一只雄鸟只会唱这些歌曲中的一支或少数几支,年轻的雄鸟往往能够通过模仿将邻近地盘的小鸟的歌曲学过来。如果这可以称作文化传播,那么文化传播很显然并非人类独有。[1] 有人将苏黎世动物园的阿拉伯狒狒同埃塞俄比亚野生狒狒的行为进行了比较研究,结果显示:野生狒狒身上观察到的动机和声音信号都能在动物园生活的群体身上观察到,然而从动物园群体身上观察到的 68 个交流信号中,有 9 个未能在野生狒狒身上观察得到。这表明动物园聚居地发出的一些信号是另创的,是在现有信号基础上苦心经营的成果。[2] 日本宫崎县的幸岛上有一只天才的猕猴伊莫,它在吃红薯的时候居然懂得在一条淡水溪里清洗红薯,以至于不久之后该种群里的其他猕猴都学会了这个本领。三年后,天才伊莫又有了惊人的创新:它抓了一把混有沙土的小麦,投入海水,然后将浮在水面上的小麦捞了出来,以此来分离出小麦中的沙子。[3]

关于人与动物的区别这个问题的答案,我们在本书的第二章和第三章中就已经进行过正面的阐释,因此这里就不再赘述了,我们只需要温习一下达尔文在《人类的由来》中所说的那句话就可以了——“尽管如此,人和高等动物在心理上的差别虽大,这种差别肯

〔1〕 [英]理查德·道金斯:《自私的基因》,卢允中等译,中信出版社 2012 年版,第 215 页。
〔2〕 [英]凯文·拉兰德:《未完成的进化》,史耕山、张尚莲译,中信出版社 2018 年版,第 106~107 页。
〔3〕 [英]凯文·拉兰德:《未完成的进化》,史耕山、张尚莲译,中信出版社 2018 年版,第 38 页。

定是个程度上,而不是种类上的差别。我们已经看到,各种感觉、一些直觉、各式各样的情绪和才能,例如人用来夸耀自己的仁爱、记忆、专注、好奇、模仿、推理等,在低于人的动物身上,都可以找到一些,有的只是一些苗头,有的甚至已经很发达”。[1] 其实在我看来,人与动物之间难以划出一道截然分开的鸿沟,实在是一件十分正常的事——如果不是这样的话,那就反而不正常了。因为从某种意义上讲,这恰恰正是人类从动物进化而来的确凿证据,同时也证明了这个世界的确如莱布尼茨所说,是由连续性与不可分的点构成的。进化的连续性必然决定了边缘的模糊性,就像道金斯在《地球上最伟大的表演》中所说的那样:“请想一下诞生的‘第一个能人’。她的父母还是南方古猿。她和她的父母属于不同的属吗?这样问真是太蠢了!是的,这的确是蠢话,但实际上并不是这句话的错,错的是我们人类坚持把一切都推入一个有名有分的范畴……正如达尔文自己在《人类的由来》中所说:‘在这不知不觉地渐变的一系列形态中——从一些类猿的生物到现今存在的人,我们不可能将人这个词放置到其中任何一个定点上。’”[2]

三层进化的广义进化论如同一座三层楼房,每层楼房都有截然不同的空间,都能看到不一样的风景,因此它们之间的确是存在质变的。然而,每层楼房之间的边缘的确又是模糊的,因为楼下的天花板事实上就是楼上的地板。我们还真的不好说:这块板子的哪些部分是属于楼下的天花板,哪些部分又是属于楼上的地板?也许,学法律的人会出来说话了:这不就是相邻权问题嘛!简单,我们可

〔1〕［英］达尔文:《人类的由来》,潘光旦、胡寿文译,商务印书馆1983年版,第189页。

〔2〕［英］理查德·道金斯:《地球上最伟大的表演》,李虎、徐双悦译,中信出版集团2017年版,第171~172页。

以在这块板子的中间位置画出一条线来,中线上面的就属于楼上的地板,中线下面的就属于楼下的天花板——法律人往往就是这么解决问题的。不过,如果万一碰上个较真的,也许就要问你了:那这中间线又该属于谁的呢?这个问题没毛病。提醒一下:法律上的所谓中间线事实上只是一种理论抽象,这条线在物理现实中是不存在的。因为在现实中所画的线,总是要落脚到某种真实的物质上来。现在,我们不妨以现实中不可再分的最小尺度——原子来假设一下这条线:假设这块既是天花板又是地板的东西有一条用单原子排列而成的中间线(或许应该称为"中间面"),那么这些原子究竟该属于楼上还是该属于楼下呢?要知道,原子其实就是一群电子围绕着原子核运动的结构,而海森堡量子测不准原理告诉我们,我们不可能同时知道这些电子的动量和位置——换句话说,这些电子在轨道上哪个地方出现只是个概率问题。现在,谁能准确地告诉大家:哪个电子是属于楼上的地板,哪个电子又是属于楼下的天花板?

三层进化的模糊边缘一直是让科学家很伤脑筋的问题。许多物理学家都不愿意承认生命具有非物理学特性,因为在他们看来,生命吹得再神乎其神,追根溯源难道不是由原子构成的吗?既然是由原子构成的,那么追根究底难道不是一个物理学问题吗?而对于许多生物学家来说,他们一方面对物理进化侵入生命进化的霸道想法很是不满,不过转过身来又对精神进化表示了质疑。因为在他们看来,精神吹得再神乎其神,追根溯源难道不是神经细胞在发挥作用吗?既然是神经细胞的事,那么追根究底难道不是一个生物学问题吗?关于精神活动不可还原为物理过程或生命过程的问题,我们将在第六章"狭义进化论引发的错误认知"中进一步予以阐述,这里就不作展开了。

CHAPTER 06>

# 第六章

# 狭义进化论引发的错误认知

## 人非禽兽:社会达尔文主义的错误

现在,让我们再次回到社会达尔文主义的问题上来。进化论在生命进化领域是如此的成功,为什么一旦跨越人文社科的卢比孔河,无论是斯宾塞的社会达尔文主义,还是高尔顿的优生学,结果都是一头栽进河里呛了个半死,无一例外?原因其实十分简单,那就是——立场。生命进化的逻辑是物竞天择,适者生存,因此从本质上说,生命与生命之间是一种残酷竞争乃至于你死我活的关系。唯一的例外,就是在狭小的生殖群的内部,生命基本上还是相互协作的。不过总体而言,那也只是生命的生存本能对繁衍本能所做的最低限度的妥协——如果没有生殖群,生命繁衍不下去,生存也就失去了意义。生殖群内的群居生活当然也会产生一定的互助行为,也会在一定程度上有利于动物的生存,但是从本质上说,只要动物的结盟无法超越生殖群的限制，动物之间的关系就仍然是残酷竞争和你死我活的关系——互相竞争，互相厮杀，争夺生存资料，争夺生存空间，从而赢得自然选择的青睐。所以，简单说，在绵延不绝的生命进化中，每个生命的立场都是——自己。尽一切力量保存自己，发展自己；尽一切力量杀掉对手，战胜对手；只要能够让自然选择青睐自己，管你天崩地裂，管你天皇老子，管你三七二十一——这就是生命在进化中的立场。然而，正是这种极其自私的立场带来的极其残酷的竞争，推动了生命进化的车轮——猎豹必须跑得更快，才能追上羚羊，反之亦然；狮子必须变得更强，才能制服野牛，反之亦然；致病致残的坏基因必将给主人带来厄运，从而被自然选择从这个世界上抹掉，而留下来的好基因总是不断地让生命变得更强、更好。试看今天的大自然，万物竞发，生机盎然，这一切，难道不都是拜进化所赐吗？生命自私的立场又何罪之有？

如果生命进化的这个逻辑可以直接沿用到社会领域，如果生命在进化中的立场可以直接沿用到每个人或每个种族的身上，那么社会达尔文主义就是完全正确的，而这正是斯宾塞和高尔顿的执念——当然了，也正是阿道夫·希特勒的执念。然而，很遗憾，生命进化的这个逻辑不可以直接沿用到社会领域，生命在进化中的立场也不可以直接沿用到每个人或每个种族的身上。原因很简单：人是精神进化的产物，人类社会也是精神进化的产物。正如前文所述，人类之所以能够超越所有的动物，成为地球的新霸主，绝不是因为生命进化让人类拥有了尖牙利爪，而是因为人与人之间结盟形成了社会，从而能够依托社会共同体的力量，相互学习，相互协作，最终获得了超越所有动物的强大力量。这个过程，我们称为精神进化，一种超越于生命进化之上的新进化。所以，我们的答案很简单，那就是:既然人的由来,人的未来,人的本质,都是因为结盟,因为社会,因为共同体,那么我们每个人的立场又怎能仅仅是自己呢?人又怎能为了自己狭隘自私的个人利益而随意伤害他人——我们的同盟者,随意伤害社会——我们的母体呢?如果说生命在生命进化中的立场是自己的话,那么人类在精神进化中的立场就无疑应该是社会。社会达尔文主义的致命错误,就是将生命进化的逻辑直接沿用到了精神进化的领域,将动物的立场直接沿用到了人身上,从而将动物世界的丛林法则错误地引入了人类社会,最后把人降为了动物。无论是社会达尔文主义的错误理论,还是希特勒种族大屠杀的可怕实践,事实上都违背了精神进化的根本规律——他们不是与时俱进的智者,他们是刻舟求剑的蠢人;他们不是进化的潮流,他们是进化的逆流;他们不是进化的信徒,他们是进化的叛徒。

然而,必须要强调的是,社会达尔文主义的破产绝不意味着竞争在人类社会就成了一种罪恶。恰恰相反,无论是过去、现在,还是未来,人与人之间的良性竞争,社会与社会之间的良性竞争,都是十分必要,而且十分有益的。关于这个问题,我们将在第七章"人类命运共同体的进化之路"中予以具体阐述,这里就不予以展开了。在这里先强调一点:竞争与合作是人与人之间关系的两个方面。虽然竞争总是显得那么直观,那么挑动人心,但是人与人之间关系的本质依然是合作,而不是竞争。对于人类来说,竞争只是一种手段,合作才是目的。人与人之间之所以要展开竞争,其目的不是干掉对方,而是促进更好的发展,最终目的还是更好的合作。比方说,市场竞争可以促进企业生产出更好的产品。然而,企业生产出更好产品的目的,依然是要把这些产品卖给其他人,从而在更高的水平上实现交换的目的,或者说,实现合作的目的。所以,说得极端一点:如果没有了合作，竞争就是一文不值的；说得再极端一点：人类可以没有竞争，但是不能没有合作。

顺着这个话题，我们一起辨析一下效率与公平的关系。一般认为，效率与公平是一对矛盾，一个社会不能只顾着效率，而忽略了公平。言下之意，如果有人在竞争中获得优势，那么社会不能任由差距扩大，应该想办法抑制强者，保护弱者，以实现社会公平。这个观点其实是完全错误的，因为在我看来，效率本身就是公平——从某种意义上说，让效率充分发挥作用，既是对强者的公平，也是对社会的公平，还是对弱者的公平。我们不妨假设一下：如果强者有能力做得更好，社会却要故意抑制他的效率，看上去似乎是实现了对弱者的“公平”，但是对这个强者来说公平吗？还有，抑制了强者的效率，导致社会总财富下降，那岂不是对社会的不公平？而且，如果因此削弱了社会对弱者的帮助能力，那岂不是对弱者也是不公平的？所以从这个意义上说，所谓效率与公平的矛盾，本身就是一个伪命题。这个社会真正牵制效率的，其实不是公平，而是立场。从长远来看，我们真正需要关心和用力的，不是如何抑制强者的效率，也不是如何保护弱者的利益，而是如何为社会的竞争规则以及我们每个人的内心植入社会的立场，共同体的立场。换句话说，我们的制度和我们每个人究竟把多少人装进自己的心里？人的本性都是避苦求乐、趋利避害的，这是生命进化为我们每个生命植入的密码，一点都不要觉得奇怪，也不要觉得有什么罪恶感。要知道，避苦求乐、趋利避害的本性不仅是帮助生命生存、繁衍、发展的看家法宝，还是推动人类社会科技进步的基本动力——因为怕冷又怕热，于是人类发明了空调；因为嫌走路麻烦辛苦，于是人类发明了汽车，诸如此类。然而奇怪的是，在这个世界上，却总有一些人会去“自讨苦吃”。比方说,父母养孩子,那是十足的亏本生意:孩子吃你的,喝你的,最后拍拍屁股走人了。你说,这对父母公平吗?然而,可怜天下父母心,又有哪个父母不是一辈子心甘情愿地为自己的孩子奔波操劳?为什么?原因其实很简单,那就是:父母把孩子装进自己的心里了,他们爱孩子——这就叫立场,父母的立场。又比方说,有些人放着自己好好的物质生活不过,却跑到了大山边疆去帮助贫困孩子读书;有些人宁愿冒着生命的危险,也要奔赴地震灾区去参加抗震救灾。为什么?原因其实也很简单,那就是:这些人把这个国家装进自己的心里了,他们爱中国——这就叫立场,中国人的立场。再比方说,2018年,上海市的全口径财政收入大约17,600亿元人民币,留给上海本地的财力其实只有7000亿元,财政转移支付的力度达到了10,600亿元。这种财政安排对于上海这种高效率的地方看上去是如此地“不公平”,可是我们从来也没有听说过上海要闹“分家”。为什么?原因其实也很简单,那就是:上海是中国的上海,中国是上海的中国。以一斑而窥全豹,我们就能够理解:为什么中华民族穿越数千年历史风雨,却依然是一个不离不弃的命运共同体。所以说,这个世界上牵制效率的,从来就不是公平,而是立场,是你究竟爱着谁,是你究竟把多少人装进了自己的心里。

最后,顺便说一说君子和小人的问题。在我们的生活中,常常会遇到两种人:一种人的身段可谓十分柔软,不管当下的体制有多么地糟糕,也不管自己的领导有多么地贪暴,他们都能够毫不脸红地予以迎合,以求谋得一官半职,一旦得逞,立即上下其手,大肆谋取私利;另一种人却总是刚正不阿,管你是体制还是领导,他们都要拿着理想的镜子来对照,结果照得体制很不爽,照得领导很火大。最后呢,当然是胳膊拧不过大腿了,总是碰得头破血流,伤痕累累。

隔岸观火的时候,我们往往会把前一种人称作小人,然后从道义上骂他两句;把后一种人称作君子,然后从道义上赞他两声。不过呢,这种不痛不痒的谴责在小人的心里是掀不起半点波澜的,因为他们自有他们自己的“人生观”:当下的环境就是如此,我努力适应环境,让自己活得更好,何错之有?你们这些迂腐书生,自以为是,最后细胳膊拧得过粗大腿吗?你们懂得什么叫作适者生存吗?还真别说,这种“人生观”听上去还真是有点道理的:物竞天择,适者生存,进化论不就是这么说的吗?谁成功,谁失败,难道不是看谁更能够适应环境,谁活得更好吗?没错,进化论确实是这么说的,只不过那是生命进化的规则,只适合于动物。没错,小人的确就是动物。在他们的心中,没有理想,只有利益;没有未来,只有当下;没有应然,只有实然;没有社会,只有自己。他们的确适应了环境,他们的确活得很好,但是这除了证明他们是一只成功的动物之外,什么都不能证明——动物活在当下,人要开创未来。而那些君子呢,看上去似乎什么都没有,然而在他们的心里,装着一个国家,装着一个天下,装着黎民百姓,装着社稷江山;他们不甘于向不堪的现实低头,不甘于随波逐流,更不甘于同流合污。他们把理想看得比利益更高,他们把国家看得比自己更大,他们把未来看得比当下更重要。虽然他们会受伤,甚至会牺牲,但是他们是人,他们是真正的人。没有他们的坚守,人类就没有光明;没有他们的牺牲,命运共同体就没有未来。他们是人类文明之光的燃灯者,他们是精神超越生命的擎旗手。

## 戏非舞台:社会生物学的错误

从思想根源上看,社会生物学与社会达尔文主义、优生学其实并没有什么本质的区别。高尔顿的优生学在“二战”时期就已经被希特勒带到沟里去了,连带着把社会达尔文主义也拖下了水。不过,只要人类一天没有澄清生命进化与精神进化的关系问题,这个麻烦就一天不会消失。果不其然,到了20世纪70年代,社会生物学又在一片争议声中粉墨登场了。说起来,这真是广义进化论领域的一件趣事:一些心怀物理学帝国主义梦想的物理学家们一直雄心勃勃,随时准备向上攻入生物学的地盘;生物学家们当然对此表示强烈反对,不过他们中的一些人心怀另一个梦想,那就是生物学帝国主义。因此,他们一方面不准备把自己的地盘向下交给物理学家,另一方面又摩拳擦掌地随时准备向上攻入人文社科的地盘——威尔逊就是这样的一名生物学家。

关于物理学帝国主义,我们不妨听听薛定谔当年是怎么说的。他在《生命是什么》中开宗明义地说道:"这个久经讨论的重大问题就是:怎样用物理或化学的方法,解释有机生命体内空间和时间上的各种现象？本书力求阐述和确定的初步答案可概括为:现阶段物理学和化学在解释上述事件中暴露出来的局限性,不能成为否定物理学和化学最终能够诠释这一切的理由。"[1]薛定谔对生命的认识无疑是十分深刻的,不过他的研究也无疑带有明显的物理学烙印,以至于人们把他这方面的科学演讲集统称为《薛定谔生命物理学讲义》。而赫尔曼·哈肯很显然也持有类似观点,他在《协同学》中写道:"物理学自命为卓越的基础自然科学。它研究物质,而由于一切东西皆为物质所构成,因此一切物质的东西必然合乎物理学的规律。可是例如在生物学家中间,就未必总是持有这种信念。活力论者力言,在生物体中还有着它们自己的独特的生命力。在科学家成

〔1〕［奥］埃尔温·薛定谔:《薛定谔生命物理学讲义》,赖海强译,北京联合出版公司2017年版,第5页。

功地把化学反应基本上归结为物理反应(如化学键或原子结构)之后,现今很少有人怀疑,有可能在理论上用物理过程来阐明基本的生物学反应。"[1]

而关于生物学帝国主义,我们不妨来听听威尔逊是怎么说的。他在《知识大融通》中说道:"宇宙内的已知系统中,最复杂的是生物系统,而所有生物现象中,最复杂的是人类的心灵。如果大脑和心灵在本质上是生物现象,那么我们必须仰赖生物科学,才能圆满结合所有的学术分支,上至人文学科,下至自然科学。"[2]当然了,威尔逊最负盛名的著作还是《社会生物学》,在这部杰作饱受争议的最后一章"人类:从社会生物学到社会学"中,威尔逊终于亮出了自己的底牌:"这样宏观地看,人文学科和社会科学都要缩小,成为生物学的专科分支:历史、传记、小说是人类行为学的研究报告;人类学与社会学合并而成为灵长目这一个物种的社会生物学。"[3]"科学家与人文学家应当一起考虑,现在是否应该把伦理学暂时从哲学家手中拿过来,把它生物学化?"[4]"吃掉心理学之后,新的神经生物学将可提出一套长久耐用的社会学原理。"[5]

威尔逊究竟想做什么呢?一句话,他想彻底干掉现在的人文社会科学,然后以社会生物学取而代之。如果说社会达尔文主义是对人文社科的入侵的话,那么社会生物学的雄心就是对人文社科的征服。关于自然科学与人文社科的关系,我们将在本书的余论"自然科学与人文社科的最终统一"中予以阐释,这里就不再展开。而关

[1] [德]赫尔曼·哈肯:《协同学》,凌复华译,上海世纪出版集团2005年版,第6页。
[2] [美]爱德华·威尔逊:《知识大融通》,梁锦鋆译,中信出版集团2016年版,第117页。
[3] [美]威尔逊:《社会生物学》(第4册),薛绚译,左岸文化事业有限公司2013年版,第199页。
[4] [美]威尔逊:《社会生物学》(第4册),薛绚译,左岸文化事业有限公司2013年版,第231页。
[5] [美]威尔逊:《社会生物学》(第4册),薛绚译,左岸文化事业有限公司2013年版,第254页。

于社会生物学在人类进化问题上的基本错误，本书的前面几章内容事实上已经做出了很多回应，如果只用一句话来概括，可以这么说：社会生物学将人的生命属性无限放大，将人的精神属性无限缩小，从而将人类的一切行为和一切关系都还原到了生命属性上，是一种彻头彻尾的生命决定论。我们不妨一起来辨析一个问题，以其一斑，窥得全豹，这个问题就是：生命缺陷带来的精神疾病能够证明精神是由生命决定的吗？

关于生命缺陷带来的精神疾病，最著名的例子大概就是美国的盖奇事件。菲尼亚斯·盖奇是一位年轻的建筑工头，在美国佛蒙特州铁路建设工地上负责爆破岩石。1848 年 9 月 13 日，盖奇正在用一根铁撬把甘油炸药填塞到爆破孔里，一颗火星意外地引爆了炸药。于是，这根长 1.1 米，重 5.04 千克的铁撬就如同一枚穿甲弹般从他的左颧骨下方穿入头部，然后从他的眉骨上方飞出去，带着他的左前部颅骨和相当大一部分的额前叶大脑皮层，在空中飞行了 100 多英尺。盖奇奇迹般地活了下来，在年轻的外科医生哈罗的精心治疗下，盖奇在 10 周后就出院了。虽然头上有个洞，但是盖奇话语如常，思维清晰，可以走路，可以工作，严重的脑损伤似乎对他并没有产生什么影响。然而不久以后，人们就发现盖奇的脾气与从前大不相同了。他本是一个非常有能力的工头，待人和气，彬彬有礼，现在却变得粗俗无礼，习惯性地撒谎，而且缺乏耐心，反复无常。多年以后，人们在研究了更多病例之后，终于得出一个结论：原来大脑的额前叶就是控制动机和情绪平衡的中枢，是额前叶大脑皮层的受损，导致盖奇的精神出现了重大问题。类似这样的例子其实还有很多：比如，阿尔茨海默症是一种严重的痴呆病，患者会出现记忆障碍、失语、失认以及人格变化和行为改变等痴呆表现。1993 年，人们终于发现,如果第 19 号染色体上的 APOE 基因出现了不良形式 $E_4$,就会极大地增加阿尔茨海默症的发病率,从而导致痴呆。又如,亨廷顿式舞蹈症是一种无药可救的遗传病,在 15~25 年的病发期里,患者先是智力轻微下降,随后四肢出现震颤,最后深度抑郁,出现幻觉或妄想症。1993 年,人们终于找到了这种可怕疾病的致病原因,原来是第 4 号染色体的 IT15 基因发生了突变,导致亨廷顿蛋白质的异常积聚,从而损害了部分脑细胞,导致神经系统逐渐退化,神经冲动弥散,最终导致患者痴呆甚至死亡。再如,如果一个人大脑中的血清素水平过高,那么他往往有强迫症的倾向,有洁癖,对事情异常小心,甚至有些神经质,严重的会患有强迫性神经官能症;如果一个人大脑中的血清素水平过低,那么他极易冲动。因情绪失控而实施暴力犯罪或自杀的人,往往缺乏血清素。

在生命科学领域里,这样的例子可谓不胜枚举。拥有如此之多的科学证据,也难怪社会生物学家会认为:精神活动根本就没有那么玄乎,说到底还不是一种生物运动而已。这种观点虽然具有很大的迷惑性,不过并不妨碍它是错的。为了证明精神是由生命决定的,社会生物学家最常用的方法就是反证,也就是用各种病例来反证生命对于精神的决定性作用,然后把精神活动的必要条件无限放大为精神活动的充要条件——当然了,过去有些心理学家在分析精神问题的时候,完全没有考虑到生命的原因,这很显然又走向了另一个极端。在我的理解中,生命与精神的关系就好比是舞台与戏剧的关系。舞台坍塌必定会导致戏剧演出失败,即便是部分坍塌,也必定会导致戏剧演出发生某些严重的问题——舞台对于戏剧的重要性可见一斑。然而,这绝不等于就可以反过来说,戏剧的内容与戏剧的精彩程度就是由舞台决定的——这个结论很显然是荒诞的。

再打个比方，生命与精神的关系还可以比作电脑硬件与电脑软件的关系。电脑的硬件如果出现了某种物理性损伤，的确会在很大程度上影响到软件的正常运行，甚至会导致软件系统的彻底崩溃。但是，这绝不意味着可以反过来说，软件的内容和软件的运行效能就是由硬件来决定的。同理可证，精神本来就是在生命的基础上运行的——生命就是精神的舞台，就是精神的硬件支撑。如果生命尤其是大脑神经系统出现了某种器质性损伤，不管这种损伤是来自外力冲击还是来自基因缺陷，精神活动的正常进行都必然会受到很大的影响乃至于彻底崩溃。但是，这绝不意味着可以反过来说，精神活动的内容和精神活动的精彩程度就是由生命来决定的。

## 微不知著：精神活动不可还原为物理过程或生物过程

在我看来，如果威尔逊能够从舞台对于戏剧的重要性角度来看待生命与精神的关系的话，那么社会生物学就可以成为一门真正的科学，但是威尔逊很显然是不会如此“故步自封”的。他在《论人的本性》中说：“无论我们的语言和文化多么灿烂，无论我们的思维多么丰富和微妙，无论我们的创造力多么强大，我们的心理过程依然是大脑的产物，而大脑正是在自然这块铁砧上用自然选择这把锤子锻造而成的。人脑的能力和特性带有它们起源的印记……研究社会科学和人文科学的一些学者愿意尊重这种看法，或者已经用各种形式表达过这种看法。就像物理学是化学的基础（后来又衍生了物理化学）、物理学和化学是生物学的基础一样，生物学应该作为这些学者们研究领域的基础学科，这么说是合乎逻辑的。”[1]

---

〔1〕［美］爱德华·O. 威尔逊：《论人的本性》，胡婧译，新华出版社 2015 年版，第 6 页。

威尔逊是一位知识十分渊博的生物学家，他的涉猎十分广泛，不仅获得过许多科学奖荣誉，而且还以《论人的本性》和《蚂蚁》两次获得了普利策非虚构类图书奖。按道理，他是一位最具备综合能力的科学家，就像他自己所说的："知识渊博的科学家要研究三个学科，即他自己的专攻学科（比如化学），下游的对立学科（物理学）以及将其专攻学科作为对立学科的学科（生物化学）。"[1]然而，十分遗憾的是，威尔逊在积极倡导不同学科知识相互借鉴、相互融合的同时，却不能摆脱对生物学的过度依赖和过度偏好，以至于将社会生物学的主张扩张到了令很多人都无法接受的程度。他所说的生物学应该成为人文社科的"基础学科"，可不是指我们刚才所说的那种舞台式的基础，而是认为生物学应该成为研究人和社会的关键性学科。认真研究威尔逊的思想，你就会发现，威尔逊之所以会产生这种错误，其根本原因还在于"还原论"。

还原论乃是西方科学思想的一个痼疾，它肇始于现代科学的分析主义，最终却走上了过犹不及的不归路。系统论的创始人贝塔朗菲说："机械论的观点认为，物理粒子的运动是终极真相，这个观点源于一个崇拜物理技术的文明社会，而这些物理技术至今已导致了许多灾难。"[2]在三层进化的广义进化结构中，精神进化是奠基于生命进化之上的，而生命进化又是奠基于物理进化之上的。有道是，"基础不牢，地动山摇"。也许正是因为基础的重要性，所以在上下层进化的关系中，下层级的进化也就因此拥有了对上层级进化的某种"心理优势"——这大概也正是物理学帝国主义与生物学帝国主义之所以会产生的原因所在。而物理学由于处于最基础的位置，因

---

〔1〕［美］爱德华·O. 威尔逊：《论人的本性》，胡婧译，新华出版社 2015 年版，第 8 页。

〔2〕［美］杰拉尔德·温伯格：《系统化思维导论》，王海鹏译，人民邮电出版社 2015 年版，第 15 页。

此在某种意义上也变得最为自信。萨米尔·奥卡沙在《科学哲学》中说:“物理学通常被看作所有学科中最为根本的。为什么呢?因为其他学科所研究的对象最终都是由物理微粒构成的。以生物体为例。生物体是由细胞构成的,细胞本身是由水、核酸(如DNA)、蛋白质、糖、脂类(脂肪)组成的,所有这些都是由分子或长分子链结合在一起构成的。而分子是由原子构成的,原子是物理学上的粒子。所以,生物学研究的对象最终就是非常复杂的物理学实体。同样的情况也适用于其他科学,甚至社会科学。以经济学为例。经济学研究的是市场上企业和消费者的行为,以及这种行为的后果。然而消费者都是人并且企业也是由人组成的;人是生物体,因此也是物理学实体。”〔1〕

这就是所谓的还原论。从系统论的角度看,还原论的根本错误就在于忘记了什么叫作“整体大于部分之和”。系统虽然是由众多的系统要素组成的,但是系统一旦形成,就具有了某种不可还原的系统质。如果系统解构,那么这种系统质也就会随之消失;如果某个要素脱离系统,那么它的身上也就不再具备这种系统质了,这就像黑格尔所说的那句话:“割下来的手就不再是人的手。”杰拉尔德·温伯格在《系统化思维导论》中说:“生物学和社会科学不像物理学那样‘成功’,它们不能随意将眼前的世界切割成小块,因为它们拿到的东西是不可分割的。”〔2〕事实上,即便是纯物理学领域,彻底的还原论也是行不通的。稍有科学常识的人都应该知道,物质的性质包含了1个分子所显示的性质和整个分子集团所显示的性质。熔点、沸点是许多分子结合成一个集团才表现出来的性质。无论人们

---

〔1〕［英］萨米尔·奥卡沙:《科学哲学》,韩广忠译,译林出版社2013年版,第53~54页。
〔2〕［美］杰拉尔德·温伯格:《系统化思维导论》,王海鹏译,人民邮电出版社2015年版,第17页。

怎样正确仔细地研究一个分子，都不可能知道什么叫作熔点，什么叫作沸点。物理学都已经如此，更何况是生命科学。在我看来，生命不可还原为物质的那个系统质，就是自我复制——虽然 DNA 的确是一种大分子，但是自我复制这个生命特性却不可能从还原之后的每个粒子中找到；同理可证，精神不可还原为生命的那个系统质，就是自觉意识——虽然大脑的确是一种生命器官，但是自觉意识这个精神特性却不可能从还原之后的每个细胞中找到。那么，说来说去，意识究竟是个什么东西呢？用美国神经生物学家罗杰·斯佩里的话来说，意识其实就是突现特征，就像椅子所拥有的外形特征，我们在这个大世界看时，椅子的特征很明显，但是如果我们凑近去看，这种特征就消失了。眯起眼睛看，我们看到组成椅子的分子并没有椅子的特征和性质。斯佩里是第一个描述左右脑各有分工的人，他描述了意识：意识无法被化简为物理过程，它是大脑工作足够复杂时出现的产物；但如果把大脑的物理复杂性拆走，意识也会随之消失。[1] 斯佩里说得没错。他所理解的意识，其实就是精神进化给大脑神经系统带来的那种不可还原的系统质。平克在《白板》中说："如果有人真的相信社会学、文学或者历史学能够被生物学取代，那么他的思路为什么要停在那里呢？生物学是以化学为基础的，而化学又是以物理学为基础的，如此一来，人们就不得不从电子、夸克的层面来分析第一次世界大战的原因。即第一次世界大战什么都不是，只是由无数夸克构成的极其复杂的运动模式，但按照这种方式来描述并不能为我们提供任何见解。"[2]

---

〔1〕［英］克里斯托弗·波特：《我们人类的宇宙：138 亿年的演化史诗》，曹月、包慧琦译，中信出版社 2017 年版，第 280 页。

〔2〕［美］史蒂芬·平克：《白板》，袁冬华译，浙江人民出版社 2016 年版，第 81～82 页。

还原论的错误其实还不仅于此。在我看来，目前所有对还原论的批评，都集中在了一个层面上，那就是：还原论将精神活动理解成了生命活动。其实，还原论的错误还体现在另一个层面上，那就是：将精神活动仅仅看成个人的事情。正如前文所述，如果每个人的大脑事实上都是社会超级计算机的一块芯片，那么每个人的精神世界就必然是人类社会整体精神世界不可分割的一部分。换句话说，一个人的精神本质上并不是一个独立的系统，而是组成人类社会整体精神世界的一个系统要素。所以，不管是把一个人的精神活动理解成生命过程或者物理过程，还是把一个人的精神活动完全当成个人的事情，事实上都是一种还原论错误。真相是：这个社会的每个人其实每时每刻都在与自己的社会母体进行着信息链接和信息交换，也每时每刻都在与这个社会的其他人进行着信息链接和信息交换。社会如云端，个人如终端。依托着社会母体的云端信息能力，每个终端无时无刻不在吸取着源源不断的信息，因而也无时无刻不在形塑着自己的精神世界；同时，由于不同终端之间的信息交互，每个终端的精神活动也都不可避免地会受到其他终端的各种影响。想象一下这个互动结构和互动过程的复杂程度，再回过头来读读威尔逊的话，你就知道社会生物学究竟错在哪里了——“要使纯粹现象学的东西转为社会学的基础理论，必须先等到人脑的神经功能彻底清楚。唯有把这个装置在纸上拆卸开来，分析到细胞的层次，而且能重新装回原状，才可能完全理解人类的情绪与道德判断有些什么属性。然后便可以用模拟的方法来估算行为反应共有多少种，以及其自体调节的精确度。至于紧张压力，可以按神经生理上扰动与放松的时间来评估。认知过程可以转成电路系统。学习与创意也可以界定为认知装置特定部分的变动。”[1]

对于那些沉溺于还原论而不可自拔的人，我很想推荐他们了解一下诺贝尔物理学奖获得者李政道的观点。李政道说：“在大约100年前，汤姆孙发现了电子，从那以后影响了我们这个世纪的物理思想，即大的是由小的组成的，小的是由更小的组成的，找到了最基本的粒子就知道最大的构造。这个思想不仅影响到物理，还影响到本世纪生物学的发展，要知道生命，就应研究它的基因，知道基因就可能会知道生命。现在我们发现事情并非如此简单。小的粒子，是在很广泛的真空里，而真空很复杂，是个凝聚态，是有构造的。也就是微观的粒子和宏观的真空是分不开的，这两个必须同时处理……我觉得，基因组也是这样，仅是基因并不能解开生命之谜，生命是宏观的。20世纪的文明是追踪微观的。我认为，在21世纪，微观和宏观应该结合成一体……20世纪是越微小越好，我们觉得小的是操纵一切的，而我猜测，21世纪将要把微观和宏观整体地联系起来，这不仅会影响物理，也会影响到生物学的发展。”[2]李政道说这话的时候，这个世界正处在20世纪的末期。如今，21世纪已经过去了20年，把微观和宏观整体地联系起来这件事，我们能做到了吗？

## 空中楼阁：人工智能不可能超越人类

人工智能（AI）是当今社会的三大尖端科技之一，也是当今社会的热门话题之一。关于人工智能，圈内的行家不知道有多少，圈外的评论家也不知道有多少，以我这个外行的认识水平，根本就凑不

[1] [美]威尔逊：《社会生物学》（第4册），薛绚译，左岸文化事业有限公司2013年版，第253~254页。

[2] [美]李政道：《展望21世纪物理学的发展》，载《蔚蓝的思维——科学人文读本》，上海教育出版社2005年版，第212页。

起这个热闹。不过,既然本书是研究进化问题的,那么有个问题倒是可以小小参与一下,那就是:人工智能的发展是不是一种精神进化?或者更直接一点:人工智能会不会超越人类,取代人类,甚至消灭人类?

我的答案是不可能。我知道这个答案可能有点反主流。记得1997年IBM的“深蓝”战胜国际象棋世界冠军卡斯帕罗夫的时候,中国的一些围棋高手似乎颇有点不屑,理由是:国际象棋的变化太少了,如果换做围棋,361个点上都有落子的可能性,每次落子又要面对新的可能性,中间还有提子、打劫、倒扑等各种变数,如此庞大的计算量,绝非国际象棋所能比拟。不过,打脸总是比想象的来得快一些。2016年,在全世界瞩目的围棋人机大战中,谷歌的Alpha Go以4比1战胜了围棋世界冠军李世石;一年之后,Alpha Go又以3比0干净利落地剃了世界围棋排名第一的柯洁一个大光头,全世界一片哗然。要知道,从1946年冯·诺依曼发明第一台电子计算机开始算起,人工智能满打满算也不过发展了几十年时间,居然就取得了如此令人瞠目结舌的成就,若是再给它一点时间,人工智能究竟会干出什么事来,那真的只有天知道了。所以,面对这种爆炸式发展的新事物,最明智的办法还是赶紧让开道,连声说道:“你厉害!你厉害!”只有那种自不量力的蠢人才会跳出来拦在它面前说:“不可能!”现在,我好像就成了这样的一个蠢人。

我不想探讨深度学习法,也不想探讨递归的自我改进,因为这些我都不懂,就算懂也只是懂个皮毛。今天有那么多的人工智能专家,哪个不比我懂行?我之所以会跑到一个陌生的领域说一声“不可能”,是因为我认为有个重要的问题需要提醒大家好好研究一下,那就是:这个世界真的会出现一种没有生命基础的精神进化吗?

我相信人工智能未来还有很多困难的问题需要解决,比如常识问题,比如综合能力,等等。不过,我认为其中大部分问题可能最终都拦不住人工智能的发展。因为只要是涉及理性计算的问题,我相信人工智能应该还是有机会找到方法来解决的,就像当年的 Alpha Go 出人意料地用深度学习法赢了李世石一样。所以,我的意思是:如果我们仅仅从智能的角度来界定人工智能的话,那么未来的人工智能即便还有很多不如人类的短板,但是它们的长板有可能会长到足够的长,以至于人工智能未来真的有可能从弱人工智能走向强人工智能,甚至走向超人工智能。既然如此,为什么我又会认为,人工智能不可能超越人类,取代人类,甚至消灭人类呢?答案其实很简单:人工智能没有自己的生命,没有自己的情感,没有自己的目标,所以它没有理由。在本书前面几章的论述中,我们已经得出了几个结论:人的本质是生命与精神的共振,精神的本质是智能与情感的共振;人类不是用智能来驾驭情感的,而是用情感来驾驭智能的;智能不是情感的主人,智能只是情感的助手。关于智能与情感的关系问题,我们不妨可以复习一下平克在《心智探奇》中是怎么说的:“情绪是给大脑确立最高级别目标的机制。一种情绪一旦在恰当的时刻被引发,就会引出大量的子目标和再下一级的子目标,我们将其称为思考和行动……许多人工智能研究人员相信,机器人要想做到自由行动,就需要被设计加入一些类似情绪的程序,使它们在任何时候都知道下一步该怎么做。”[1]加来道雄在《心灵的未来》中也是这么说的:“人工智能研究者开始认识到情感可能是人类意识的关键。像安东尼奥·达马西奥博士这样的神经科学家发现,前额叶

---

[1] [美]史蒂芬·平克:《心智探奇》,郝耀伟译,浙江人民出版社 2016 年版,第 378 页。

(负责理性思维)与情感中枢(如边缘系统)的连接发生损坏时,病人就不能进行价值判断。即使进行最简单的决策(买什么东西,什么时候约会,用什么颜色的笔),他们都会陷入瘫痪,因为每件事对他们来说都具有相同的价值。因此,情感并不是什么无关紧要的奢侈品,它有着绝对的重要性,没有情感,机器人就无法确定什么是重要的和什么不是重要的。所以,情感现在不再居于人工智能研究的边缘,而是占据了中心地位。"[1]

全世界的人工智能研究者在机器人的智能问题上忙活了半天,最后才突然发现:没有情感的机器人,即便再聪明也是个"白痴",因为一旦脱离了人类的指令,它自己就不知道该干什么了。原来,没有情感,就没有动力,就没有价值,就没有目标,就没有自我,就没有立场。这可不是一件小事情,这等于是在说:如果人工智能没有自己的情感,那么无论它的智能有多么厉害,都不可能真正取代人类,或者消灭人类。原因很简单:它为什么要这么做?一个无欲无求的"佛系人工智能"为什么要这么做?麻烦先给我一个理由。

不出所料,人工智能研究者对此的回应是:为人工智能编写一个情感程序,或者说,为人工智能植入人工情感。虽然这件事目前看来毫无进展,但是并不妨碍人们对此保持乐观的期待。不过,请允许我在这里先泼上一盆冷水。我的判断是:如果情感真的可以人工植入的话,那么缘木基本上也就可以求到鱼了。不要忘了,真正的情感是源于生命深处的呼唤,它是生命自我保护、自我发展与自我复制本能的不可阻遏、不可剥夺的强烈表达,是"三位一体大脑"自下而上与自上而下共振的结果,也是生命与精神共振的结果。不

〔1〕［美］加来道雄:《心灵的未来》,伍义生等译,重庆出版社 2015 年版,第 204 页。

管人类的情感是由生物算法自下而上地发动,还是由精神算法自上而下地发动,最终的结果都是自上而下与自下而上的交融,都是生命与精神的共振。因此,真正的情感永远都离不开生命的参与。当我们沉思的时候,我们往往会忘记了身体的存在;而当我们动情的时候,身体却是高度参与的——感动得流泪,生气得发抖,害怕得心乱跳,嫉妒得胃都疼了……一句话,情感具有强烈的生命属性,如果没有生命,就不可能会有情感。为人工智能编写情感程序,或许真的可以获得某种"人工情感",不过那根本就不是真正的情感,追根究底还是一种别样的人工智能而已。加来道雄在《心灵的未来》中就描述了这种情感程序的逻辑:第一,最容易的部分是通过分析人的面部、嘴唇、眼眉和声调等符号来识别情感。第二,机器人必须能够对这种情感作出快速反应。第三,也许是最为复杂的,因为它关乎确定原始情感背后的潜在动机。第四,机器人确定了情感来源之后,它需要作出相应的反应。[1] 听听,这哪里是什么情感,这分明还是人工智能嘛。我们要的情感,应该是能够自己为自己设定目标的冲动,是无须任何外在指示就懂得自我保护、自我发展和自我复制的本能。而这种本能和冲动,只可能源于生命,不可能源于人工,也不可能源于智能。从这个意义上说,为人工智能植入情感本身就是一个悖论:既然情感不可能源于人工和智能,那么人们怎么可能用自己的人工和智能为人工智能植入情感呢?即便植入了,到头来也只能是个假情感,不可能是个真情感。

这就是人工智能的死穴——没有生命。炎炎夏日,蚊虫众多。如果你被一只蚊子叮咬了,生气地起身去追打它,放心,这只蚊子绝

---

〔1〕[美]加来道雄:《心灵的未来》,伍义生等译,重庆出版社2015年版,第207页。

对不会让你轻易得手的。虽然它的头部只有一个连脑都算不上的总神经节，但是在生存本能的驱使下，这只蚊子立即就会开启逃生模式，只见它时而迂回，时而冲刺，时而飞行，时而隐蔽。不费点力气，你想打死这只蚊子还真不容易——这就是生命，无论生命有多么高级，还是有多么低级，都有属于自己的不依赖于任何外在指示的元目标，那就是：生存与繁衍。现在，如果你去追打一个具有人工智能的机器人，准备把它毁了，那么，这个机器人会有什么反应？它会逃生吗？它会保护自己吗？我觉得不会。原因很简单：它为什么要逃生？为什么要保护自己？如果它会逃生，会保护自己，那一定是因为你为它植入了逃生和保护自己的程序。没错，没错，是你植入的，不是它本身具有的。这意味着什么呢？这意味着：人工智能的元目标其实是由人类设定的，人工智能最终的动力机制其实是人类的自觉，而不是人工智能的自觉。而只要人工智能的终极动力依赖于人类的自觉，那么从本质上讲，人工智能就永远不可能脱离人类的控制，它们永远不可能像电影《终结者》所幻想的那样，在某个奇点时刻突然获得自我意识，然后发动了一场对人类的战争，进而超越人类，取代人类，甚至消灭人类。顺便说一句，缺乏生命不仅让人工智能与情感无缘，甚至还会影响到它的智能进化，因为生存压力本身就是智能进化的巨大动力——为了求生存，不管是动物还是人类都是要拼命动脑子的。所以，尽管与情感相比，智能似乎具有更多自上而下的属性，但是自下而上的逻辑从来也是智能进化的应有之义。人工智能缺乏生命自下而上的推动，仅仅依靠人类自上而下的推动，极有可能导致智能进化的逻辑链漏洞百出，从而以各种意想不到的方式迟滞人工智能的发展速度。这个问题如果想不明白的话，那就参考一下计划经济与市场经济的关系吧。

正如前文所述,三层进化就像一座三层楼房,自下而上,渐次超越。生命进化是建构在物理进化基础之上的,精神进化又是建构在生命进化基础之上的;物理进化的动力机制是力,生命进化的动力机制是复制,而精神进化的动力机制是自觉。从本质上说,一个人就是这样的一座三层楼,他同时具备了物理属性、生命属性和精神属性——从物理属性上看,一个人的确是由无数粒子共同构成的物理存在;从生命属性上看,一个人又是由50万亿到70万亿个细胞有机组成的生命体;而从精神属性上看,一个人无疑还是一个高度自觉的精神世界。完全可以理解,如果缺少了任何一层楼,这个人就不是一个真正意义上的人了——没有了精神属性,他就是一个植物人;没有了生命属性,他就是一具尸体;没有了物理属性,他连尸体都没有了。现在,问题来了:你见过只有一楼和三楼,却没有二楼的楼房吗?一楼存在,二楼缺失,三楼悬空——你见过这样的楼吗?如果你从来没有见过,如果你觉得这不可能,那么我告诉你,人工智能就是这样的一座楼,有一楼,有三楼,却没有二楼;换句话说,有物理属性,有精神属性,却没有生命属性。这是什么鬼啊?其实哪有什么鬼。印度的大街上常有苦行僧在表演悬浮术,不过若是把他的袍子扯下,你就会发现其实是有受力点支撑的。人工智能就是因为裹了这么一件袍子,才搞出这么多疑神疑鬼的事来。其实扯下袍子你就会发现,人工智能根本就不是自我进化的产物,它在本质上就是人类精神进化的产物。人工智能是人类的精神自觉到达一定程度之后爆发出来的一种特殊产物,是人类精神世界不可分割的延展部分。它根本不是独立悬空的三楼,而是人类三楼的一个挑空悬挂建筑物——正是由于它的延展,人类的精神世界得以大大拓展。然而,无论人工智能的印度悬浮术表演得有多么逼真,它的终极受力点,依然是牢牢连接在人类的三楼上的。

这就是人工智能的真相。在我看来,只要不具备自我进化的能力,人工智能对人类的挑战在本质上就是可控的。从某种意义上,我们甚至可以这样说:看似洪水猛兽的人工智能对人类的威胁可能还不如小小的病菌和病毒来得大。无论人类对病菌和病毒有多么的讨厌和提防,它们都会不屈不挠地繁衍自己,进而给人类造成巨大的麻烦。可别把蚊子腿不当肉,病菌和病毒再小也是生命,生命的本能就是自我复制——它们才不管你人类高兴不高兴呢。如果人类想方设法杀死了它们,放心好了,用不了多久,它们就会以突变体的形式卷土重来,真是令人防不胜防。其实,在这场漫长而残酷的战争中,人类从来就没有真正赢过病菌和病毒,过去没赢,现在没赢,未来应该也不可能赢。说一句长他人志气灭自己威风的话:如果非要给这场战争押个宝的话,我可能会押病菌和病毒最终会赢——所以,小心点,人类!然而,这个问题在人工智能身上就完全不存在了。人工智能不是生命,它们没有自我复制的本能冲动,没有保存自己、发展自己和繁衍自己的本能冲动,也没有为了捍卫自己的这些本能冲动而不顾一切地杀死所有敌人的本能冲动。只要我们能够确认这个问题,那么人工智能本质上就是一个可控的命题,除非我们在为它输入元目标的时候愚蠢地犯错了。这个元目标,就是人工智能这个挑空悬挂建筑物连接在人类三楼上的终极受力点。说白了,就是人类究竟应该让人工智能为人类干什么。如果这个受力点出现问题,那么人工智能这座挑空悬挂建筑物必将灾难性垮塌。

这才是人工智能真正的危险——输入错误的元目标。比方说,直接或间接地输入了消灭人类或者毁灭世界的指令,同时还对这种毁灭性指令缺乏应有的防护手段。随着技术的进步，未来的人工智能完全有可能具备毁灭一切的超强能力，如果人类真的愚蠢到再赋予它一个毁灭一切的意愿的话，那么对不起，《终结者》的故事的确是有可能在现实中发生的，就像麻省理工学院物理学教授迈克斯·泰格马克在2015年发表的《自动化武器——致人工智能与机器人研究人员的公开信》中所说的那样："不用等到几十年后，自动化武器就会带来很大的风险：继火药和核武器之后，它被认为是第三次武器革命……人类今天面临的一个重要问题，是展开一场全球人工智能军备竞赛，还是努力阻止它发生？"〔1〕如果从这个意义上说，人们对人工智能可能毁灭人类的担心并非杞人忧天。本书的论述无非是想告诉大家，人工智能是不可能自己进化成人类杀手的，除非人类自己把它变成了人类杀手，或因为故意，或因为过失。由于缺乏自己的元目标，人工智能即便能力再强，也只是依附于人类的工具，而工具是不可能主动消灭人类的。如果有一天工具真的消灭了人类，那么一定是人类用工具消灭了人类，或因为故意，或因为过失。从这个意义上说，人类用人工智能消灭人类，与人类用手枪或者导弹消灭人类，其实并没有什么本质区别——子弹是不会计算的武器，导弹是会半计算的武器，而人工智能则是会计算的武器，仅此而已。为人工智能注入消灭人类的指令，就如同人类亲手按下了毁灭世界的核按钮，错不在人工智能，错不在核弹，错在人类。所以我相信，少一点对人工智能的恐惧，多一点对人类的恐惧；少一点对人工智能会突然失控的担心，多一点研究人工智能领域的"核按钮"究竟是什么，也许才是对人工智能时代更正确、更负责任的态度。

---

〔1〕［美］迈克斯·泰格马克：《生命3.0》，汪婕舒译，浙江教育出版社2018年版，第151页。

顺便说一句，常有人将人工智能称为“硅基生命”，这是典型的张冠李戴。我们知道，地球上的所有生命都是碳基的。自然选择之所以会选择碳作为生命的基础，是因为在化学元素周期表中，碳的多用途和灵活性是其他所有元素都无法比拟的。碳原子拥有 4 个外层电子，可以用于形成化学键。这就好比每个人都有四只手，可以彼此手拉手形成十分复杂的结构一样，碳原子因此具有很大的潜力，可以构成各种复杂的长链碳分子，从而为 DNA、氨基酸和蛋白质的出现提供了可能。不过，爱开脑洞的科学家们从来就不会放弃思考一个问题：这个宇宙除了碳基生命之外，还有没有可能会有其他的生命形式呢？于是，化学元素周期表中与碳同列的硅元素就进入了科学家的视野。硅原子也拥有 4 个外层电子可以用于形成化学键，理论上也有构成长链大分子的能力。不过，与碳的亲和力和灵活性相比，硅可谓相形见绌。比方说，碳可以与最常见的氢形成 29,019 种化合物，而硅只能与氢形成 55 种化合物——这就不是一点点的差距了。因此，硅基生命不仅在地球这个水的星球上不可能存在，即便是在宇宙的其他地方，硅基生命存在的可能性也是极其微小的，甚至微小到了近乎理论上的存在——然而正是这一点点理论上的存在，给了全世界科幻迷们大开脑洞的机会。不过，我在这里想要说的是：即便这个宇宙的某个角落真的存在硅基生命，人工智能也绝对不是硅基生命。原因很简单：人工智能不是生命。与科幻世界所描绘的用硅化合物来构建真正生命的硅基生命相比，人工智能根本就不是一种生命，只是因为人类刚好是在硅晶圆上刻蚀大规模集成电路，而硅基芯片又让人工智能变得聪明，于是有人就开始张冠李戴了：这不就是以硅为基础的生命吗？简称——硅基生命。完全搞错了。要知道，此“硅基生命”非彼硅基生命，如果彼硅基生命是一种理论可能的话,那么此“硅基生命”就是一种理论误读。在真正的硅基生命(如果有的话)那里,硅是具备生命属性的;而在硅基芯片这里,硅只具备物理属性,不具备生命属性,两者是完全不可同日而语的范畴。

## 森林火把:科幻杰作《三体》的光与影

2015 年 8 月 23 日,中国科幻小说《三体》获得了第 73 届雨果奖最佳长篇小说奖。雨果奖 1953 年由世界科幻协会设立,素有科幻界的诺贝尔奖之称。因此,《三体》的获奖在中国科幻界引发了轰动效应。在《三体》的三部曲中,作者刘慈欣凭借自己强大的硬科幻能力以及高超的文学叙事水平,赢得了一大批中国科幻迷的热烈追捧,其中自然也包括了我这个科幻迷。《三体》的故事主线大致上是这样的:在距离太阳系 4 光年的半人马座三星系上生存着一个科技水平远超人类的三体文明。然而,由于三星系的无规律运行,导致三体人的生存环境极其恶劣,因此一直希望寻找到合适的星系进行星际移民。而地球上恰好有很多人对人类的人性彻底绝望,希望通过引入更高的文明来改造地球,改造人类,因此主动暴露了地球的坐标,以迎接三体人的入侵。跨越 4 光年的路程大约需要 400 年时间,为了阻止地球人在这段时间里的科技进步,三体人将两个质子改造成了智子,提前发射到了地球上,用来干扰人类的高能对撞机的实验结果,从而在基础科学上锁死人类的科技水平,然后再派出庞大的三体舰队大举入侵地球。在灭顶之灾面前,人类奋起反抗,经过二百多年的努力,也组织起了庞大的星际舰队,然而最后依然不敌三体舰队。人类舰队几乎被消灭殆尽,只有几艘战舰夺路而逃,流亡太空。反而是洞悉了宇宙黑暗森林法则的“面壁者”罗缉,通过威胁向全宇宙公布地球和三体世界的位置坐标,成功地威慑住了三体人的入侵——所谓宇宙黑暗森林法则,是指宇宙中的高级文明一旦发现其他文明的存在,就会立即将其消灭,以防对方在进化之后威胁到自己。然而,当心地善良的程心刚刚替代罗缉成为新一代掌握威慑体系的"执剑人"之后,三体人突然发动了对威慑体系的袭击。关键时刻,程心果然不忍玉石俱焚,三体人成功地征服了地球。地球人就像当年的印第安人一样,被全部驱赶到澳大利亚保留地苟且偷生。与很多人的想象不同的是,故事的结局并没有绝地反击的大反转,更没有先苦后甜的大团圆,而是宇宙黑暗森林法则的彻底胜利:当地球的位置坐标暴露之后,宇宙中的更高文明发出了一张卡片大小的"二向箔",将太阳系压缩成为二维平面而彻底毁灭。只有极少数人乘坐宇宙飞船逃离了太阳系,最后到了平行宇宙的新宇宙,重新开始了生活。

阅读《三体》的心理体验,就如同坐上了穿越云霄的过山车,跟随着作者宏大而又奇瑰的想象力,不断地跌宕起伏。作为一部科幻作品,《三体》的确堪称杰作,配得上如此之多的奖项和赞誉;然而作为一部文学作品,《三体》折射出来的某些价值判断的确是值得商榷的——这里所说的价值判断,不是从传统意义上的人文角度讲的,而是从广义进化论的科学角度讲的。虽然科幻作品并不是科学作品,并不能用科学的标准来苛求,但是由于《三体》的影响力十分巨大,渗透其中的价值判断无疑会对很多读者造成潜移默化的影响,因此我不揣冒昧,还是在这里说上几句。

在我看来,《三体》的核心价值观,事实上就是宇宙黑暗森林法则。在《三体》的第一部《地球往事》的后记中,刘慈欣写道:"我认为零道德的宇宙文明完全可能存在,有道德的人类文明如何在这样一个宇宙中生存?这就是我写‘地球往事’的初衷。”[1]虽然我不知道刘慈欣为什么会产生这样的世界观和价值观,不过从这个星球上曾经发生过的历史来看,弱肉强食,丛林法则,这些血淋淋的事情从来就不是动物世界的专利,在人类社会的进化过程中,又何尝没有发生过这种事情呢?从这个角度来说,我是完全理解《三体》的。然而,在综合考量了所有因素之后,我依然坚持认为:人性总体上并没有《三体》所描绘的那么糟糕。在人类社会的进化进程中,虽然生命属性无时无刻不在发挥着牵制作用,虽然精神进化的脚步总是跌跌撞撞,但是毫无疑问,人类的确一直在进步,文明的确一直在发展,即便是以退二进三的方式,人类的结盟也依然在不断扩大和深化之中。更为关键的是,人类之所以能够进步,其最根本的动力源泉正是人类结盟所带来的学习与教育、分工与协作。科学也罢,技术也罢,工程也罢,不依托“社会超算”的强大能力,任何个人或少数人都是无法单独前进的。从这个角度来看,越是强大的文明,这种结盟就必然越广泛、越深化;而要让这种结盟变得广泛而又深化,人类就必须发动精神进化,包括发动智能进化与情感进化;而随着人类智能和情感的高度进化,人类的精神必然会不断超越生命的逻辑,超越弱肉强食的丛林法则。在几千年的人类文明史乃至于几百万年的人类进化史中,我们人类就是这样在精神逻辑与生命逻辑的相爱相杀之中,跌跌撞撞中前行,迂回反复中前进。尽管过程不堪回首,然而人类结盟的脚步的确是坚定的,向前的。从这个意义上说,人文主义在人类历史进程中的不断滥觞,绝对不是人类的无病呻吟,而是精神进化的必然产物。既然是进化的必然产物,那么从本质上

---

〔1〕 刘慈欣:《三体:地球往事》,重庆出版社2008年版,第301页。

说,人文就是科学的,因为进化是科学的。原来说到底,科学与人文并不是彼此陌路的生人,更不是相互对立的仇人,而是一路同行的队友和伴侣。小科学,必定会有小人文;大科学,必定会有大人文。

从这个理论框架出发,我们就可以看出《三体》的问题所在了:既然三体人已经发展出了如此高超的科学水平,为什么他们的人文水平却还停留在弱肉强食的丛林时代?当然了,也许我们可以这样解释:三体人刚好进化到了一个特定的阶段,在这个历史剖面上,三体人的科技水平比较高,人文水平还不够高,因此对其他文明还没有产生足够的共情——就像几百年前西方人在美洲用先进武器屠杀印第安土著的那个时代一样。这个解释无疑是有一定合理性的,因为谁都无法断言,科学与人文的动态平衡点究竟应该在哪里。然而,从《三体》的整体用意来看,这个解释很显然不在它的考虑范畴之内,因为在《三体》的世界里,宇宙黑暗森林法则是彻底的,无条件的,即便是在三体文明内部,三体人之间依然彼此冷酷对待。再退一步说:如果说我们对虚构的三体人并不了解,不好断言三体人的文明究竟是如何进化出来的,也不好断言三体人的科学与人文究竟是如何平衡的,那么我们对地球人终归是熟悉的吧?我们终归应该知道人类文明是如何进化出来的吧?然而,很遗憾,在《三体》的世界里,我们最终还是没有看到人性应有的光芒,反而看到了许多不可思议的残酷和无情。比如,当三体人的宇宙探测器"水滴"摧毁人类舰队的时候,有7艘战舰分两个方向逃脱了攻击,从此流浪在茫茫太空之中,成为延续人类文明火种的最后希望。然而,令人大跌眼镜的是,由于每艘战舰的燃料和食物都是不足的,于是这些战舰毫不犹豫地在同一时间里做了同一件事——突然发动对其他战舰的致命性攻击,以便将对方的燃料、配件和食物全部据为己有。[1] 最不可思议的情节,出现在了对“青铜时代”号舰员的审判时刻。舰员们供认,为了增加食物储备,他们居然将“量子”号上被他们杀死的全体舰员的遗体全部都——吃了!书中描写了这样一个细节:一次在军官餐厅用餐,一名军官吃到了“量子”号通信军官卡尔·乔伊娜的身份识别单元,他居然说了声:谢谢,乔伊娜。[2] 我必须承认:这声“谢谢”,大概是我一生中所听到的最令人毛骨悚然、最令人作呕的“谢谢”了——我相信应该还有不少读者也有同样的感受吧。我不明白《三体》为什么要描绘这样的情节和细节,唯一的解释,大概就是丛林法则的无限淫威吧。

在我看来,无论生命有多么重要,一旦精神进化启动,人类就已经迈上了超越生命的不归路。每当社会和文明遇到危机时刻,总有很多人会为了更多的人,不惜牺牲自己的生命,以换取社会的生存和文明的延续。在人类结盟不断扩大的历史进程中,正是凭借着对自我生命的不断超越,人类才能够挽狂澜于既倒,扶大厦之将倾,将不断进步的社会与文明传承给后代,传承到今天。这不是一厢情愿的希望,更不是无中生有的虚构,而是事实,历史事实——在人类文明的历史长河中,这样的事实不知道有多少。我当然知道,在这个过程中,也会有贪生怕死者,也会有卖主求荣者,也会有临阵脱逃的可怜懦夫,也会有相互残杀的无耻小人。然而这种向下的力量终究不会是主流,否则人类文明根本就走不到今天,我们所有人都应该还停留在原始社会阶段干着相互屠杀灭族的勾当;甚至我们压根就不可能从动物世界中挣脱出来,进化成真正的人类。这个道理很简

〔1〕 刘慈欣:《三体:黑暗森林》,重庆出版社 2008 年版,第 413~423 页。
〔2〕 刘慈欣:《三体:死神永生》,重庆出版社 2010 年版,第 86 页。

单：既然向下的生命进化逻辑是如此地强大，那么向上的精神进化的力量又该如何超越呢？因此，从这个意义上讲，《三体》所描绘的人性泯灭，其实错不在事实，错在方向——这样的事实总是会有的，但是如果把这种事实当成了人类进化的方向，那可就大错特错了。而如果人们读罢全书，所得到的就是这样的价值暗示和价值导向，那么这种暗示和导向无疑就是十分危险的。说到底，《三体》之所以会展开这样的故事逻辑，其根本原因还是将人类锁定在了物竞天择的生命进化逻辑上，而没有看到人类精神进化对生命进化的超越性。《三体》过度放大了人类的生命属性，过度忽视了人类的精神属性，从而导致了丛林法则在人类社会的滥用。与社会达尔文主义相比，这个错误其实并无二致，本质上依然是狭义进化论对广义进化论的错误。

如果从三层进化的角度来看，我们大致上可以这样讲：《三体》在物理进化层面的知识储备十分强大（如果不是过剩的话），在生命进化层面的知识储备相对不足，而在精神进化层面的知识储备则出现了一些比较严重的缺陷乃至于错误。工程师出身的刘慈欣长于物理知识的娴熟运用，随着故事逻辑的渐次展开，各种物理知识和物理规律都被他信手拈来地糅进故事之中——从无解的三体问题，到十一维的物理空间，从曲速飞行，到平行宇宙，《三体》对各种物理规律的运用基本上已经到了百无禁忌的程度，而这也是这本小说会被称为硬科幻的原因所在。当然，这样做是不是真的最好，我们不妨听听道金斯在《解析彩虹》中是怎么说的：“优秀的科幻作品，不和童话或魔法打交道，而是把前提设定为：世界是一个有序的地方。科幻作品可以摆弄自然规律，最好是深思熟虑地一次摆弄一种自然规律，但要保持好的科幻作品的本分，它不能废除规律性本身。坏的科幻作品,失去了其对合理规律性的掌控,代之以‘随心所欲,要啥有啥’的肆意行之的魔法。”[1]《三体》是一部获得雨果奖的科幻作品,当然不是道金斯所说的那种“坏的科幻作品”,虽然它同时“摆弄”了很多种自然规律,不过也不算“废除规律性本身”。然而,在物理进化狂飙突进的同时,《三体》在生命进化方面却着墨甚少。看来看去,大概也只有三个地方有点关系:一个是通过休眠技术增援未来,另一个是通过超级计算机技术为一些人的大脑打上思想钢印,还有一个就是将人类的大脑送到三体世界进行克隆,不过基本上都语焉不详。有一个正常的科学推理:在整个人类生死存亡的危机面前,人类难道没有考虑过运用基因技术来制造超级战士?难道没有考虑过将人类的基因样本发射到太空中以求保得人类的最后血脉?难道没有考虑过制造基因武器来对三体人发动潜伏攻击?——不管如何,三体人毕竟还是碳基生命吧。还有,智子锁死的是人类的高能物理,使人类无法继续探索亚原子粒子的奥秘,但是生命科学是分子水平的,亚原子粒子方向被锁死,其实一点都不会妨碍人类在分子水平上继续推进生命科学的研究,又怎会长达200多年时间没有任何进步呢?——总之一句话,在人类的灭种危机面前,我们光看到了物理学家们在忙活,生命科学家们简直就是无所事事。这个当然怪不得刘慈欣,作为一名工程师出身的科幻作家,他对生命科学的各种技术细节的了解肯定比不上对物理知识的了解,要求《三体》在生命科学方面同时展开硬科幻叙事很显然是一种无聊的苛求——这个世界上哪有人能够做到什么科学都懂的?我真正想说的是:作为一部科幻文学作品,生命科学或许可以缺位,然而人文

〔1〕[英]理查德·道金斯:《解析彩虹》,李虎译,中信出版集团2017年版,第37页。

社会科学似乎不应该缺位，人类的价值观似乎不应该缺位，尤其不应该出现比较严重的误导或者比较严重的错误。纵览整部人类进化史，我们可以看到，人类的精神进化之路从来都是披荆斩棘，艰难前行的。而在引领人类的精神不断超越生命的历史征程中，许多不朽的文学作品犹如暗夜里的灯塔和火把，用人性的光芒照亮了人类前行的路。我想，无论是科幻文学作品，还是其他文学作品，都应该尽可能成为这样的灯塔和火把，而不是相反。

CHAPTER 07>

# 第七章

# 人类命运共同体的进化之路

## 天下一家:人类命运共同体的历史与未来

在今天这个基因科学的时代,“人类起源于非洲”基本上已经成为科学界的常识。不过,在相当长的一段时间里,中国的古人类学家对此并不认同,他们更倾向于相信人类的多地区起源说,认为现代中国人应该是由40万年前的东亚直立人——“北京人”演化而成的。我幼年时接受的教育,采用的正是这个学说。对于这个学说,科学家感到十分惊讶,以至于不少科学家还专门对此进行了基因样本分析,结论自然还是一样的,那就是:中国人和全世界的人一样,都是10万年前从非洲出发的现代智人的后代。[1] 当然了,这种笔墨官司的断案标准有可能并不完全是科学的,因此,如果有人非要坚持人类的多地区起源说,我估计科学家也是无可奈

〔1〕[美]史蒂夫·奥尔森:《人类基因的历史地图》,霍达文译,三联书店2016年版,第128~130页。

何的。作为一名中国人,我其实能够理解为什么中国的古人类学家过去会坚持人类的多地区起源说——心理上暂时处于弱势的一方,往往会强调自己与众不同的特色。不过,科学就是科学,基本的事实还是应该尊重,化石时代形成的错误观点如果到了基因时代依然还在坚持的话,恐怕就有点不太好了。虽然我不是基因科学家,不过最基本的常识告诉我,人与人之间是如此地相像,因此不可能不是源于共同的祖先。退一万步来讲,即便多地区起源说成立,那么这些多元的起源也必然要追根溯源到同一个源头上去。事实也正是如此:无论是欧洲的尼安德特人,还是西伯利亚的丹尼索瓦人,抑或是东亚的直立人,都不是当地的石头缝里蹦出来的孙悟空,虽然他们都不是智人,但是与智人依然拥有共同的祖先,追根溯源也不过是更早的时候从非洲出走的古人类的后代罢了。既然横竖都是这个结果,那还不如多听听科学家的意见,不要自己想当然。

关于智人是如何从非洲出走的,又是如何迁徙到全世界的,有很多专业的书籍可供读者学习,这里就不再做过多的引述了。总体而言,科学家认为,现代智人应该是沿着大陆的海岸线进行迁徙的。因此,1 万年前陆地冰川融化引起的海平面上升,很有可能导致许多迁徙证据已经被海水淹没。然而即便如此,现有的科学证据依然足以证明,今天地球上的所有人类,都应该是 10 万年前从非洲出走的那批智人的后裔。而正如前文所述,当年我们的祖先之所以能够在危机四伏的环境中最后赢得生存和繁衍的机会,不正是因为他们以其他古人类远不能及的深度彼此结盟起来了吗?换句话说,当年我们的老祖宗赢得残酷竞争的看家法宝,不正是彼此结盟成为一个命运共同体吗?然而,随着智人在全世界不断地迁徙,生存环境也逐渐多样化,逐渐离散的智人种群开始不可避免地出现分化。当第四纪冰期在1万年前结束之后,智人在全世界迁徙的脚步大大加快,从赤道到极地,从酷热到严寒,智人的生命适应性开始遭遇到了环境变化的巨大挑战。于是,在自然选择的压力倒逼之下,人类的基因开始出现各种适应性突变,不同地区人群的肤色、瞳色和发色开始呈现出较大的差异性,语言和生活习性也随之逐步多元化。然后,当这些曾经的兄弟姐妹们以不同种族的名义再次相遇的时候,问题产生了。

种族,是一个令很多人迷惑了很多年的词。以解放黑奴而青史留名的林肯在1858年与道格拉斯进行竞选辩论时说:“黑人和白人之间存在着一种身体差异,我相信这一点将永远妨碍两个种族在社会和政治生活中平等地生活在一起。他们无法平等相处,但确实又生活在一起,这就存在一个孰优孰劣的问题,而我和任何其他人一样,赞成白人拥有优势地位。”1859年,在他的一张私人笔记上,林肯潦草地写道:“黑人平等!胡说八道!在创造并统治世界的上帝的国度中,像流氓四处吹嘘、蠢货到处冷嘲热讽这样低下的蛊惑人心的事情,还要持续多久?”〔1〕在种族主义的问题上,西方人的确曾经犯下很大的错误,原因其实也很简单:在心理上暂时处于强势的一方,同样也会强调自己与众不同的特色。在西方近代科学史上,同样也有主张多元发生学说的所谓科学种族主义,认为白人与其他人种是彼此分离的不同物种。德国解剖学家赫克尔在1905年出版的《生命奇迹》中说道:“像(斯里兰卡土著)维达人和澳大利亚黑人之类的低等种族,在生理上比较接近哺乳动物、猿猴和狗,和文明的欧洲人距离比较远,因此我们必须给他们的生命完全不同的价值。”〔2〕

---

〔1〕 [美]斯蒂芬·杰伊·古尔德:《人类的误测》,柳文文译,重庆大学出版社2017年版,第52~53页。

〔2〕 [美]史蒂夫·奥尔森:《人类基因的历史地图》,霍达文译,三联书店2016年版,第183页。

大卫·休谟说:“我怀疑黑人和所有其他人种(因为有四五个不同种类),天生就比白人低劣。除了白人以外,没有任何其他肤色的民族是文明的,甚至他们之中最杰出的人,在行为或智力上也不如白人文明。他们没有创造者,没有艺术,没有科学……如果自然没有在人类种族间制造出一种原始差异,那么在这么多国家和这么长历史中存在的这种一致的、永久的差异性,就是不可能发生的。”1799 年,英国外科医生查尔斯·怀特写下《人类分级规律的阐释》,为多元发生论进行了最有力的辩护。他用抒情的语言说道:“除了在白人高贵的、拱形的、脑容量惊人的头脑中,我们到哪里才能找到特征如此丰富、表现如此充分的大脑?哪里有如此飘扬而优雅的长长卷发、如此庄严的胡须、红润的面颊,以及珊瑚色的嘴唇?……我们还能在世界上任何其他地方找到像欧洲美女脸红时的温柔,以及象征谦逊和细微的情感吗?”[1]

许多西方科学家曾经十分执着地寻找各种解剖学证据,以证明白人与其他人种的区别。比如,法国著名解剖学家艾蒂安·塞利偏好于测量不同人种的肚脐位置——因为他认为肚脐在成长的过程中会逐渐上移,而白人的肚脐位置最靠上,证明他们成长得最充分;黑人的肚脐位置最靠下,证明他们存在劣等性;又如,保罗·布洛卡曾经专门测量过桡骨(小臂的骨头)与肱上膊(上臂的骨头)的比例,认为前臂较长的人更接近于猿;当然了,西方社会曾经最不可自拔的解剖学迷思,还是颅骨测量学,包括测量大脑的质量,也包括测量面角和颅指数——所谓面角,就是脸部和下颌是否向前突出,突出越少越好;所谓颅指数,就是颅骨最大宽度和最长长度之间的比率,

---

〔1〕［美］斯蒂芬·杰伊·古尔德:《人类的误测》,柳文文译,重庆大学出版社 2017 年版,第 59~61 页。

比率小于 0.75 的被称为长头人，比率大于 0.8 的被称为短头人，而长头比短头好。[1] 诸如此类，不一而足。这些科学上的怪胎的确曾经在西方社会喧嚣一时，不过如今早已经不值一驳了，因此我就不在这里痛打死老虎了。总而言之，随着人类基因的秘密不断被揭开，曾经被认为是壁垒鲜明的不同家族、不同种族、不同民族之间的界线迅速模糊了起来。在科学家的眼里，凯尔特人只是现代人设想出来的人，在英国人的 DNA 中并没有体现出来。因为根据基因组的比照，苏格兰的凯尔特人与威尔士的凯尔特人之间的差别，比他们和其他任何英国人之间的差别都大。而如果有谁想要臆造出神圣的血缘边界，那么他就会遭到科学无情的惩罚：中世纪的哈布斯堡家族希望通过内部联姻紧紧握住权力，遗传学也借此紧紧地掐住了他们的咽喉。近亲通婚不仅导致这个家族拥有畸形的"哈布斯堡唇"，而且还导致了这个家族严重的婴儿死亡率——1527 年至 1661 年，哈布斯堡家族诞生了 37 名婴儿，其中 17 名在 10 岁之前便告夭折，这里面有 10 名甚至没有活过 1 岁。最后，延续哈布斯堡王朝的希望落在了最后一位统治者卡洛斯二世的身上，然而卡洛斯却身患多种遗传病、智障和癫痫，他的舌头肿胀，塞满了口腔，说话时唾液不停地往下流，没人听得懂他在说什么。在他的 39 岁生日之前 5 天，"中魔者"卡洛斯终于悲惨地死去，他没有生育后代的能力，自然也就没有孩子作为继承人来延续哈布斯堡家族的统治了。[2] 还有，以色列的撒玛利亚人大概是世界上最讲究族群内通婚的人，然而有些撒玛利亚人天生就是聋子，因为他们遗传了第 11 号染色体一个有

---

〔1〕［美］斯蒂芬·杰伊·古尔德：《人类的误测》，柳文文译，重庆大学出版社 2017 年版，第 107～121 页。

〔2〕［英］亚当·卢瑟福：《我们人类的基因》，严匡正、庄晨晨译，中信出版集团 2017 年版，第 145～151 页。

缺陷的基因的两个拷贝；而另一个有缺陷的基因则导致了部分撒玛利亚人行动不便，被迫要拄着拐杖走路。[1]

在《圣经·创世纪》中记载了一个“巴别塔”的故事：“那时，天下人的口音、言语都是一样。他们往东边迁移的时候，在示拿地遇见一片平原，就住在那里。他们彼此商量说：‘来吧！我们要做砖，把砖烧透了。’他们就拿砖当石头，又拿石漆当灰泥。他们说：‘来吧！我们要建造一座城和一座塔，塔顶通天，为要传扬我们的名，免得我们分散在全地上。’耶和华降临，要看看世人所建造的城和塔。耶和华说：‘看哪！他们成为一样的人民，都是一样的言语，如今既做起这事来，以后他们所要做的事，就没有不成就的了。我们下去，在那里变乱他们的口音，使他们的言语彼此不通。’于是，耶和华使他们从那里分散在全地上，他们就停工不造那城了。因为耶和华在那里变乱天下人的言语，使众人分散在全地上，所以那城名叫巴别（就是‘变乱’的意思）。”“巴别塔”的故事当然只是宗教传说，不过科学研究也的确告诉我们，这个天下的所有人的确曾经都是一家人。10万年前，当我们的祖先从非洲来到中东地区的时候，我相信他们的口音和言语一定都是一样的，而这点也一定十分有助于他们之间的结盟。然后，因为结盟，他们战胜了狼虫虎豹；因为结盟，他们赢得了生存竞争。结盟，无疑才是他们留给子孙后代最重要的生存密码。那么今天，当他们的子孙后代——我们——以全球化的名义重新站在一起的时候，我们的心中是否还保存着祖先当年留下的这份生存的密码，这份结盟的初心呢？史蒂夫·奥尔森在《人类基因的历史地图》中写道：“在人类整个的历史中，各族裔不断想知道彼此有无

[1]　[美]史蒂夫·奥尔森：《人类基因的历史地图》，霍达文译，三联书店2016年版，第114~115页。

关联,而基因的研究现在证实,所有人类都彼此相关,不论是猎羚羊的布什人、南非的混种人、农奴的后裔非洲裔美国人、在山上的撒玛利亚人、散布于全球的犹太人、强盛的汉人、在新世界殖民的欧洲人后裔、珍惜过去的夏威夷原住民,全都是同一人类家族的成员,是基因必然性和概率的产品,注定就要不断走向不可知的未来。"[1]人类命运共同体,不仅是宗教的传说,更是科学的真实;不仅是我们全人类共同的历史,更应该成为我们全人类共同的未来。

## 修齐治平:命运共同体的四个同心圆

从哲学上来看,人类命运共同体的内涵大致上是由一对矛盾构成的,那就是:有差别、有层次,却又命运与共。关于这个命题,我在2009年出版的《文明与法治:寻找一条通往未来的路》、2014年出版的《精英与平民:中国人的民主生活》、2018年出版的《我们为什么自信》以及2019年出版的《家国情怀:中国人的信仰》等个人专著中已有多次论述,因此有些问题就不在这里赘述了。简言之,在我看来,每名中国人事实上都身处四个同心圆的命运共同体之中,由内而外,渐次超越——最内圈的是生命,第二圈的是家庭,第三圈的是国家,最外圈的是天下,这就是中国人常说的"修身、齐家、治国、平天下"。[2] 所谓命运共同体,顾名思义,一定意味着彼此之间的命运与共。然而,彼此之间的命运与共,并不意味着命运共同体就应该是一个无差别、无层次的社会。恰恰相反,就像越是高级的生命,其内在的差别化和层次性就越明显一样,越是高级的社会,其内在的

---

〔1〕[美]史蒂夫·奥尔森:《人类基因的历史地图》,霍达文译,三联书店2016年版,第239页。

〔2〕刘哲昕:《我们为什么自信》,学习出版社2018年版,第188~203页。

差别化与层次性也一定越明显。在我看来,差别化与层次性一定是贯穿于所有命运共同体的本质特征。

从生命的维度来看,差别化与层次性其实是一种基本准则:当生命从第一个细胞分裂成两个子细胞的时候,差别化事实上就已经开始了。当细胞分裂成两个子细胞时,虽然它们的基因完全相同,但周围的化学物质并不一致。这意味着所启动的基因并不相同——这改变了它们的后裔的命运。整个胚胎发育都适用这一相同的原则,包括胚胎发育的起步。在所有动物体内,细胞分化的关键就是细胞分裂的不对称性。[1] 从社会的维度来看,差别化与层次性同样也是基本准则之一。我们暂且不说人类社会,就先说说蚂蚁"社会"吧。虽然蚂蚁"社会"被生物学家称为超个体,认为其在社会团结方面甚至超过了人类的水平,但是蚂蚁"社会"的差别化与层次性同样是广泛而又深刻的,甚至可以说,超个体最重要的特征就是品级与劳动分工。对南美切叶蚁的研究表明,除了众所周知的蚁后与工蚁的品级体系之外,这个物种还有一个清晰可辨的亚品级体系,由巨大的大工蚁和小型的小工蚁构成。通常担任士兵职责的大工蚁拥有巨大的卵巢,其卵巢管数量和蚁后相同。与此形成对比的是,小工蚁的卵巢管数量只有大工蚁的1/3。当有蚁后存在时,大工蚁产下的只是不能发育的营养卵。大工蚁(而非小工蚁)相互之间偶尔会出现挑衅行为,它们用触角击打和进行场面壮观的抖动比赛。这种格斗行为决定了士兵蚁的顺位。当蚁后被移开后,这种争斗会加剧,但建立起来的顺位依旧保持稳定。此时所有的大工蚁都产可以孵化的、最终发育为雄蚁的单倍体卵。不过,最高顺位的个

〔1〕［英］理查德·道金斯:《地球上最伟大的表演》,李虎、徐双悦译,中信出版集团2017年版,第215页。

体是最多产的。它会巡视卵堆,不时停下来吃掉由从属个体产下的卵。最后,蚂蚁的攻击性互动以意外和不经意的方式强化了劳动分工。例如,在切叶蚁中,垃圾处理蚁的身上会留有垃圾的气味,其同巢伙伴对这种气味作出反应,会倾向于用攻击性的行为强迫它们专门从事这项工作。[1]

如果说连蚂蚁"社会"这种低层次的共同体都已经具备了差别化与层次性,那么对于人类社会这种高层次的共同体来说,具备差别化与层次性那就再自然不过了。在我的理解中,所谓人类命运共同体,事实上就是共产主义社会的一个现代别称,两者的本质内涵是完全一致的。关于共产主义社会,马克思 1875 年在《哥达纲领批判》中描述道:"在共产主义社会高级阶段,在迫使个人奴隶般地服从分工的情形已经消失,从而脑力劳动和体力劳动的对立也随之消失之后;在劳动已经不仅仅是谋生的手段,而且本身成了生活的第一需要之后;在随着个人的全面发展,他们的生产力也增长起来,而集体财富的一切源泉都充分涌流之后,——只有在那个时候,才能完全超出资产阶级权利的狭隘眼界,社会才能在自己的旗帜上写上:各尽所能,按需分配!"[2]马克思关于共产主义社会的这段描述,深刻地揭示了在共产主义条件下人们命运与共的社会关系。然而,这段描述似乎也给人们留下了一个印象,那就是:所谓共产主义社会应该是一个无差别、无层次的社会。

这是对马克思的一种严重误读,也是对共产主义的一种严重误读。现代系统科学认为,系统必然具有差别化和层次性;而且越是

〔1〕 [美]伯特·荷尔多布勒、爱德华·O. 威尔逊:《超个体》,焦鸿丽、张雁译,中国人民大学出版社 2011 年版,第 58~59 页。

〔2〕 《马克思恩格斯选集》(第 3 卷),人民出版社 1995 年版,第 305~306 页。

高级的系统，其差别化和层次性就越明显。作为一种科学的理论，马克思主义真正想要消灭的，根本就不是一个科学系统本该具备的差别化与层次性；马克思主义真正想要消灭的，乃是在资本主义社会条件下无处不在的阶级对立和阶级剥削——用系统科学的语言来说，那就是：一个不科学的系统中控制系统与系统要素之间、系统要素与系统要素之间无处不在的断裂与对抗。简言之，马克思主义的真正目的并不是要消灭差别，而是要消灭对立；而这个真正目的，在 1848 年的《共产党宣言》中表现得最为明显。在这部正面阐述共产主义理想的经典文献中，马克思和恩格斯写道："原来意义上的政治权力，是一个阶级用以压迫另一个阶级的有组织的暴力。如果说无产阶级在反对资产阶级的斗争中一定要联合成为阶级，如果说它通过革命使自己成为统治阶级，并以统治阶级的资格用暴力消灭旧的生产关系，那么它在消灭这种生产关系的同时，也就消灭了阶级对立的存在条件，消灭了阶级本身的存在条件，从而消灭了它自己这个阶级的统治。"紧接着，马克思和恩格斯在《共产党宣言》中写下了那段关于共产主义社会的经典名句："代替那存在着阶级和阶级对立的资产阶级旧社会的，将是这样一个联合体，在那里，每个人的自由发展是一切人的自由发展的条件。"[1]没错，在马克思和恩格斯的心中，不仅有"一切人"，还有"每个人"，而且"每个人"还是"一切人"的基础；在马克思和恩格斯的眼里，不仅看到了"命运与共"，还看到了"有差别、有层次"，只不过两者之间是一种辩证统一的关系。而在《1844 年经济学哲学手稿》中，马克思严厉批判了那种到处鼓吹无差别无层次的"粗陋的共产主义"，他说："这种共产主义——由于

〔1〕《马克思恩格斯选集》（第 1 卷），人民出版社 1995 年版，第 294 页。

到处否定人的个性——只不过是私有财产的彻底表现”,“粗陋的共产主义……不仅没有超越私有财产的水平,甚至从来没有达到私有财产的水平”。[1]

有差别、有层次,却又命运与共,这就是马克思心目中的共产主义社会的真正内涵。从这个意义上来讲,共产主义社会的内涵与人类命运共同体的内涵在本质上的确是完全一致的。如果本书前文关于“人类必定会在不断深化和扩大的结盟中走向命运共同体的共同未来”的分析和判断还算正确的话,那么共产主义社会毫无疑问就应该成为人类社会进化的必然方向,成为精神进化超越生命进化的必然产物。关于这个问题,许多进化论者其实也是这么认为的。乔治·瓦利恩特在《精神的进化》中写道:“自私基因使人性爱上抢夺地盘就像堕入爱河一般自然。欧洲殖民主义直接引发了第一次世界大战,进而导致构建了帝国统治的‘君主’这一种群的灭亡,这显然与达尔文的进化论背道而驰。看来,人类要作出成功的自然选择,一种比自私基因适应能力更强的共产主义进化模式恐怕是必须的。”[2]接着,乔治·瓦利恩特又写道:“无论是无神论者赫胥黎还是有神论者德日进,他们都坚信人类对进化的觉醒能够促进人类的进一步进化,并且,如果深层次的进化真实地发生了,它应当会被融入合作愈发紧密的社会组织结构中……过去两千年间,越来越多不同种族的人们开始学会如何和平共处,从中国经历了两千年前战国时期的诸侯国互相攻伐之后得以统一,到21世纪的欧洲联盟将欧洲各国联合起来,我们可以看出,人类是朝着神奇的‘统一’方向发展的,而这也与忘我的精神密不可分。希望、原谅、同情在其中扮演了

〔1〕［德］马克思:《1844年经济学哲学手稿》,人民出版社2014年版,第76页。
〔2〕［美］乔治·瓦利恩特:《精神的进化》,张庆宗、周琼译,华东师范大学出版社2018年版,第11页。

重要的角色。"[1]没错,如果我们能够站在广义进化的角度来理解共产主义的话,那么我们就一定会得出这样的结论:共产主义社会不仅是一种人文的期盼,更是一种科学的必然,因为进化是科学的、必然的。

## 三生万物:命运共同体是分与合的对立统一

如果说命运共同体的内涵是"有差别、有层次,却又命运与共",那么我们还可以用一个更加抽象的命题来表达它——"分与合的对立统一"。在2014年出版的《精英与平民:中国人的民主生活》全书的最后,我曾经这样写道:"最想说的话往往会留在最后说,倘若现在要我用一句话来表达自己对这个世界的全部认识,我也许会推荐这句话——'人生不过生与死,社会不过分与合'。对于一个人来说,也许只有看懂了'生'与'死',才算是看懂了人生,对于一个社会来说,也许只有平衡了'分'与'合',才算是一个好社会。生死之间是信仰,分合之中见平衡,生生死死,分分合合,诉说的其实都是那永恒不变的'生命与超越'。"[2]"一个社会总是由众多的个人组成,'分'意味着个体生命的自我照顾,'合'意味着社会利益的整体安排。如果没有了个人,自然也就没有了社会,因为小河里没有了水,大河里又怎会有水呢?反过来,如果没有了社会,自然也就没有了个人,因为弱肉强食的动物世界里从来只有野兽,没有个人。"[3]对于自己多年前的这份认知,我至今没有改变,似乎也无须改变。那

〔1〕[美]乔治·瓦利恩特:《精神的进化》,张庆宗、周琼译,华东师范大学出版社2018年版,第62~63页。

〔2〕刘哲昕:《精英与平民:中国人的民主生活》,法律出版社2014年版,第372页。

〔3〕刘哲昕:《精英与平民:中国人的民主生活》,法律出版社2014年版,第378页。

么,如今再论及“分”与“合”,我更想做的,是为这个永恒的命题再增加一点生命科学的视角。

在前文的论述中,我们常常把人类社会比作一个人的生命,也常常引用柏拉图在《理想国》中的那句名言——“当一个国家最最像一个人的时候,它是管理得最好的国家”。没错,从系统的完备性角度来说,历经38亿年进化的生命的确不是刚刚进化了几百万年的人类社会所能比拟的。在这个问题上,人类社会的确应该向生命学习,人文社科的确应该向生命科学学习。然而,生命系统的完备性往往也给人们制造出了一个错觉,那就是:生命的每个部分都是大公无私的,而各个部分之间的合作又都是完美无间的。其实,这是对生命科学的一种片面理解,真实的情况是:在器官的层面,生命的各个部分的合作看上去的确是完美无间的,然而倘若我们往深处细究,就会发现无论是在基因的层面,还是在细胞的层面,生命的内部从来都充斥着各种暗战,充斥着各种竞争、斗争乃至于战争。比尔·汉密尔顿说:“基因并不像人类想象的那样,仅为了有机体的‘生存和生育’而存在;它们就像公司里的派系斗争那样,拉帮结派,争权夺利。”对基因的新看法也颠覆了汉密尔顿对人类大脑的认识,他说:“我曾经认为自己是一个有独立意识的人,然而事实并非如此。由此一来,我也不用为优柔寡断的性格而感到羞愧,因为我仅是一个四分五裂的帝国派出的代表而已。那些统治者,恐怕它们在下达命令时就没有达成统一……为了写下这些内容,我假装自己是一个统一体,而在我的内心深处,我知道,这样的统一体是不存在的——其实,我是一个混合体——男性和女性的染色体、父辈与子辈的染色体,在这个混合体内争斗不休。早在几百万年以前,它们之间的战争就开始了。”[1]习惯了理解生命的宏观效能，突然要去理解生命的微观活动，的确有种让人大跌眼镜的感觉。汉密尔顿说得没错，从某种意义上说，我们每个人的身体就是一个战场。就在我们不知不觉的每时每刻，就在我们身体的每个角落，基因正在与病毒厮杀，细胞正在与细菌作战，基因正在与基因竞争，细胞正在与细胞对抗。总体而言，生命活动大致上呈现这样的一个趋势：越往微观处，生命的斗争性就越强；越往宏观处，生命的合作性就越好。所谓生命进化，事实上就是每个生命要素在各为其主、各谋其利的竞争对抗中最终实现合作共赢的过程。也许有人会问，为什么这群没有自觉意识的生命要素最终能够实现合作共赢呢？答案其实很简单：那些不能实现合作共赢的生命要素都已经被残酷的自然选择淘汰了，剩下的这些，都是在长期竞争中刚好找到了合作窍门的生命要素。如果用哲学的语言来表达，那就是：这些生命要素都已经实现了“分与合的对立统一”。

如果说人类社会应该从生命进化中获得某种有益启示的话，那么我的推荐是“分与合的对立统一”；如果说人类社会的进化还应该超越于生命进化的话，那么我的推荐是“自觉”。生命要素的竞争与对抗是一种发乎本能的必然，而生命要素的合作与共赢却是一种概率极低的偶然，其背后是以生命的大量的死亡和淘汰为代价的。人类社会的进化当然不能走这种碰运气的道路，精神进化已经让我们拥有了智能与情感，拥有了趋利避害的自觉力量。既然我们已经明白人类命运共同体的本质就是“分与合的对立统一”，那么我们就应该更加自觉地运用这个规律来理解和改造我们的社会，而不是与之

---

〔1〕［英］马特·里德利：《基因组》，李南哲译，机械工业出版社2015年版，第114页。

相反。然而,在人类社会的进化史上,的确存在两种十分有害的极端思维:一种思维走向了“分”的极端,另一种思维走向了“合”的极端。

走向“分”的极端就是走向极度的自私,这种思维逻辑既是符合生命进化的,又是违背生命进化的——说它符合生命进化,是指这种思维将人类降到了动物的层面,从而遵循了生命与生命之间相互竞争厮杀的丛林法则;说它违背生命进化,是指这种思维完全不知道的是,其实每个生命本身就是各个生命要素之间合作共赢的结果,没有合作,就没有生命。走向“合”的极端就是走向极度的极权,这种思维逻辑似乎超越于生命进化,事实上却违背了生命进化——说它似乎超越于生命进化,是指它力图用某种强制的方式消除生命与生命之间的差别与竞争;说它事实上违背了生命进化,是指它完全不知道的是,即便是一个完整的生命体,其内部也同样存在生命要素之间的差别与竞争。

如果用三层进化的理论架构进行分析,我们还可以把话说得更明白点:生命进化已经实现了生命要素与生命要素之间的合作共赢,但是依然无法让生命与生命之间实现合作共赢。换句话说,生命进化创造了近乎完美的生命,却造就了糟糕透顶的生命关系;而精神进化的意义,就在于通过生命的结盟,实现了生命与生命之间的合作共赢。而当进化达到了这个层面,这个生命就不再是普通的生命了,而是人类了——这就是精神进化对生命进化的超越。不过,这个问题并没有那么简单,因为它还有自己的另一面:尽管三层进化是一种渐次超越的关系,然而它们毕竟都是进化。既然都是进化,那么就一定会有一些共同的逻辑贯穿始终,比如“有差别有层次,却又命运与共”,又如“分与合的对立统一”,或者说得再抽象点,那就是——系统性。由于生命进化已经进行了38亿年，而精神进化不过进行了区区数百万年，因此精神进化固然是超越于生命进化的“颠覆性技术”，但是在其系统的完备性和成熟度上，却依然远远不及生命进化，而这点正是我们为什么总是强调人类社会应该向生命学习的原因所在——我们向生命学习的，是一个生命内部的系统完备性与成熟度；我们要超越生命的，是不同的生命之间也理应结成一个更大的命运共同体。

在命运共同体的进化中确立“分与合的对立统一”这个原则是十分重要的。正如前文所述，人类社会的总体进化趋势，就是通过不断的结盟，形成更大的命运共同体，乃至于最后走向人类命运共同体的未来。然而，这个趋势也很容易引发一种误解，那就是：共同体的进化肯定是以个体自由的牺牲为代价的，命运共同体的形成之日，就是个体自由的消灭之时。理由很简单：共性多了，个性自然就少了，就像跷跷板一样，这头沉了，那头自然也就翘了。这种观点无疑是错误的。对于人类社会来说，“分与合的对立统一”并不是非此即彼的跷跷板，而是相互依存的辩证法。蚂蚁之间团结协作的超个体形象往往会激发起人们关于人类社会进化方向的想象力，从而也会引发人们关于个人权利牺牲与个性自由丧失的恐慌。威尔逊在《论人的本性》中写道：“无生育能力的工虫比人类更懂得合作，更无私，而且它们明显更倾向于等级制和分工劳动制。如果蚂蚁有和人类一样善于推理的大脑，它们就能成为和人类并驾齐驱的群体。”[1]在我看来，威尔逊的这段话其实是没有什么意义的，人类本来就不是蚂蚁，蚂蚁也不可能成为人类，奥威尔的《1984》所描绘的极权世

〔1〕［美］爱德华·O.威尔逊：《论人的本性》，胡婧译，新华出版社2015年版，第23页。

界根本不可能成为人类社会的进化方向。众所周知，当进化推动着生命越过昆虫的分岔点，走向大型脊椎动物的不归路之后，随着动物个体能力的不断增强，动物个体相互之间的排斥力也就越来越大。而当生命进化到了大型哺乳动物阶段，除了为生存繁衍而维持最基本的生殖群之外，动物个体之间几乎无法形成固定有效的协作。在这种情况下，如果仅仅凭借生命进化的力量，大型动物是根本不可能进化（也许用“退化”更合适）出蚂蚁式的社会结构来的。只有当人类发动了精神进化之后，这种动物个体之间相互排斥与彼此解构的趋势才得以逆转。关于这个问题，威尔逊自己在研究过程中也是深有体会的，他在《社会生物学》中写道：“人类打破了脊椎动物社会一向的局限，倒不是降低了利己的心性，而是由足够智能来参考过去与计划未来……人类社会表现的合作模式接近昆虫社会，但在沟通能力上却遥遥领先。生命史社会演化向下的趋势超过了十亿年，在人类社会出现后却被逆转了。”〔1〕没错，人类不是蚂蚁，人类社会也不是蚂蚁“社会”，人类是在生命进化走过大型脊椎动物的孤独旅程之后，凭借了精神进化的发动才得以把众多能力强大的生命个体重新凝聚了起来。这种“合”不是蚂蚁式的，而是在“分”得到充分发展之后的一次螺旋式上升；这种“合”不是倒退到蚂蚁时代，而是在不断前进的过程中最终实现的一种超越。如果让我用最简单的语言来解释人类社会的“合”与蚂蚁“社会”的“合”有什么本质区别的话，那么我的答案是：人类社会除了“合”，还有“分”。人类社会的“合”是站在“分”的基础上，是“分与合的对立统一”，而关于这一点，蚂蚁“社会”永远都做不到。

〔1〕［美］爱德华·O. 威尔逊：《社会生物学：新综合理论》（第 3 册），薛绚译，左岸文化事业有限公司 2013 年版，第 209 页。

古尔德在《自达尔文以来》中写道："1964年的一天，我进入纽约世界博览会自由企业展厅避雨。这个厅里标志牌的主要部分是一个蚁群，上面写道：'两千万年来进化停滞，为什么，因为蚁群是极权主义的体制。'这句话无须认真关注。不过，我应当指出，蚂蚁已做得相当出色，只是由于它们的身体，不是由于它们的社会结构妨碍它们具有高度的心智能力。"[1]古尔德说得没错，蚂蚁之所以无法达到人类社会的高度，不是因为个体之间不够团结，而是因为它们的个体能力太弱小了。同样是生命结盟的典范，为什么人类能够创造出蚂蚁远不能及的辉煌成就呢？答案并不在于人类比蚂蚁更团结，而在于人类的个体经过了充分的进化和发展，因此个体能力不知道比蚂蚁强大上多少倍；而当人类以如此强大的个体能力重新结盟起来的时候，就再也没有任何生命力量可以阻挡人类成为这个星球的新主人了。一句话，人类真正卓尔不群的奥秘，不是因为别的，而是因为在所有的生命形式中，唯有人类真正做到了"分与合的对立统一"。

在我的理解中，人类社会的进化应该是由两条相反相成的主线相互交织而成的：一条主线是"每个人越来越自由"；另一条主线是"社会越来越团结"。如果这是一种跷跷板，那么这头越长，那头也一定会越长；这头越重，那头也一定会越重。人类社会的历史实践早已经证明，只有人的个性得到充分发展，权利与自由得到充分保护，人类无与伦比的创造力才能得以充分迸发，这是事情的一面。而事情的另一面是：只有人类的协作得到充分保障，和平与团结得到充分维护，人类才能超越个体能力的限度，最终创造出辉煌灿烂

[1] [美]S. J. 古尔德：《自达尔文以来》，田洺译，海南出版社2016年版，第157~158页。

的文明成就。这两条进化主线看似相反,其实相成。人类进化的过程,正是这两条主线不断向远方迂回发展,进而在更深更远的地方相互交汇融合的过程——在这个过程中,人类不断地超越自己,人类社会的张力不断地得以拓展。明白了这个科学道理,我相信许多人文社科领域长期纠结不清的问题可以迎刃而解了——团结是重要的,自由也是重要;集体是重要的,个体也是重要的;共享是重要的,隐私也是重要的;国家是重要的,个人也是重要的;一切人是重要的,每个人也是重要的。只有站住这样的角度,我们才能更好地理解马克思在《共产党宣言》中的那句名言——"每个人的自由发展是一切人的自由发展的条件"。也才能明白马克思在自己少年时代立下的志向有多么科学和伟大了——"在选择职业时,我们应该遵循的主要指针是人类的幸福和我们自身的完美。不应认为,这两种利益会彼此敌对、互相冲突,一种利益必定消灭另一种利益;相反,人的本性是这样的:人只有为同时代人的完美、为他们的幸福而工作,自己才能达到完美……历史把那些为共同目标工作因而自己变得高尚的人称为最伟大的人物"。[1] 只有站在这样的角度,我们才能更加透彻地明白:在"分"与"合"的矛盾对立中最终走向统一,注定要成为全人类的共同宿命,在这个性命攸关的问题上,全人类理应相互学习,无问西东。在 2009 年出版的《文明与法治:寻找一条通往未来的路》中,我曾写下很多这样的文字,这里且摘录片段,朝花夕拾,温故知新:"从'统一'到'契约'再到'和谐',我们看到的是中西两大文明在不同历史时期交替领先的历史事实,而它的背后则是'合'与'分'这两种更为本质的文明品性在不同历史时期交替主

〔1〕 [英]安东尼·吉登斯:《资本主义与现代社会理论:对马克思、涂尔干和韦伯著作的分析》,郭中华、潘华凌译,上海译文出版社 2013 年版,第 3 页。

导的历史规律……中华文明和西方文明从地理上看刚好各处亚欧大陆的东西两端，从文明性格上看刚好也在由‘合’到‘分’的光谱中各执一端，也可以说是这两种文明品性登峰造极的典型代表。正是凭借着这一点，中华文明和西方文明才能够在数千年的历史中交替领先，先后推动了人类文明的发展进程……中西文明必须通过相互学习和相互补足形成一个更加健全、更加平衡的文明新形态。如果人类的认识有朝一日真的能够演进到这样的一个新层面，那么接下来我们的确可以说‘三生万物’了，因为矛盾的辩证统一可以大大地推动事物向前发展，就像我们希望在中西文明的殊途同归中迎来人类文明繁花似锦的美好未来。”〔1〕

## 纵横交织：构建命运共同体需要底线公平与机会公平

在2014年出版的《精英与平民：中国人的民主生活》中，我曾经专门论述过一个社会的底线公平与机会公平，其中有段话是这样写的：“与‘底线公平’的那条横向的底线相比，‘机会公平’的这条底线是纵向的，可见在这个差别化的世界里，我所能够设想的公平观大概是‘倒T字型’的——‘底部一横，上面一竖’，‘横’的是‘底线公平’，‘竖’的是‘机会公平’。我希望这个社会的所有人都能够在底线之上生活，如果愿意竞争，那就沿着‘机会之索’向上攀登吧。能力有大小，攀登有高低，没有关系，‘会当凌绝顶，一览众山小’，‘又恐琼楼玉宇，高处不胜寒’，人生的高高低低从来就没有绝对的好与坏，曾经尽力就好，人生一样精彩，因为我们每个人都已经共享了人生出彩的机会；而万一‘马有失蹄，人有失手’，你在竞争中从高处跌落，没有

---

〔1〕 刘哲昕：《文明与法治：寻找一条通往未来的路》，法律出版社2014年版，第134～153页。

关系,‘底线公平’依然可以为你托底,站起来,你还是一个完整的人,有着一颗完整的心。有机会,有底线,人生就没有真正的遗憾,社会就没有真正的失败。”[1]在我的理解中,底线公平与机会公平的确是构建一个命运共同体至关重要的两大要素,也是一个命运共同体真正做到“有差别、有层次,却又命运与共”的重要保障。《精英与平民:中国人的民主生活》的文字已经代表了我对这个问题的认知,如今也无须作出改变,我在这里仅仅从命运共同体的视角补充一些观点和素材。

先来说说底线公平吧。如果让我用最通俗的语言来解释清楚人类社会与动物世界的区别究竟是什么,我可能会回答:不是别的,就是因为人类社会有一条底线,底线之上叫作人类社会,底线之下叫作动物世界;底线之上叫生活,底线之下叫生存。要命的是,我们每个人都是把双脚踩在动物世界里,把脑袋冒到人类社会的。要知道,人本来就是生命进化与精神进化的双重产物,当然也就具有动物世界与人类社会的双重属性。因此,如果你胆敢把任何一个人按下底线,他一定会变成一只标准的动物,而且一定是一只最凶残、最狡诈、对我们威胁最大的动物。史蒂芬·平克在《心智探奇》中记录了这样的一段话:“我不是一个重要的人或‘大人物’。我拥有的只有自己的尊严。我的生活已经被一种无法容忍的侮辱剥夺得一无所有。因此,我没有什么可以失去的,除了我的生命,它也是无足轻重的。所以我用我的生命来交换你们的生命,因为你们的生命是有特权的。这种交换对我来说是有利的,因为我不但要杀死你们,而且要杀死很多,与此同时,恢复我自己的地位,就在群体目光的注视下恢复,而我也是群体中的一员,尽管在这一过程中我可能也会被

[1] 刘哲昕:《精英与平民:中国人的民主生活》,法律出版社2014年版,第325页。

杀死。”[1]这是巴布亚新几内亚的一名神经错乱者的话,不过平克借用了这段话来描述邓布兰悲剧的制造者托马斯·汉密尔顿的心理活动。1996年3月13日,托马斯·汉密尔顿走进苏格兰邓布兰的一所小学,拿着两把左轮手枪和两支半自动手枪。在学校的体育馆,他射中了28名孩子,其中16名死亡,在枪杀了孩子们的老师之后,他最后将枪口对准了自己。2013年6月7日,在我写作《精英与平民:中国人的民主生活》的时候,厦门BRT公交车纵火案发生。那天,我在书中写道:“这个世界是一定有魔鬼的,魔鬼也是一定要下地狱的,因为天命素来如此,从无例外。然而我们每个人除了大声谴责之外,是否也应该扪心自问一下:在那阻止堕落、拯救灵魂的最后底线上,这个社会是否已经做到了‘多尽人力,再听天命’?”[2]既然人类社会的进化是通过不断深化和扩大的结盟形成一个命运共同体,那么这个命运共同体对每一名成员都理应有一个承诺,那就是:要尽其所能地让每一名成员都过上最基本的有尊严的生活。这个承诺,就叫作底线公平。2015年11月,中国政府发起了一场史无前例的脱贫攻坚战,以确保到2020年全国所有贫困地区和贫困人口一道迈入全面小康社会,从而在中华民族几千年历史发展中首次整体消除绝对贫困现象。在我的理解中,这就是一个真正的命运共同体对每一名成员的坚定承诺,其背后闪耀的正是底线公平的价值光芒。

除了底线公平以外,一个真正的命运共同体还应该打造好机会公平。如果说底线公平是命运共同体“命运与共”的一种体现,那么机会公平就是命运共同体“有差别、有层次”的前提条件。在这个社会的每个人都具有自我利益诉求和独立思考能力的前提下,要想让

〔1〕［美］史蒂芬·平克:《心智探奇》,郝耀伟译,浙江人民出版社2016年版,第369页。

〔2〕刘哲昕:《精英与平民:中国人的民主生活》,法律出版社2014年版,第324页。

每个人甘心接受这个社会的差别化和层次性,无疑是一件极其困难的事情,除非这个社会能够真正拥有一个东西,那就是机会公平。在这个问题上,中国人无疑是最有发言权的,因为我们的祖先曾经创造出关于机会公平的前无古人后无来者的巅峰之作,那就是长达1300年的科举制度。关于科举,我曾在《精英与平民:中国人的民主生活》的第五章中做过较为详细的论述,不过基本上都是从"精英与平民的流动与变迁"角度进行的。事实上,科举最大的价值就在于机会公平,在于为这个国家的平民子弟努力向上攀登提供了一个公平的机会。正所谓"朝为田舍郎,暮登天子堂",对于没有任何背景的中国平民子弟来说,科举这条道路尽管十分狭窄,然而毕竟公平,既然如此,又有什么理由不去苦读圣贤书呢?

在中国的历史上,不知道发生过多少次的农民起义,不过绝大多数都是早早夭折的。在我看来,农民起义要想获得成功,需要很多条件,其中至少需要两个条件相互结合,而这两个条件却总是很难结合:第一个条件是要有大量跌穿底线的平民;第二个条件是要有许多失去机会的精英。第一个条件其实并不难实现,因为如果用今天的标准来衡量的话,那么中国古代老百姓的日子可真的不算好过。读史的人都知道,中国史书中常常会有这样的记载——"人相食,死者过半""河水溢于平原,大饥,人相食""河内人妇食夫,河南人夫食妇"。何为"人相食"?说白了,就是人吃人。这不是跌穿底线,那什么是跌穿底线?中国的老百姓素来老实,若不是实在活不下去,那是一定不会造反的。不过,兔子急了也会咬人,一旦跌穿了底线,老百姓也就索性横下一条心,纠集起来跟官府拼命去了。不过,即便有再多的跌穿底线的平民,如果没有精英加入的话,这反也是百分之百造不成的。要知道,要想把几十个人、几百个人组织起来,其实不算是什么困难的事。上阵父子兵,打虎亲兄弟,家族、乡党就是一种天然的组织方式;如果还不够用,那还可以扩大化一下,搞点金兰结义、结拜兄弟什么的,应该也就可以了——这些组织方式无疑都是具体的。然而,如果你要想把几万人、几十万人高效地组织起来,那可就不是开玩笑的事了,不搞点抽象的组织方式是万万不行的,样样都得需要有文化,所以一定要有精英参加才能玩得转,光靠不识字的大老粗那可不行。现在问题来了:为什么中国的精英不参加农民起义呢?历史给了我们答案:他们没空,他们都在准备科举的事儿呢。只要科举不倒,读书人就有机会。三年一科,雷打不动;三年不行,那就再来三年。于是,三年复三年,中国古代的读书人,要么在科举,要么在科举的路上,他们是没空造反的。那么,为什么后来又有一些读书人参加农民起义了呢?答案也很简单:他们没有机会了。历史上,一旦朝政腐败到了侵蚀科举、"驱逐良币"的地步,读书人唯一的上升通道也就被堵住了。于是,失去机会的精英们愤然投身起义大军,跌穿底线的平民与失去机会的精英相互结合,腐败王朝的末日也就来临了。有了李岩的辅佐,李自成也就成了"闯王",甚至还杀进了北京城;而不听李岩的劝谏,李自成很快就丢掉了北京城;等到后来杀了李岩,李自成最后落入失败境地。所以,可以毫不夸张地说,没有李岩,就没有李自成;没有刘伯温,就没有朱元璋;没有萧何、张良,也就没有刘邦。李岩,天启丁卯年举人,乱世之中,无所作为;刘伯温,元统元年进士,因朝政腐败,被迫辞官隐退——他们都是失去了机会的精英,他们都是旧王朝的真正掘墓人。

机会公平的最大敌人就是精英阶层的封闭式自我生产。在没有科举的年代和社会里,这个问题的危害性是十分严重的。然而话说回来,可怜天下父母心,又有谁不希望自己的孩子未来有大出息的呢?既然如此,正所谓“靠山吃山,靠海吃海”,但凡手里有点钱的,总是希望把钱都留给自己的孩子;至于手里有点权的,难免有些人也会把公职当成私产,希望自己的孩子未来也能当个官。要知道,一个萝卜一个坑,而每个大萝卜又都会有自己的小萝卜,如此一来,大萝卜留下的坑位大抵上也只够这些小萝卜来填了。这下子问题可就严重了:一旦精英开始了封闭式的自我生产,其他人又有哪儿来的机会?一个命运共同体如果陷入了这种困局,那么机会公平必将逐渐丧失。接下来的一切,自然也就顺理成章了:精英与平民的断裂成为必然,命运共同体的解构也就成为必然。

如果运用三层进化的理论框架进行分析,我们还可以把这个问题的本质看得更清楚点。在我看来,精英之所以会产生封闭式自我生产的冲动,其根本原因就在于血缘——血缘只是生命传承的传统说法,如果用科学的语言来说,那就是基因传承。然而,正如前文所述,人类在本质上乃是生命与精神的双重存在物,因此人类的传承自然也就具有了双重性:生命传承和精神传承。生命传承只是人类动物性的表现,唯有精神传承才是人类社会性或人性的表现。生命传承靠的是基因,精神传承靠的是教育。如果仅仅因为在生命意义上是自己的孩子,就让他无条件地继承自己的全部财富和权力,那么毫不客气地说,这最多只能算是一种动物性的表现。如果要想超越动物性,那么精英在传承的时候就必须确保:这个孩子在精神意义上也是自己的孩子——你坚强,他也必须坚强;你善良,他也必须善良;你心怀天下,他也必须心怀天下;你全心全意为人民服务,他也必须全心全意为人民服务。如果精英能够做到这一点,那么前述的问题事实上就可以被超越了。不管在生命意义上是不是自己的孩子，只要在精神意义上是，那么精英的传承就是正当合理的，这个社会就既可以做到“举贤不避亲”，也可以做到“举贤不必亲”——我劝天公重抖擞，不拘一格降人才。

这就是精神进化超越于生命进化的地方：人体的新陈代谢依靠的是基因的复制与细胞的分裂，然而社会的新陈代谢依靠的是精神的教育与精神的传承。如果我们把生命的传承称为“血缘”的话，那么不妨也给精神的传承取上一个名字。倘若大家不介意的话，那么我的推荐是——“神缘”。如果“血缘”代表着生命，那么“神缘”就代表着对生命的超越。“血缘”是动物性的，“神缘”是社会性的；“血缘”是封闭性的，“神缘”是开放性的；“血缘”是机会不公平的，“神缘”是机会公平的；“血缘”属于动物世界，“神缘”属于人类社会；“血缘”成就了家，“神缘”成就了国；“血缘”可以造就家天下，“神缘”可以造就公天下；“血缘”可以造就家庭命运共同体、家族命运共同体，唯有“神缘”方可造就社会命运共同体、国家命运共同体，乃至于人类命运共同体。

## 休戚与共：爱和法律是命运共同体的神经系统

曾有人问我：“一个生命的确是一个命运共同体，因为生命体拥有灵敏的神经系统，手脚如果受了伤，神经系统就会迅速地将痛感传递给大脑，从而倒逼大脑解决问题。这点我们很好理解。可是，不同的人与人之间并没有神经系统相互连接，你又该如何证明：不同的人与人之间也能结成一个真正的命运共同体？”这个问题其实并不难回答。在我的理解中，不同的人与人之间至少有两种“神经系统”：第一种“神经系统”叫作“爱”。假设有一个母亲，她有一个女儿。自从女儿诞生以后，母女二人事实上就已经是彼此独立的生命个体了,她们之间已经没有生物学意义上的神经连接了。然而,如果有一天,女儿不小心受了伤,骨折了,那么毫无疑问,伤在女儿的身上,痛在母亲的心头。为什么呢?原因很简单:因为母亲爱女儿,爱就是连接生命与生命之间的“神经系统”。你究竟在乎多少人的痛,取决于你究竟爱着谁,取决于你的心里究竟装了多少人——爱,就是社会命运共同体的“神经系统”。第二种“神经系统”叫作法律。如果有一个人殴打了另一个人,他痛了,你不痛是吧?法律惩罚你,你就痛了——你等于在自虐。如果有一个人谋杀了另一个人,他死了,你没死是吧?法律惩罚你,你就死了——你等于在自杀。由此可见,法律事实上就是连接人与人之间的“神经系统”。一个社会的法律越绵密、越公平,这个社会的“神经系统”就越发达、越灵敏——法律,就是社会命运共同体的“神经系统”。

爱和法律,分别代表着情感进化与智能进化的最高境界,自古以来就是社会命运共同体的两大“神经系统”。现在,随着人类社会的不断发展,另外两种“类神经系统”似乎也正在快速进化之中。第一种“类神经系统”就是互联网与人工智能。几十年前,距离我们几千公里之外的地方如果有个孩子去世了,我们基本上是浑然不知的,正所谓“你未看此花时,此花与汝心同归于寂”。然而,2015 年 9 月 2 日,当土耳其海滩上那名 3 岁的叙利亚难民儿童艾兰·库尔迪趴在沙滩上死去的照片通过互联网的光速传播同时出现在人们眼前的时候,我们每个人的心都被深深地刺痛了,这名孩子的生与死就这样与我们每个人相关了,正所谓“你来看此花时,则此花颜色一时明白起来:便知此花不在你的心外”。互联网的发展目前正处于“寒武纪大爆发”的时代,人类的精神交流与精神融合正在以前所未有的深度、广度和速度向前推进,未来无论会发生什么样的事情,有一点是可以肯定的：人类命运共同体必将因互联网的迅速发展而加速进化。现在，随着大数据与人工智能时代的来临，人类社会的神经系统还会进化得更加灵敏、更加聪明、更加精准、更加科学。2019年，上海市司法系统在全国率先运用智能辅助办案系统辅助司法人员办案。这个简称“206 系统”的智能辅助办案系统将人工智能深度嵌入法律系统之中，事实上将司法过程中最为理性的大部分工作都交给了技术中立的 AI 助理。AI 助理不仅可以协助司法人员十分精准地抓住案件的关键，还可以将司法人员办案过程中的各种瑕疵悉数指出——不解决这些瑕疵，这案可就办不下去了。这意味着什么？这意味着人工智能的介入不仅大大提高了司法的效能，更是实现了中立的技术对司法公正的监督与倒逼。在我的理解中，这一“弯道超车”的司法改革创举，必将大大推动法律这种社会“神经系统”的加速进化——而这，仅仅是开始而已。

第二种“类神经系统”应该就是经济全球化。随着全球经济分工体系的建立，生产全球化、贸易全球化、金融全球化已经将整个世界逐步融合成了一个有机联系的整体。经济利益的流动就如同神经系统的传导，使得全球逐渐形成牵一发而动全身的格局，没有人能够完全置身事外。今天的美国政府为了一己之私肆意发动贸易战，甚至妄图切断中美之间的经济联系。这种损人不利己的行为无疑违背了经济全球化的前进方向和人类命运共同体的进化方向，是注定要遭到经济规律的严厉惩罚的，即便一时得逞，最终也必将以头破血流的惨败而耻辱收场。

爱与法律，互联网与经济全球化，人类命运共同体的各种“神经系统”和“类神经系统”如今无疑都在快速进化之中。如果要我说，哪种“神经系统”是最为重要的？那么我的回答一定是——爱。爱，是人类情感进化的巅峰之作,也是人类命运共同体最强大的凝聚剂。正如前文所述,是情感,而不是智能,为人类的行为设定了最高目标。因此,作为情感的最高表现形式,爱,也就自然而然地成为命运共同体最为重要的"神经系统"。那么,爱究竟是什么呢?在我的理解中,首先,爱是一种守护底线的承诺。事实上,我们每个人从小都会有一种"有恃无恐"的心理,那就是:无论自己遇到多大的困难,父母亲总是不会抛弃自己的,他们总是会为自己守护底线的。这种安全感对于人的精神发育至关重要,因为它直接关涉这个世界留在我们内心深处的最初烙印究竟是什么——是冷酷无情的动物世界?还是温情脉脉的人类社会?乔治·瓦利恩特在《精神的进化》中写道:"信任植根于爱、依恋以及感激等情感体验。从神经生物学的角度来看,信仰应当发端于因哺乳动物婴儿时期的分离啼哭而产生的信任。我相信,如果我跌倒之后大声啼哭,一定会有人把我抱起来——'一旦我走丢了,一定会有人把我找回来;或者一旦我失明了,总有办法让我重见光明。'"[1]让孩子从小在爱的环境中长大,对于孩子的人格发育具有举足轻重的作用。如果说得更狠一点,我们甚至可以这样说:孩子从小有没有感受到爱,在很大程度上决定了这个社会培养出来的接班人究竟是人,还是人形的动物。

其次,爱是一个由内而外不断延展的过程。关于这个问题,人类其实早就有共识了。达尔文在《人类的由来》中写道:"当人进展得越来越文明,而小部落结合成更大的社群的时候,最粗浅的推理能力也会告诉每一个人,他应该从此把他的一些社会性本能和同情心扩充到同一个大社群或民族的全体成员,对其中他所不认识的一

---

〔1〕[美]乔治·瓦利恩特:《精神的进化》,张庆宗、周琼译,华东师范大学出版社 2018 年版,第 87 页。

些人也是一样。在达到这一点之后，前途阻碍他把同情心推广到一切民族和种族的障碍只剩下人为的一个了。说实话，到目前为止，如果人和这些不同族类的人还因形貌和习惯的巨大差别而彼此分隔，过去的经验不幸正好向我们说明，在我们有朝一日把这些异族的人看作一视同仁的同类之前，还需要多么漫长的一段时间呀。”[1]弗洛伊德在《文明及其缺憾》中也是这样说的：“文明是一个服务于爱欲的过程，爱欲的目的是先把每一个人，再把每一个家庭，然后再把每一个部落、种族和国家都结合成一个大的统一体，一个人类的统一体。为什么要这样做，我们并不知道，这就是爱欲的工作。”[2]当然了，关于这个问题的认识，中国古代的先贤们很显然走得比任何同时代的人都要早，都要远。我们不妨一起来复习一遍《大学》中的那段话，感受一下我们祖先内心深处的大爱与智慧：“古之欲明明德于天下者，先治其国；欲治其国者，先齐其家；欲齐其家者，先修其身；欲修其身者，先正其心；欲正其心者，先诚其意；欲诚其意者，先致其知，致知在格物。物格而后知至，知至而后意诚，意诚而后心正，心正而后身修，身修而后家齐，家齐而后国治，国治而后天下平。”尽管前路漫漫，困难重重，然而我们依然有理由相信，在精神进化的推动之下，爱的力量终将遍及整个人类社会，从而推动人类命运共同体的最终形成。而在此之后，爱的脚步还会走多远，我也不是十分肯定。唯一可以肯定的是，爱还会继续前行，最终促使人类与自然环境之间、人类与其他生命之间、人类的生存与超越之间达致一个更好的平衡。在《人类的由来》中，达尔文就曾瞭望过这样的一个未来：“至于超越人世界以外的同情心，那就是说，把人道推向

---

〔1〕［英］达尔文：《人类的由来》，潘光旦、胡寿文译，商务印书馆1983年版，第184~185页。

〔2〕《弗洛伊德文集》（第12卷），九州出版社2014年版，第127页。

低于人的动物的这一看法,那是人类在道德领域里最晚近才取得的一种东西……这个美德,人类所被赋予的最为崇高的美德之一,看来是在我们的同情心变得越来越细腻柔和、越来越广泛深透的过程中偶然兴起的,而其发展的结果,终于广被到一切有知觉的生物。”[1]当然,在这个问题上,佛教的心无疑是走得最远的。正所谓“积水养鱼终不钓,深山放鹿愿长生。扫地恐伤蝼蚁命,为惜飞蛾纱罩灯”,佛教很显然是将所有的动物生命都纳入爱的对象范围了——我常想,若不是为了维持自己最低的生存需要,恐怕连所有的植物生命也会被佛教纳入爱的对象范围吧。不过,我在这里还是要再强调一遍:本书的书名是《生命与超越》,不是《生命的超越》。若是单论对生命的超越,天下恐怕没有比佛教领悟得更加彻底的了——这大概也正是佛教令人尊敬的地方之一。不过,若是将“生命”与“超越”当作一对矛盾范畴来对待,那么我还是应该提醒一下:广义进化不是空中楼阁,精神进化既是超越于生命进化之上的,又是奠基于生命进化之上的。这道辩证法可不是空对空的禅语,而是实打实的科学。所以,凡事还是要尊重科学,适可而止,不要想当然地走极端,否则印度社会那几百万自虐的苦行僧恐怕才是人类前进的方向。

最后,在我的理解中,在“爱”与“恨”这对看似对称的关系里,只有爱才是人类精神的底色,恨只是爱的反面;或者换句话说,爱并不以恨为前提,而恨是一定要以爱为前提的。在我的理解中,一个人也许会莫名其妙地爱上一个人,但是大概不会莫名其妙地恨上一个人吧。如果你真的恨上了一个人,那么一定会有一个前提:那个人

---

〔1〕[英]达尔文:《人类的由来》,潘光旦、胡寿文译,商务印书馆1983年版,第185页。

伤害到你的所爱了。比方说,抗日战争时期的中国人肯定不会莫名其妙地去恨日本人,之所以会有恨,完全是因为日本军国主义伤害到了我们的家国,伤害到了我们的所爱。当然,除了这种情况之外,一个人的恨还可能源于对自己的过分自爱。由于对自己过分地自爱和自恋,所以这个人的内心深处总是不允许别人比自己做得更好,比自己得到的更多。其实,别人很可能并没有真正伤害到他——因为即便别人没有得到,他自己也是得不到的。但是,由于对自己过分的自爱,这个人在想象中感受到了这种“伤害”。这种因为过犹不及的自恋所产生的病态的恨,我们往往称之为嫉妒。因此,在我看来,在人类精神世界的光谱中,爱是居中的底色,真正的恨与病态的恨(嫉妒)分据两端,然后不断地向中间侵蚀渗透,与爱争夺领地,从而使一个人的精神光谱呈现一幅斑驳杂乱、爱恨交织的景象。而人类的精神进化,事实上就是一个让爱的底色更加明亮,让恨的色彩不断消褪的过程。要想真正解决这个问题,无疑是一个艰苦而又漫长的过程,而办法只有一个,也只需要一个,那就是——立场。在我的理解中,只要我们能够确立命运共同体的立场,那么一切问题都将迎刃而解:既然注定要成为命运共同体,那么我们自然就应该让爱的底色变得更加明亮;既然注定要成为命运共同体,那么我们自然就不会去肆意伤害他人的所爱,而是应该彼此共享、相互成就;既然注定要成为命运共同体,那么我们又怎会有嫉妒之心呢?想想就能够明白:如果一个人的心中有着比自己的利益还要大的“道”,那么同道中人做得比我们好,我们高兴都来不及,又怎会去嫉妒他呢?这就好比大敌当前之际,枪林弹雨中突然发现自己身边的战友居然是一名神枪手,我们又怎么会去嫉妒他杀敌的本领太大呢?而如果有人不是我们的同道中人,那么他做得好或不好又与我们何干呢?既然他追逐的东西本来就不是我们想要的,那么我们又有什么必要去嫉妒他呢?所以,嫉妒的人一定是狭隘的,他的心中没有道,只有自恋的自我。

## 自我管控:人类命运共同体进化的必要代价

尽管人类的精神进化注定要完成对生命进化的超越,然而这种超越并非没有代价,其中最大的代价就是:生命进化优胜劣汰的逻辑链有可能被人类生生截断。事实上,达尔文在《人类的由来》中就已经注意到这个问题了,他说:“就野蛮人,身体软弱或智能低下的人是很快就受到了淘汰的,而存活下来的人一般在健康上都表现得精力充沛。而我们文明的人所做的正好相反,总是千方百计地阻碍淘汰的进行;我们建筑各种医疗或休养的场所,来收容各种痴愚的人,各种残废之辈和各种病号。我们订立各种济贫的法律,而我们的医务人员竭尽他们的才能来挽救每一条垂危的生命。我们有理由相信,接种牛痘之法把数以千计的体质本来虚弱而原是可以由天花收拾掉的人保存了下来。这样,文明社会里的一些脆弱的成员就照样繁殖他们的种类。凡是做过家畜育种的人谁都不怀疑这种做法是对人类的前途有着高度危害性的。”[1]达尔文说得没错,生命进化固然残酷无比,但是自然选择的优胜劣汰的确推动了生命的不断进步和不断优化。然而,一旦人类启动了精神进化,人与人之间就走上了相互结盟的道路,命运共同体的立场就逐步得以确立。既然是命运共同体,那么所有成员自然都应该在底线之上生活,而不能

〔1〕[英]达尔文:《人类的由来》,潘光旦、胡寿文译,商务印书馆1983年版,第206页。

在底线之下生存;因此,对于那些老弱病残的成员,这个社会自然也就不能坐视不管,而必须动用公共资源予以救助。可是,如此一来,这个社会岂不是真的变成了好歹不分,泥沙俱下了?在极端的情况下,出现逆淘汰的现象也不是不可能的——就像达尔文所说的,一旦打起仗来,最优秀的青年都参加了军队,可能在战场上很早就死去,全都不能在身强力壮的年龄里结婚,而一些矮小些或软弱些的人,体质根本不行的人,反而留在家里,从而得到大得多的机会来结婚生子,繁育在体质上和他们属于一类的人。〔1〕

先撇开意识形态和政治正确,我们恐怕不得不承认,达尔文的这个担心是有道理的。事实上,这也正是许多科学家共同的担心。薛定谔在《生命是什么》中也是这样说的:“我们不能无视这个事实:减轻个人照料自己的责任,使每个人机会均等,同时也在消除能力上的竞争,这无异于为生物进化装了高效的刹车。”〔2〕人类再怎么与众不同,毕竟也是一种生命,也是一个物种,真的要逆淘汰起来,最终肯定也是吃不消的。事实上,也正是出于这个理由,科学界才会衍生出所谓的社会达尔文主义和优生学理论,并最终导向了纳粹德国种族屠杀的疯狂。至于人文社科领域,此类的声音同样不绝于耳。尼采在《权力意志》中说道:“在神圣名义下,我产生了毁灭性的倾向;人们把这些衰弱者、教育衰弱者以及传播衰落者的人称为上帝——我发现‘好人’就是颓废对自我的一种肯定形式……同情在我看来,比任何邪恶都要危险……要尊敬宿命——宿命就是对弱者说:灭亡吧!”〔3〕

〔1〕［英］达尔文:《人类的由来》,潘光旦、胡寿文译,商务印书馆1983年版,第207页。
〔2〕［奥］埃尔温·薛定谔:《生命是什么》,罗来鸥、罗辽复译,湖南科学技术出版社2016年版,第115页。
〔3〕［德］弗里德里希·威廉·尼采:《权力意志》,吴崇庆译,台海出版社2016年版,第38~39页。

尼采口中的宿命,正是生命进化的优胜劣汰。生命进化就像老鹰抓小鸡般地对弱者说:“灭亡吧!”而精神进化却像母鸡护小鸡般地对弱者说:“不,让我来保护你!”精神进化做错了吗?没有做错!什么叫作超越?这就叫作超越——要知道,超越必定首先是一种否定。无论科学家们的担心多么有道理,截断生命进化的残酷逻辑,恰恰正是精神进化首先要做的第一件事。今天的人类之所以能够取得如此辉煌灿烂的成就,其根本原因就在于人类的结盟;而人类要想实现真正的结盟,就必须发动情感进化,必须进化出爱,必须建立起底线公平;而人类一旦进化出了爱,一旦建立起了底线公平,那就必然要同情弱者,就必然要保护幼小,就必然要“老吾老以及人之老,幼吾幼以及人之幼”。如果说人类因此阻断了生命进化的逻辑,从而导致生命的优胜劣汰不能顺利进行,那么我只能说:没有办法,这就是代价,人类精神进化的代价,命运共同体进化的代价。作为人类命运共同体最强大的凝聚剂,爱从来就不是一种理性的计算,而是一种超越生命的信仰。爱既然已经发动,那就不可能不及于同类,就不可能不浑然一体。任何人都不可能,也不应该让爱屈服于算计,一旦屈服,爱也就不是爱了。任何人都必须牢牢记住:人类社会可以承受无法淘汰弱者的代价,但绝对无法承受失去爱的代价。一旦失去了爱,人类社会立即就会土崩瓦解,重新坠入动物世界。事实上,达尔文在《人类的由来》中也表达过类似的思想,他说:“即便在刚性的理性的督促下,同情心也是抑制不住的,横加抑制,势必对我们本性中最崇高的一部分造成损失……若我们故意把体魄柔弱的人、穷而无告的人忽略过去,那只能是以一时而靠不住的利益换取一个无穷无尽的祸害。因此,我们不得不把弱者生存而传种所产生的显然恶劣的影响担当下来。”[1]

然而,承担必要的代价并不意味着人类就应该无所作为。恰恰相反,既然我们能够自觉地意识到爱的风险和代价,我们就应该通过自觉的行动,尽量降低这种风险和代价——这才叫作自觉。既然人类不可能通过大规模淘汰生命来实现进化,那么人类就必须自觉地控制人口的数量,就必须自觉地实现人口素质的优化,就必须自觉地保护地球的生态环境,就必须自觉地维持人与自然的平衡——一句话,既然人类自己截断了生命进化的链条,那么就必须自己用自觉去补足它。

以人口问题为例。按照科学家的估算,目前地球供养人类的能力已经接近了极限:如果地球上的每个人都愿意变成素食者的话,那么现有的14亿公顷土地将足够养活100亿人口;如果人类能够充分利用陆地及海洋一切植物光合作用所捕捉的能量(差不多有40万亿瓦特),那么地球便可供养170亿人口;不过,如果按照美国人的饮食标准,那么这个估计就太乐观了,因为足够养活100亿印度人的谷物,大概只够养活25亿美国人——他们把大部分的谷物能量都转给了家畜和家禽。[2] 粮食已然这么紧张,那么这个星球上目前又有多少的人口呢? 2019年6月17日,联合国公布了《2019年世界人口展望》报告,报告指出:目前地球上的总人数已经达到77亿;在接下来的30年里,世界人口总量会增加到97亿;预计到21世纪末,人口总量还会增至110亿。地球的土地承载能力显然已然接近极限,世界人口尤其是不发达地区的人口却依然在快速增长之中——到2050年的时候,撒哈拉以南的非洲地区的人口预计还会翻一番;而

[1] [英]达尔文:《人类的由来》,潘光旦、胡寿文译,商务印书馆1983年版,第207页。
[2] [美]爱德华·威尔逊:《生命的未来》,杨玉玲译,中信出版社2016年版,第54~55页。

至少有 68 个国家，15 岁以下的儿童超过了总人口的 40%。毫无疑问，如果这些发展中国家未来不能提供足够的教育机会和就业岗位，那么这些年轻人必将成为社会动荡的主力军；而如果这些国家未来政局动荡不安，那么这些年轻人无疑又会成为各种族群冲突的主力军；还有，顺理成章的是，如果这些国家陷入了长期的流血冲突，那么这些年轻人还有可能成为非法移民的主力军——然后，将动荡和冲突带到整个世界。所以，在这场世界人口大爆炸的进程里，这个星球上的任何人都不要幻想自己可以置身事外。近年来，世界舆论场上一直流传着所谓“用子宫征服世界”的奇怪说法。此事若是玩真的，那必将会是一场灾难。因为这不仅仅是将人类生生地降为动物，而且还通过截断生命进化逻辑的方法，将人类抛入一场生物学家所说的“生态释放”的灾难——所谓生态释放，就是指由于种间竞争减弱而引起生态位扩展的现象。简单地说，就是物种由于缺乏天敌而泛滥成灾。然而，最基本的科学常识和历史常识告诉我们，子宫最终是绝对不可能征服世界的，这种以无数生命作为人质的无赖行为一旦触及了对方的底线，必将遭遇到最猛烈的反弹。这种极不负责任的想法和做法，事实上将人类降到了连动物都不如的水平，因此必将遭受科学规律的严厉惩罚，也必将以一场害人害己、玉石俱焚的灾难而耻辱收场。

自觉降低命运共同体进化代价的方法有很多，其中有一种方法十分重要，那就是：在人类社会中模拟天择的环境，从而使优胜劣汰能够在一定范围内发挥作用。动植物的科学选种，和平年代的军事演习，体育赛场的激烈竞争，规则公平的市场经济，都是人类自觉模拟天择环境的种种办法。而其中最为重要的，无疑就是市场经济。理查德 · 道金斯在《地球上最伟大的表演》中写道：“进化恰恰是没有计划的。就像森林中的树木，军备升级是不可避免的，直到某一典型的个体升级到‘无利可图’时为止……如果我们一定要拿经济概念做类比的话，我们应该转而按照亚当·斯密‘看不见的手’进行思考。”[1]与生命进化的逻辑一样，市场经济的逻辑也是自下而上的——关于这点，人们早已达成了共识。然而，我在这里想要说是，市场经济在本质上并不是丛林世界，而是人类社会对天择环境的一种模拟；或者更准确地说，这是在人类社会中适度引入了生命进化的逻辑，从而推动了人类社会优胜劣汰的顺利进行，进而在一定程度上保持了人类社会的活力。市场的逻辑看似是自下而上的，事实上它依然建构在各种人定的规则体系之上，其本质依然是人类智能进化的结果。否则，动物世界的逻辑也是自下而上的，为什么就没有进化出市场来呢？

哈耶克在《致命的自负》中将市场的本质定位为自发秩序和扩展秩序，认为这种扩展秩序是在“无人能知其后果的情况下，在漫长的岁月中自发进化而形成的”，不是“某个主体的自觉设计的结果”。[2] 如果从市场经济与计划经济的比较来看，哈耶克的话显然是有一定道理的。不过，如果我们不加辨识就顺着这个逻辑往下推演，那么我们的认识就有可能陷入误区。因为这个逻辑将会自然而然地推导出一连串的错误结论：既然市场是自下而上自发形成的秩序，那么自由竞争就是神圣不可侵犯的真理；既然自由竞争是神圣不可侵犯的，那么弱肉强食自然而然也就具有了合法性——资本主义的最大错误正在于此。在我的理解中，市场在本质上并不是自发

〔1〕［英］理查德·道金斯：《地球上最伟大的表演》，李虎、徐双悦译，中信出版集团2017年版，第340~342页。

〔2〕［英］F. A. 哈耶克：《致命的自负》，冯克利等译，中国社会科学出版社2000年版，第2页。

形成的秩序，而是人类发动智能进化之后的理性产物。请务必牢牢记住：人类最早开展市场交易的初衷，一定是为了交换与合作，而不是为了竞争；即便后来出现了竞争，那也只是为了促进更优的交换与合作——说白了，一个市场可以没有竞争，但是绝对不能没有交换。还有，不要因为每个人参与市场交换的目的是为了自己的利益，就认为市场是一个丛林世界。原因很简单：如果市场真的是丛林世界，那么人们为什么要交易呢？还不如明抢更方便点——丛林世界里的动物们哪有什么交易，不都是明抢吗？由此可见，所谓的市场竞争，在其本质上，并不是自然选择，而是人类在契约和规则的基础上对天择环境的一种模拟，是人类有意识地借用生命进化的逻辑推动社会进化的一种手段。市场竞争看上去弱肉强食，事实上其底层架构依然是人类的理性。这就好比拳击比赛：看上去两个拳击手在台上打得头破血流，事实上其底层架构依然是规则和安全，所以比赛时绝对不会允许泰森去咬霍利菲尔德的耳朵。绳圈之内的厮杀，本质上并不是动物世界的你死我活，而是人类社会对天择环境的一种模拟。从这个意义上说，市场经济和计划经济在本质上都是人类精神进化的结果。它们之间的区别，其实并不是纯粹的自下而上与自上而下之间的对立，而在于是否在精神进化中引入了生命进化的逻辑，是否在人类社会中实现了对天择环境的模拟。因此，倘若我们真的将市场经济理解为弱肉强食的丛林世界，那可就大错特错了——真理迈过一步就是谬误，人类社会越过底线就是动物世界。

CHAPTER 08>

# 第八章

# 当代中国命运共同体的进化之路

## 神经进化：当代中国命运共同体应该如何看待政治

现在，让我们再来复习一遍柏拉图在《理想国》中说的那句话："当一个国家最最像一个人的时候，它是管理得最好的国家。"必须承认，在过去相当长的一段时间里，柏拉图的这句话一直是引导我更好地理解中国社会的一个前进路标——当我把中国这个国家比作一个人的生命体的话，的确有不少曾经困惑难解的问题都得到了很好的解答；而在我为研究广义进化论而开始学习生命科学知识之后，我对中国社会的现代治理体系的确也有了更深的认识——难怪范仲淹会说，"不为良相，便为良医"。关于命运共同体的生命科学之喻，我在2018年出版的《我们为什么自信》中已经作过一些必要的阐述，现在不妨在这里再进行一次系统的梳理。

如果我们把中国比作一个人的生命体的话，那么毫无疑问,就好像一个人总是需要一个大脑一样,这个国家无疑也需要一个强有力的执政党。要知道,大脑的重量大约为 1400 克,仅占全身重量的 2%左右,然而却消耗掉了全身 20%的血氧和 25%的葡萄糖,简直就是个多吃多占的主儿;可是,身体的其他部位却从来不会去抗议大脑,更不会去攻击大脑。为什么呢?原因很简单,那就是:大脑存在的意义本来就不是为了剥削和压迫身体,而是全心全意为身体的利益服务。正是这个立场,决定了大脑与身体之间虽然有差别、有层次,却无疑是一个休戚与共的命运共同体。也正是基于这样的认知,我在 2014 年出版了《精英与平民:中国人的民主生活》。尽管精英与平民这对范畴听起来有可能会刺激某些人的敏感神经,然而进化的科学原理决定了,任何社会都必定是一个有差别有层次的金字塔——就好像越是高等的生命,其差别化与层次性就越清晰一样。我们不可能改变精英与平民的结构,我们只能改变精英与平民的关系——是断裂的关系?还是统一的关系?革命是精英与平民的断裂,民主是精英与平民的统一,利益的统一,意志的统一。我相信,一个社会只要能够做到这一点,那么差别化与层次性就根本不是什么罪,而是一种必然,一种科学。

既然一个人只有一个大脑,也只需要一个大脑,那么一个国家如果只有一个长期执政党的话,那根本也不是什么罪,而是正常的、科学的。关于这个问题,我在 2018 年出版的《我们为什么自信》中曾经这样写道:“也许有人说,如果说一个国家只能有一个‘大脑’,那么‘两党制’又该怎么算呢?其实‘两党制’根本就不是一个人的两个大脑,而是一个大脑里的两个主意。这两个主意是相反的,又是相成的。经过一番思想斗争之后,最后还是要定下一个主意来。只不过经过这番思想斗争之后,最后定下来的那个主意一般而言就不会太偏激了，这就是‘两党制’的基本价值之一。不过，千万不要以为只要有两个主意相互斗争，就总能斗出个好结果来。如果两个主意之间差距过大，是有可能出大问题的……‘两党制’对于中国来说是个彻头彻尾的伪命题。在拼图式结构的西方社会，‘两党制’的确可以成为一个脑袋里的两个主意；在同心圆结构的中国社会，‘两党制’只会异化成两个脑袋，最起码也是精神分裂症。”〔1〕在我看来，这些文字至今也没有什么修改的必要，不过同样可以从生命科学的视角作点补充。

生命科学告诉我们，一个人虽然只有一个大脑，但是有意思的是，这个大脑总是分为左右两个半脑的。左脑偏重于分析和逻辑思维，右脑更具有整体性和艺术性，左脑接收右边身体传来的信息，右脑接收左边身体传来的信息，然后两个半脑各自作出自己的独立判断。发现了没有，大脑的这个特点简直像极了西方国家的两党制——当然，也只是“像”而已。因为在生命科学中，左右半脑并不是“轮流执政”的，它们之间的关系并不完全平等：理性的左脑占据着主导地位，感性的右脑作出的判断必须通过两个半脑之间的胼胝体传输给左脑，然后由左脑根据整体情况作出综合判断和最后决定，右脑必须服从左脑的命令。因此，从这个角度来看，左脑的地位像极了长期执政党，而右脑其实并不是真正的执政党，它的地位像极了长期参政党，它的功能像极了政治协商。而大脑之所以会进化出这样的一种结构，原因并不难理解：要在这个危机四伏的环境中生存下去，我们的认识就必须全面，而不可过于偏执专断，因此的确需要从不同角度提出意见和建议。换句话说，我们需要“民主”。同

〔1〕 刘哲昕：《我们为什么自信》，学习出版社2018年版，第55~57页。

样地,要在这个危机四伏的环境中生存下去,我们的行动就必须果断,而不可过于犹疑不决,因此的确需要一锤定音的意志和力量。换句话说,我们需要“集中”——这就是大脑的辩证法,这就是大脑的“民主集中制”。

如果左右半脑之间的这种“民主集中制”运作良好的话,那么大脑的功能就是既健全又高效的,如果左右半脑之间出现了某种断裂,那么问题可就严重了。这个世界上的确存在这样的病例,科学家称为“裂脑病人”或“异手症”。20 世纪 40 年代,科学家针对药物治疗无效的癫痫病人,采用切断胼胝体的办法予以控制。如此一来,癫痫病发作虽然停止了,但是大脑的两个半球却被分割开来了,右脑无法将自己的判断上传给左脑,左脑也无法将自己的命令下传给右脑,于是相互独立的左右脑分别执行了自己的判断。由于左脑负责管控右手,而右脑负责管控左手,因此两只手有可能会做出相反的举动:右手想要去拥抱你,左手却想要去殴打你——理性上想对你示好,感性上却想揍你,这就叫作“裂脑病人”,这就叫作“异手症”。1968 年,美国心理生物学家罗杰·斯佩里找到一个天生无胼胝体的病人进行研究,同样印证了左右半脑分工的理论——斯佩里本人也因为对左右半脑的研究,获得了 1981 年的诺贝尔医学与生理学奖。当获奖的消息传来的时候,加州理工学院的校长发表了一段著名的贺词:“斯佩里,谨向阁下大脑的左右两半球一并致贺!”

今天的中国台湾社会就是一个典型的“裂脑病人”:国民党和民进党看上去轮流执政,其实两党之间完全无法沟通,无法合作,就好像左右半脑之间的胼胝体被完全切断了一般。于是,全世界都看到了中国台湾社会的“异手症”——一只手似乎想与大陆合作,另一只手却在与大陆对抗。不过,也不要总是笑话台湾地区,其实任何采用两党制的社会都有成为“裂脑病人”的风险。一个社会一旦共识打破,社群撕裂,那么所谓的两党制不仅不利于解决问题,反而会加大成为“裂脑病人”的风险。今天的美国社会正围绕着少数族裔与传统白人之间的矛盾、全球主义与孤立主义之间的矛盾展开激烈的对抗,民主党与共和党这两个“半脑”之间的“胼胝体”正在被一点一点地切断,曾经稳健的美国政治如今也正在一步一步地滑向“裂脑病人”的深渊。也许有人会说:美利坚合众国强大如斯,怎会成为“裂脑病人”,简直是危言耸听。既不危言,也不耸听,事实上,就在150多年前,美国南方与北方就曾因为解放黑奴和国家统一的问题,结结实实地打了一场血腥的内战,至少夺去了75万名士兵的生命,无数南方平民在北方发动的“总体战”中惨遭屠杀——作为一名“裂脑病人”,美国早就有前科了,所以要小心旧病复发。

当然了,民主的问题并没有那么简单。生命科学告诉我们,脑神经与全身的神经系统是完全浑然一体的,大脑功能的真正发挥,离不开全身神经系统的无缝配合。左右脑之间的分工也罢,制衡也罢,都不是与身体无关的空中楼阁,而是在与身体的不断互动中完成的生理过程。大脑的判断对不对,决策好不好,最终都要落实到身体的行动上,并通过身体的感受予以验证。从这个意义上说,一个社会的行政管理系统大致上就相当于一个人的运动神经系统,将大脑的决策转化为照顾全身利益的具体行动,上情下达,如心使臂;而一个社会的民主反馈机制大致上就相当于一个人的感觉神经末梢,将身体的真实感受及时地反馈给大脑,以便帮助大脑及时地审视和调整自己的决策,下情上达,灵敏高效。从这个意义上讲,一个社会的民主建设应该努力打造一副灵敏的感觉神经末梢系统,将基层群众的真实感受准确无误地传递给大脑——触感是对大脑的一种反馈,痛感是对大脑的一种倒逼,各种感觉互为补充,从而帮助大脑更好地管理自己的身体,更好地照顾自己的利益。

痛感是感觉神经末梢最强有力的武器。痛,当然是一种令人不舒服的感觉。不过请相信,生命之所以会进化出痛感神经,一定不是为了故意给大脑捣蛋的,而是为了更好地保护自己的身体。假设一下,如果一个人要是没有痛感的话,那他又该如何为自己提供预警信息?又该如何避免自己受到伤害呢?这个世界上的确有这样的一种人,他们天生就没有痛感。不过,那并不是什么值得高兴的事,而是一种很严重的病,医学上称为“先天性无痛症伴部分无汗症”。这种罕见的遗传病会使人的身体部分或者全部失去痛感。疼痛信号依靠一种特殊的蛋白质,以闪电般的速度在细胞间传递,最终到达大脑。研究表明,这类患者的SCN9A基因发生了突变,导致细胞表面的离子通道出现异常,从而使SCN9A基因生成的蛋白质无法将疼痛信号传递出去,就像一群狂暴的野马被困在了马厩之中。有一位来自巴基斯坦拉合尔市的男孩,就具有这样的无痛超能力。这个男孩以在街头表演无痛超能力而谋生,他在表演时会用各种尖锐的东西插进自己的身体,还会表演吞剑和火上穿行。不过,当研究人员赶到拉合尔市的时候,这个男孩已经死了——就在14岁生日之前,为了给朋友们一个惊喜,他从楼顶跳了下来。[1] 从这个意义上说,既然一个健全的人不仅需要左右半脑的横向制衡,还需要末梢神经的纵向反馈,那么一个健全的社会自然也就不仅需要高层的政治协商和民主集中,同样也需要基层的意见表达和意志倒逼。上下联动,纵横交织——什么叫作民主?这就叫作民主。对于

〔1〕[美]沙伦·莫勒姆等:《基因革命》,杨涛、吴荆卉译,机械工业出版社2017年版,第128页。

一个人来说，痛，其实不是一种伤害，而是一种保护；而对于一个社会来说，民主，也不是一种伤害，而是一种保护。

如果我们把民主比作一个人的感觉神经末梢的话，那么法治就好比是一个人的植物神经。关于这个问题，我在《我们为什么自信》中是这么写的："植物神经又称自主神经，掌握着各种性命攸关的生理功能，比如心脏的搏动、血压、呼吸、消化、排泄等。由于这些功能是如此的重要，一旦停止就会危及生命，因此，生命进化出了一整套不依赖于自主意识的植物神经来掌控这些功能，以免因为大脑的一时疏忽或者一时癫狂而导致生命的突然终结。法治的作用机理大致上也是如此的。在长期的社会生活中，人们往往会将那些已经被证明是十分重要和稳定的社会关系和行为方式，用法律的方式固定下来，保护起来，以免遭到权力和民众的随意伤害，这种方式就叫作法治。法治上可以防暴君，下可以防暴民，从这个意义上讲，法治的确是一个社会的'植物神经'。"[1]如今看来，这段论述依然没有修改的必要，不过我们同样可以从生命科学的视角作点补充。

生命科学知识告诉我们，植物神经又可以分为交感神经和副交感神经。当一个人的身体处于紧张状态时，交感神经活动往往起着主要作用，比如可以使人心跳加快，血压上升等，扮演的是释放能量、主动作为的角色；而当一个人的身体处于安静状态时，副交感神经活动则起着主要作用，比如可以使人心跳减慢，血压降低等，扮演的是储存能量、休养生息的角色。这两种神经既是相互对立的，又是相互统一的，一阴一阳，交替运作，共同服务于内脏器官的正常功能运行。交感神经和副交感神经一动一静的对立统一，让我联想起

〔1〕 刘哲昕：《我们为什么自信》，学习出版社 2018 年版，第 71 页。

了法治领域最重要的一对范畴——公法与私法。什么叫作公法?什么叫作私法?古罗马法学家乌尔比安认为,公法是关于罗马国家的法律,私法是关于个人利益的法律。具体来说,公法主要调整国家与私人之间的关系,以强制性规范为主,否定私法自治——税法、刑法就是典型的公法;而私法主要调整私人之间的关系,以任意性规范为主,弘扬私法自治——民法、商法就是典型的私法。在我看来,如果说法治就像一个人的植物神经的话,那么公法的确有点像交感神经,在国家法治体系中扮演着释放能量、主动作为的角色;而私法的确有点像副交感神经,在国家法治体系中扮演着存储能量、修养生息的角色,两者的关系也是相辅相成,对立统一的。

在生命科学上,植物神经往往又被称为"自主神经"。不过植物神经的所谓"自主"其实也只是相对的。真实的情况是,植物神经归根结底也是全身神经系统的有机组成部分,它与脑神经、运动神经、末梢神经等各种神经之间都有着千丝万缕的联系,不可能"躲进小楼成一统"。运动神经就很容易影响到植物神经。一个人固然不能让自己的心跳停止5秒钟,但是如果他想要让心脏跳得快一点的话,那么办法总还是有的,比如说到操场上去跑两圈,心跳自然就加快了;而如果他想要让心脏跳得慢一点的话,那么办法也总还是有的,比如说让自己上床睡觉去,心跳自然也就慢了下来。除了运动神经之外,脑神经的精神活动同样也可以引发植物神经的节奏变化:兴奋和害怕可以让人心跳加速,而思想放松、内心平静则可以起到相反的作用。当然,除了运动神经和脑神经,一个人的末梢神经同样也可以影响到植物神经:比如一个人的手指突然遭到电击的话,那么突如其来的疼痛无疑也会引发心跳的突然加速,而对皮肤的轻柔按摩则有可能起到相反的作用。由此可见,尽管相对稳定独立,然而植物神经系统从来就不是一成不变的独立王国，不管是脑神经的活动，还是运动神经的活动，抑或是末梢神经的活动，都有可能引发植物神经的节奏变化。生命科学的这个道理可以为我们更好地理解法治提供帮助。有人认为，法律应该具有稳定性，不可朝令夕改。这话不能绝对理解：法律虽然具有相对的稳定性和独立性，但是绝非一成不变，对于一些明明已经不适应实际需要的法条，我们当然应该根据实际情况，及时予以修订。法律的废改立，本来就是法治的应有之义，只要我们实事求是，就不必大惊小怪；至于推动修法的动议，既可能来自执政党，也可能来自行政机关，还可能来自人民群众，从不同的视角出发，总会有不同的诉求。当然了，法治本身还是有自己的价值底线的，这是人类社会千万年来积累的宝贵经验。因此，当修法的诉求触碰到这些价值底线的时候，人们理应慎之又慎，否则就有可能出现类似当年纳粹德国的《纽伦堡法案》那样的历史悲剧——没错，一个人的确可以通过跑步让自己的心跳加快。不过，一个人的心跳频率总是有极限的，一味蛮干，只怕会导致猝死。

## 防止癌变：当代中国命运共同体应该如何看待资本

在 2014 年出版的《精英与平民：中国人的民主生活》和 2018 年出版的《我们为什么自信》中，我都用了很大的篇幅专门论述了资本的问题。关于当代中国人应该如何正确看待资本，我在《我们为什么自信》中这样写道："在走过一个'否定之否定'的历史过程和付出了无数昂贵的代价之后，共产党人是到了学会辩证对待资本的时候了。'资本'与'资本主义'有着本质的区别，中国可以有资本，但绝不能有资本主义。既然已经认识到资本将会在今后相当长的历史时期里继续合理存在和发挥积极作用,那么剩下的问题便是如何善用它和驾驭它了。资本有着巨大的能量,放任资本,资本就是一头危险的猛兽;驾驭资本,资本就是一匹神骏的坐骑。当代共产党人既不消灭资本,也不放任资本,当代共产党人要驾驭资本为人民服务。理解了这一点,我们才能够理解'国有'与'资本'的关系,理解公有制与私有制的关系,理解社会主义与市场经济的关系,也才能够真正理解什么叫作'新时代中国特色社会主义'。"〔1〕这些文字至今依然代表着我对资本问题的基本认识,不过在这里同样可以从生命科学的视角作点必要的补充。

干细胞技术是当前生命科学的前沿领域。所谓干细胞,就是具有自我复制和多向分化潜能的原始细胞。众所周知,我们每个人都是由一个单细胞——受精卵发育而成的。这个单细胞通过不断的分裂来增加细胞的数量,并在分裂的过程中通过不断地分化(或称"特化")形成不同类型的细胞,进而构建出了一个有差别有层次的复杂生命体。由此可见,人之初的这个单细胞一定具有十分强大的自我复制能力和十分巨大的自我分化潜力,我们将其称为干细胞——干细胞的"干"字译自英文的 stem,意为茎干、起源。按照英国博物学家康拉德·沃丁顿的一个著名比喻,我们可以把干细胞理解成从山顶上滚下来的一个球,当球在山顶上的时候,它有滚到山底任意一个凹槽里的可能性;随着向下滚动的过程,这种可能性就逐渐缩减;一旦滚到山底的某个凹槽里不动了,那就不再是干细胞了,而是已经完全特化的体细胞了。从这个角度来看,干细胞又可以分为全能干细胞、多能干细胞和单能干细胞,越往源头,越是多

〔1〕 刘哲昕:《我们为什么自信》,学习出版社 2018 年版,第 138 页。

能。干细胞的这个特性启发了科学家的灵感：当我们的人体细胞逐渐陷入衰落凋亡的时候，如果能够注入一些干细胞，那岂不是可以让我们重新焕发青春？人类无论在任何时候，对返老还童甚至长生不老的事总是最关心的，这也是干细胞技术今天能够得以迅速发展的动力源泉。比如说，生育孩子时的脐带血中就含有大量的造血干细胞，于是保存脐带血很快就成为当今社会的医学新时尚；而对于那些出生时根本没想到这点的人来说，如果能够把体细胞逆转回干细胞，那岂不是太棒了？2006年，日本的山中伸弥用病毒载体将四个转录因子（Oct4，Sox2，Klf4和c-Myc）的组合转入成熟的体细胞之中，从而真的将已经分化的体细胞重新诱导编程为胚胎干细胞——这项名为诱导多能干细胞（iPS）的生物技术也使山中伸弥教授获得了2012年诺贝尔生理学和医学奖。

干细胞技术的迅猛发展使人类无限接近于掌握控制生老病死的金钥匙。然而，但凡好东西，必定有大缺陷。干细胞技术的致命缺陷就在于极易演变成为癌细胞。生命科学知识告诉我们，正常细胞的生长离不开生长因子的信号刺激，这种生长因子由一种可溶性蛋白质分子传递。当我们将细胞从活体组织中采出，置于培养皿中培养的时候，即便培养皿中有各种养分——糖、氨基酸和维生素来保证细胞的存活，细胞在培养皿中也依然不会生长，不会分裂。然而，如果我们在培养基中加入了含有生长因子的血清，那么细胞就会开始在培养皿中繁殖、分裂。有意思的是，一旦不断分裂的细胞铺满了培养皿的底部并触碰到皿壁，细胞就会立即停止分裂，因为细胞周边的生长因子信号又不够了。然而，如果这个时候有一个细胞“发疯”了，不肯停止分裂，那么这个细胞就会开始肆无忌惮地繁殖与分裂，从而演变成了癌细胞。癌细胞在光滑的人体器官表面重重叠叠地生长了起来,从而形成了可怕的肿瘤。一旦肿瘤突破了供血限制,发展出属于自己的供血系统来,那么它就会疯狂地与正常的细胞组织争夺氧气和养分,从而将人体的正常细胞组织"活活饿死"——这就是癌症的致命逻辑。所以,癌细胞根本就不是什么病毒,也不是什么细菌,说到底,癌细胞就是不肯停止分裂的细胞。

癌细胞"发疯"的原因有很多,方法也有很多。比如,有一种肿瘤蛋白会诱使细胞向紧邻的外部环境释放出生长因子,这些因子很可能返身刺激刚刚释放出它们的那个细胞,从而促进该细胞的生长。于是,通过鼓励细胞自我制造生长因子,癌基因和它们的蛋白质产物使细胞摆脱了对外源性生长因子的依赖。又如,正常的 ras 蛋白静坐于细胞质中等待生长因子受体的信号。收到受体的信号后,ras 蛋白迅速进入应激状态,向细胞深处传送刺激信号。过后不久,它便平静下来,回复静止状态。这样的平复确保下游信号系统收到的只是有限的生长刺激信号。然而癌基因造就的 ras 蛋白没有自我平复的能力,它在一个不定的时段内始终处于活性状态,一波又一波地向细胞发送生长刺激信号,以至于信号泛滥成灾。[1]

当然了,我们的身体也十分聪明,进化出了很多办法来对付癌细胞。科学家认为,癌症要想最终肆虐,就必须连续突破人体的 8 道防线:(1) 自给生长信号,上文所述的 ras 癌蛋白就是这个原理;(2)对抗生长信号充耳不闻,细胞也会接收到由临近细胞发出的停止生长的信号,而癌细胞则对此充耳不闻;(3) 变得永生,基因组会通过缩短端粒来限制细胞连续分裂的次数,而癌细胞能够逾越这种机制,这类基因突变大多发生在 TERT 基因上;(4) 逃避细胞自杀机

〔1〕 参见[美]罗伯特·温伯格:《细胞叛逆者——癌症的起源》,郭起浩译,上海科学技术出版社 1999 年版,第 96~98 页。

制,当极端错误出现的时候,细胞会自我毁灭,而癌细胞去除了这个机制;(5)逃避免疫破坏,免疫系统的任务之一就是在癌细胞扩散之前找到并摧毁它们,而癌细胞逃脱了来自免疫系统的侦查;(6)贪婪地汲取能量,失控的细胞增殖需要相应的能量供给,癌细胞会转入一种可以从糖类中更快提取能量的模式,从而增加了身体其他部分的负担;(7)吸引新的血管,如果细胞没有足够的供氧,那么新分裂出来的细胞就会忍饥挨饿,癌细胞需要诱导邻近血管向其生长;(8)入侵较远的身体部分,当癌细胞从原位置转移,渗入其他身体部分以建立自己的中途站时,癌症就进入了最危险的阶段。[1]

在这 8 道防线中,有 2 道防线对我们理解资本问题是很有启示意义的,那就是第 3 道防线“变得永生”和第 4 道防线“逃避细胞自杀机制”。人类染色体的两端都有端粒,端粒由 TTAGGC 这个碱基序列重复 1000 次左右构成,类似于鞋带两头防止磨损的保护物。由于 DNA 聚合酶——负责 DNA 复制的酶——采用的生化机制,染色体 DNA 的两端总是不能被准确复制。结果,细胞每一次复制 DNA,组成 DNA 末端的端粒都会被截短约 100 个碱基。因此,在细胞分裂达到几十次后,端粒就磨损殆尽,不能再保护染色体两端的要害部位,导致染色体之间彼此首尾融合,造成遗传机制崩溃,细胞停止生长并最后死去。然而,癌基因在体细胞中复活了通常只在生殖细胞中表达的端粒酶,从而可以无限制地重建染色体两端的端粒,确保自己拥有无限的复制能力。至此,癌细胞突破了人体的第 3 道防线,变成了永生的细胞。不过,它还需要面对人体的第 4 道癌症防线,那就是细胞的凋亡程序,其中最强大的防线就是由号称“基因组

〔1〕 参见[美]以太·亚奈、马丁·莱凯尔:《基因社会》,尹晓虹、黄秋菊译,江苏凤凰文艺出版社 2017 年版,第 17~18 页。

卫士”的 p53 基因把守。细胞主要依靠 p53 基因产生的蛋白质帮助感知 DNA 的损害。一旦发现 DNA 受损,p53 蛋白质就可以阻止细胞增殖,为修复机制赢得搜索和修复受损碱基序列的时间;而一旦消除了损害,p53 基因也就功成身退,细胞继续正常生长。但是,如果 DNA 大面积受损,那么细胞中的 p53 蛋白质将达到很高的浓度,细胞的损害评估机制将面临一个重大抉择:是否启动细胞的凋亡程序。一旦凋亡程序启动,细胞将在 1 个小时内死亡。然而,癌细胞通过基因突变,让基因组卫士 p53 基因失活,从而使癌细胞的疯狂增殖变得有恃无恐。

理解了干细胞和癌细胞的科学原理,我们也就更能够理解:究竟什么是资本,什么是资本主义?在我的理解中,资本就是一个社会的干细胞,而资本主义则是一个社会的癌细胞。资本具有天然的增殖本能,可以帮助一个社会不断地创造财富和保持活力,就像干细胞对于我们身体的意义一样。然而,就像干细胞的增殖不能越过某种边界一样,资本的增殖同样也不能越过某种边界,否则就很容易演变成一个社会的“癌细胞”。那么,我们究竟应该如何界定这种不可逾越的边界呢?我的观点依然是——立场。对于癌细胞来说,如果站在它自己的立场上,那么它什么都没有做错,因为不断分裂,不断增殖,恰恰是生命进化的本能所在;然而,如果站在全身利益的立场上,那么癌细胞的这种畸形增殖就是夺命的杀手。同理可证,对于资本来说,如果站在它自己的立场上,那么它也什么都没有做错,因为不断分裂,不断增殖,恰恰是资本的要义所在——用钱不断地赚取更多的钱,何错之有?然而,如果站在社会整体利益的立场上,那么资本这种不顾一切的疯狂掠夺就如同这个社会的“癌细胞”一样——你去死,它去活。而一旦资本的发展走向了这种极端,那么资本也就不再是资本了，而是正儿八经的资本主义了。

生命科学知识告诉我们，干细胞与癌细胞的差别只在一线之间，没有越过线，那就是好东西；一旦越过线，那就是坏东西。同理可证，资本与资本主义的差别也只在一线之间，没有越过线，那就是好东西；一旦越过线，那就是坏东西——这是一种十分精巧的平衡术，也是一道十分精妙的辩证法。在生命进化的长期过程中，我们的生命已经学会了这种平衡术：比如说，Mdm2 是一种潜在的致癌基因，然而它居然是由抑癌基因 p53 来激活的；然后，被激活的 Mdm2 向 p53 蛋白质发出了“死亡之吻”——通过粘贴一点小小的化学标签到 p53 蛋白质上，给它打上“收集并降解”的标志，让细胞回收装置也就是溶酶体去处理它。没错，在一个每圈持续 5～20 分钟的无限循环中，p53 激活着 Mdm2，而 Mdm2 又反过来摧毁 p53，从而保证了我们细胞中的 p53 蛋白质在大多数时候都处于无法检出的水平，以便让细胞正常的分裂增殖得以顺利进行，避免不必要的细胞凋亡。然而，细胞一旦出现了致癌危险，诸如 ATM 这样的基因就会被激活，将小小的磷酸根分子连接到 p53 蛋白质上，将 p53 蛋白质磷酸化，从而阻止了 Mdm2 对 p53 蛋白质的“死亡之吻”，使 p53 蛋白质得以在细胞内积聚，进而正常行使其既定的职能——暂时阻滞细胞并派遣修复小组进入工作，判处细胞永久性阻滞或老化，或强制细胞自杀。[1] 必须承认，致癌基因与抑癌基因之间的这种动态的平衡术的确令我大开眼界，也为我思考资本与资本主义之间的这道辩证法提供了很好的借鉴和启示：当代中国抑制资本滑向资本主义的“p53 基因”是什么？它有没有被资本主义的“癌基因”失活的危险？

---

〔1〕 参见［英］休·阿姆斯特朗：《抑癌基因：p53：破译癌症密码的基因》，向梦龙、杨桓译，重庆出版社 2016 年版，第 113～115 页。

资本市场的“p53 基因”什么时候应该发挥作用?什么时候应该隐身?中国的资本市场又该如何做到发展与监管之间的平衡?还有,我们每个人的心中是否都有一种逐利的冲动?我们每个人又是否可以驾驭自己心中的这种逐利冲动?资本主义仅仅存在于社会之中吗?我们每个人的心中是否也住着一个资本主义?——所有这些问题,无一不是值得我们认真思考和探讨的。不得不承认,尽管精神进化是对生命进化的超越,然而长达 38 亿年的生命进化,的确蕴含了许多可供精神进化学习借鉴的东西——就像当年蝙蝠启发人们发明了雷达,海豚启发人们发明了声呐。

在 2014 年出版的《精英与平民:中国人的民主生活》中,我将一个社会的精英大致上分为三类:政治、资本、知识。其中,政治与资本的关系往往在很大程度上决定了一个社会的性质,至少决定了一个社会性质的前提。不妨可以这么说:在资本主义社会里,资本在政治之上;而在社会主义社会里,政治在资本之上。为什么这么说呢?原因其实很简单:政治目前已经进化出了公共性和人民性的立场,而资本尚未进化出公共性和人民性的立场,因此,一个社会理应将自己的主导权托付给政治,而不是托付给资本。也许有人会感到疑惑:资本应该具备公共性和人民性吗?人家资本家起早贪黑地干活,辛辛苦苦挣来的钱难道不是他自己应得的吗?我的回答是:恭喜你答对了,几百年前,政治家也是这么想的。没错啊,在那个君权神授的年代,政治在很长的时间里的确是私人所有的,不管是在东方还是在西方。所以,有一个问题不知道大家有没有思考过:对于一个政治家来说,能够得到今天的权力同样也是很不容易的,很多时候也是要起早贪黑地干活的。那么,凭什么自己辛辛苦苦一场,到头来还是“一切权力属于人民”呢?这个问题的答案其实只有一个:因为政治进步了,经过千百年的不懈努力,政治终于进化出了公共性和人民性的立场。那么,既然政治可以进化,为什么资本就一定不能进化呢?全世界第一个认识到这个问题本质的人,不是别人,正是卡尔·马克思——这也正是为什么他写的书是《资本论》,而不是《政府论》。不用担心,我这么说不是想要“打土豪,分田地”,我只是希望未来的资本在行使自己权力的时候也能够重新确认一下自己的立场。或者说,确认一下自己究竟是资本,还是资本主义;确认一下自己究竟是这个社会的干细胞,还是这个社会的癌细胞。在我的理解中,对于任何精英而言,只要你手中的权力——不管是政治权力,还是经济权力,抑或是知识权力——深刻地影响了人民群众的利益和社会公共利益,你在行使权力的时候就理应拥有人民的立场,理应拥有社会命运共同体的立场。钱钟书在小说《围城》中说:“作品有如魔术师手中的飞刀,看似飞出去了,实际上却一直在手里。”没错,其实“一切权力属于人民”的政治立场并不会改变政治权力主要还是由政治家行使的事实,然而这个立场一旦确立,意义还是十分重大的,因为人民群众至少从理论上拥有了对政治的制约权,自然也就没有人敢于公开地打着政治权力的旗号,像当年的高衙内那样到处欺男霸女、欺行霸市了;同理可证,如果资本真的能够确立起人民的立场,同样也不会改变资本权力主要是由资本家自己行使的事实,然而这个立场一旦确立,哪怕仅仅是理论上的,意义同样十分重大,至少就没有哪个富二代敢像今天的某些富二代一样,打着金钱的旗号到处招摇过市,肆意败坏社会公德了。

如果能够站在这样的一个认识高度,我们就能够更加深刻地理解:为什么这个国家会有国有资本了。所谓“国有”,事实上就是指人民性、公共性,就是指立场。“资本”是方法,“国有”是立场。在

“资本”的前面加上“国有”,就是要为资本的增殖本领设定一个人民的立场,就是既要发挥资本的干细胞作用,又要防止资本主义的癌细胞危险。国有资本,就是既不消灭资本,也不放纵资本,而是要驾驭资本为人民服务——如果一个国有资本,既没有“资本”的财富增殖能力,又没有“国有”的人民利益立场,那才真是叫作失败透顶。从这个角度来说,如今正在进行的混合所有制改革的最大价值,其实并不在于让国有资本与民营资本分享利益,而在于让两者充分发挥各自的优势:引入民营资本的价值在于增殖的方法,引入国有资本的价值在于人民的立场,如果做不到这两点的结合,那么混合所有制也就没有什么意义了——说白了,还是干细胞与癌细胞的关系问题。同样地,也只有站在这样的一个认识高度,我们才能够更加深刻地理解:与资本相比,政治的最大价值其实就在于立场,人民的立场,命运共同体的立场。如果政治丢掉了自己的立场,忘了自己的初心,不再全心全意地为人民服务了,那简直就是一文不值——论效率,资本完全可以甩你几条街;结果你连立场都丢了,那你还有什么价值?人民又凭什么要把权力托付给你?

### 灵肉合一:当代中国命运共同体应该如何看待知识

在当代中国这场政治与资本的“二人转”中,知识精英基本上是缺位的。这不是中国政治生活的常态,也不是知识精英的常态,因为仅仅在一百多年前,知识精英还处在中国政治舞台的中心,没想到这一百多年来竟会落寞至此。要知道,知识分子主政自古以来就是中国的政治传统,而这个传统正是由长达1300年的科举制度奠定的。不仅如此,事实上在隋唐开科取士之前,汉代就已经有了选拔人才的察举制,魏晋南北朝时期同样也有九品中正制,这些同样也是知识分子主政的制度安排。因此，准确地说，古代中国至少拥有长达 2000 年的知识分子主政传统。所谓知识分子主政，那也不是随便说说的。科举时代有句老话：非进士不入翰林，非翰林不入内阁。如果用大白话来说，那就是：古代中国除了皇帝不是科举出来的之外，其他官员自宰相以下统统都是科举出来的；皇帝虽然没有经过科举的选拔，但是同样也要接受儒家的教育，而太傅们无疑又都是科举出身的大儒。所以，不需要很强的想象力，就应该能够知道：当整个官场都是由被孔夫子“洗过脑”的优秀知识分子组成的时候，整个国家的政治生态又会呈现何种的气象？还有，别忘了，古代中国实行的是“官吏分开”制度：一般而言，七品以上的官员就必须要有科举功名；如果你没有考取功名，那对不起了，你永远都当不了官，最多只能当吏。官是政治家，吏是公务员，这两支队伍的价值理念本来就很不一样，不应该混为一谈。政治家应该心怀天下，因此适合从优秀的知识分子中直接选拔，要的就是这些书生们的情怀和风骨；而公务员则以服从命令为天职，所以容易形成对上不对下的思维习惯，的确不宜由公务员直接成长为政治家。关于官吏分开的问题，我在《精英与平民：中国人的民主生活》第三章中曾有过专门的论述，此处就不再赘述。

为什么古代中国会形成知识分子主政的传统？答案很简单：这是中国选择德治带来的必然结果。公元前 134 年，汉武帝采纳了董仲舒的理论，罢黜百家，独尊儒术，从此为后世奠定了 2000 年的德治传统。不过，汉代名义上“罢黜百家”，事实上维持大一统体制的看家法宝——法家是绝对不可能被罢黜的。所以，真实的情况是：法家与儒家相互结合，相互制约，最后形成了“儒表法里”的基本政治格局。要知道，中国古代的法家杀伐决断，令行禁止，具有极强的组织性纪律性,当年的秦国正是凭借它的力量,才把春秋战国五六百年的分裂局面给收拾干净的。因此,要想平抑具有如此强大张力,甚至带有暴戾之气的法家,儒家的德治就必须把自己做到最极致才行,这就是为什么最后连汉代的察举制这种选拔人才的制度都 hold 不住了,而只能采用最严格的科举制——既然大一统体制决定了法家在中国的地位不可能动摇,那么就索性从制度上保证进入这个体制的每个人基本上都是有道德、有情怀、有担当的人。说得再简单一点:既然无法改变法家的“以吏为师”,那么儒家的应对手段就是“以师为吏”。现在明白为什么古代中国会有知识分子主政的传统了吧?在中国这样一个大一统体制的国家里,如果没有知识分子的主政,这个体制是绝对维持不下去的。不要忘了,在没有知识分子主政的情况下,秦朝只维持了 15 年就垮台了;而在知识分子主政的情况下,后世的每个王朝基本上都坚持了 300 年——300 年是一个什么概念呢?美利坚合众国自 1776 年成立至今,总共存续了 243 年;而中华人民共和国自 1949 年成立至今,刚刚走过了 70 周年。

那么,为什么中国后来又抛弃了知识分子主政的传统呢?答案其实也很简单:如果共识被打破了,政治与知识之间断裂了。众所周知,自从 1840 年鸦片战争爆发以后,古老的中国遭遇到了三千年未有之大变局。在随后一百多年的苦难岁月里,随着中国人在战场上被西方人一次次地打败,中国人的理论自信也在另一个战场上被西方人一次次地打败。一句话,曾经凝聚中国人长达 2000 多年的旧有共识已经被打破了,中国的政治与知识之间出现了前所未有的断裂。没有共识,就没有信任,也就没有合作,没有自由。而当政治与知识以相互猜忌的眼神彼此打量的时候,知识分子的主政自然也就成了一个遥不可及的空想。

中国的知识分子自古以来就是德治的载体。因此,不管为政者如何强调德治,只要知识分子在政治上缺位,事实上就意味着德治在政治体制中的缺位,而这种缺位又必然为中国的大一统体制埋下巨大的隐患。比如说,我们常说"选人用人",但是很多人也许根本就没有意识到:在古代中国,"选人"和"用人"其实是两码事——"选人"是由礼部负责的,"用人"是由吏部负责的。礼部通过科举将最优秀、最德才兼备的人才选拔出来,然后交给吏部;吏部固然有各种用人的主动权,但是对不起,你所用的每个人都只能源自礼部为你打造的这个科举人才库,而不可越过雷池一步。古代中国为什么要这么做呢?答案很简单:礼部是用儒家的方式选人,吏部是用法家的方式用人。用儒家的方式选人,才能保证所选的人德才兼备;用法家的方式用人,才能保证做事的时候如心使臂,如臂使指。这是两个完全不同的逻辑,既不能混为一谈,也不能颠倒过来——你不能用法家的方式来选人,也不能用儒家的方式去用人。如果你用儒家的方式去用人,那么根本就无法保证大一统体制的顺利运行;而如果你用法家的方式来选人,那么就会有很大的概率选出一帮马屁精乃至于小人来。

中国有句老话:欲将臣之,必先师之。用大白话来说,那就是:如果你想要把他当成你的臣子,那么你就一定要先把他当成你的老师。商朝末年,姜子牙垂钓于渭水之滨,遇见西伯侯姬昌。司马迁的《史记》是这样记载的:西伯将出猎,卜之,曰"所获非龙非螭,非虎非罴;所获霸王之辅"。於是周西伯猎,果遇太公於渭之阳,与语大说,曰:"自吾先君太公曰'当有圣人适周,周以兴'。子真是邪?吾太公望子久矣。"我相信,求贤若渴的姬昌的确是把姜子牙当成自己的老师了,而这样做并没有让他吃亏:在雄才大略的姜子牙全力辅佐下,周文王姬昌最终成就了自己的霸业,并延续国祚长达800年之久。这样的故事在中国的历史上其实还有很多。公元207年冬至公元208年春,当时屯兵新野的刘备,带着大将关羽、张飞,三次到南阳邓县隆中诸葛草庐,请诸葛亮出山辅佐自己。《三国志》记载:"凡三往,乃见。"在著名的《出师表》中,刘备对诸葛亮"欲将臣之,必先师之"的诚心和效果可谓表达得淋漓尽致:"臣本布衣,躬耕于南阳,苟全性命于乱世,不求闻达于诸侯。先帝不以臣卑鄙,猥自枉屈,三顾臣于草庐之中,咨臣以当世之事,由是感激,遂许先帝以驱驰。"没错,"由是感激,遂许先帝以驱驰",这就是中国知识分子内心的真实写照。当然,这种真实写照还有一个更加耳熟能详的名字,那就是"士为知己者死",就好像诸葛亮出山之后为刘备和他的儿子所做的那样——"鞠躬尽瘁,死而后已"。不了解这点,就不算是了解中国的知识分子;而不了解中国的知识分子,就不可能真正做好中国的事。所以,现在知道为什么知识分子刚开始要摆那么大的"谱"了吗?原因其实很简单:因为他一直在等待和寻找一个能够让他为之卖命的人。既然决定要卖命,又怎能不慎之又慎呢?

除德治外,知识分子主政还有另外一个重要的价值,那就是公平。从本质上说,在政治、资本、知识这三种权力的传承中,唯有知识是最公平的。要知道,政治的传承和资本的传承都是有可能胡来的,唯有知识的传承是不可能胡来的。理解这点并不难:如果一个体制负责任的话,那么一个人能不能当官,是可以做到很严格的;但是,如果这个体制不负责任的话,那么一个人能不能当官,那基本上就是领导的一句话了——你想让谁当官都可以,你说他是官,他就是官了。同理可证,相比起政治,资本有时候可能会公平点,但是多数时候可能更不公平:对于那些真正白手起家的人来说,从无到有地创立一个商业帝国的确是需要能力和付出的;然而,商业帝国一旦创立,资本的私有性就决定了它的传承只有更不公平——在私有制的社会里,资本家的孩子都是含着金钥匙出生的。所以,说白了,权力和金钱这两种东西,让你有,你就有;让你没有,你就没有。然而,对于知识,任何人都不可能这么做。一个人要想有知识,就必须从小发奋读书,每一个知识点都必须通过自己的学习,才有可能印刻在自己的脑子里。即便你的父母是当代大儒,学富五车,也不可能通过遗传把这些知识直接传承给你。精神进化对生命进化的超越,决定了知识的传承不可能依靠基因的复制,而只能依靠教育和学习。因此,从这个角度来说,知识的传承,堪称精神进化超越生命进化、"神缘"超越"血缘"的最佳范例。当然了,优秀基因的遗传有可能会让某些孩子拥有较高的智商,优越的家庭环境也有可能让某些孩子从小学到更多的知识。但是,从本质上说,无论是高智商,还是好环境,都不可能替代孩子自己的学习和努力,这就决定了在所有权力的传承中,知识的传承一定是最公平的。而公平,不仅体现在人与人之间的比较上,更体现在人与岗之间的适配上:既然能够成为知识精英,总归还是有点本事的,而主政者难道不应该有点本事吗?然而对于有些政治精英和资本精英来说,那可就不一定了。所以,从这个意义上说,"精英"这两个字,其实与知识才是最为匹配的。当年的中国人也正是因为洞察到了这点,所以才通过科举制度将知识精英与政治精英彻底统一起来,从而保证了政治与"精英"的匹配,保证了政治与公平的联姻,进而为中国在那个时代遥遥领先于其他文明和其他民族奠定了最为坚强的制度基础。

为知识分子摇旗呐喊了半天,有个问题得回过头来反思一下:当代中国的知识分子还承担得起这份责任吗?我不知道其他人的答案是什么,也不知道知识分子自己的答案是什么,不过我知道我的答案是什么。我不相信中国知识分子几千年来的传承与使命会在这一代人的身上断掉,所以我绝对相信,在不久的将来重新完成政治与知识的结盟,是完全可能而且必要的。然而,要想做到这点,当代中国必须解决一个重大的前提问题,那就是理论共识。共识缺失的背后,其实就是理论的缺失。古代中国的政治与知识之所以能够结盟,其根本原因就在于大家都服膺于儒家的那套理论。所以,当代中国要想让政治与知识重新结盟,那就必须建构起一套崭新的理论体系。在我的心目中,这套崭新的理论体系,一定是贯通中西、融会古今的理论体系,一定是科学客观、逻辑自洽的理论体系,一定是以理服人、直抵人心的理论体系,也一定是源于实践、指导实践的理论体系。在2018年出版的《我们为什么自信》后记中,我曾经这样写道:"真正的理论,理应直面最困难的问题,理应给出最清晰的答案。马克思在《黑格尔法哲学批判》导言中说:'理论只要说服人,就能掌握群众;而理论只要彻底,就能说服人。'在中国特色社会主义的伟大征程中,长期萦绕在同志、朋友乃至敌人心中的种种疑惑,既不能依靠强制来消除,也不能故意装作没听见,而是要我们依靠真理的力量,创造出真正的理论去回答、回应和回击。理论是道路的灯塔,没有真正的理论自信,就不可能有真正的道路自信,也就不可能有真正的制度自信和文化自信。"[1]我想,这段话大致上表达了我对当代中国新政治理论体系的憧憬和期待吧。

对于知识分子来说,理论共识是一切问题的前提,因为真正的知识分子一定是服从真理的,你不能从道理上说服他,他在内心里

---

〔1〕 刘哲昕:《我们为什么自信》,学习出版社2018年版,第207页。

是不可能真正服从你的——防民之口甚于防川，更何况于“防心”？不过，即便有了理论共识，当代的知识分子自己也应该争气。要知道，在政治、资本、知识三种精英中，政治和资本的力量都是显性的——权力和金钱都是可以直接生效的硬实力，唯有知识的力量是隐性的——知识分子要钱没钱，要权没权，只有一堆的思想和情怀。通俗地说，如果我们把政治和资本看作躯体的话，那么知识无疑就是灵魂。在政治与知识结盟的年代里，知识就是政治的灵魂，政治就是知识的躯体；然而，在政治与知识断裂的时代里，知识这个灵魂无体可附，只好变成了魂不附体的孤魂野鬼；而政治这个躯体失去了灵魂，也就成了失魂落魄的行尸走肉。这种断裂对政治和知识都是一种伤害：政治失去了知识的灵魂，就会变得粗俗乃至于粗野；而知识失去了政治的躯体，也会变得缺乏责任感和担当意识，还会因为缺乏实践的检验而使自己的理论逐渐流于空谈。更坏的是，政治一旦失去了知识的灵魂，也就失去了“重义轻利”的价值观，从而很难抵御资本的异化——想想如今有多少被金钱俘虏的贪官污吏，我们就知道这个问题的严重性了；反过来，知识这个灵魂既然不能附体于政治，那就有可能附体于资本，到头来同样也会受到资本的异化——想想如今有多少为了利益而罔顾良知的“知道分子”，我们也就知道这个问题的严重性了。一句话，政治与知识之间的结盟一旦解体，政治和知识就很容易被资本各个击破，从而令拜金主义在当代中国大行其道。

关于知识被资本异化这件事，当代中国有一个十分形象的称呼，叫作“精致的利己主义者”。不过，我估计这些“精致的利己主义者”的内心是不服气的。因为在他们看来，自己拥有知识难道不是因为自己的天赋和努力带来的吗？既然如此，自己享受知识带来的好处,又何错之有呢?我相信这些人一定不知道什么叫作“天赋”——天赋,天赋,天可赋之,亦可夺之。一个社会就是一个命运共同体,任何掌握权力的人——无论是政治权力,还是资本权力,抑或是知识权力——都应该牢牢记住:只要你手中的权力深刻地影响到了人民群众的利益,影响到了社会公共利益,你就必须承担责任,就必须谨言慎行。如果这个社会连政治和资本都应该拥有人民的立场,那么满口大道理的知识分子又怎能活成“精致的利己主义者”呢?话说得再彻底点:这个世界的知识又怎么可能是私有制的呢?精神进化决定了人类之所以能够拥有知识,唯一的原因就是人类的结盟与传承。没有了社会的哺育和支撑,你就是聪明如爱因斯坦,最终也不会比印度狼孩卡玛拉好到哪里去。一个人的身体源源不断地供应最大量的血氧和葡萄糖给大脑,绝不是为了让大脑蜕变成一个“精致的利己主义者”的,如果连一个社会的“脑神经细胞”最终都堕落成了“精致的利己主义者”,那么这个社会距离堕落,大概也就真的剩下两里路了。

如果当代中国的政治与知识真的能够重新结盟,知识分子真的能够重新主政,我当然不能保证政治从此就不会受到资本的异化——因为这是不可能的,但是我大致上可以有把握地说,政治与知识的重新结盟至少可以让政治被资本异化的概率下降 1 个数量级乃至于 2 个数量级。要知道,科学的本质其实就是概率,没有绝对,只有概率。打个比方:如果一个公司设计生产了一款手机,只能用 3 个月,那简直就是垃圾;如果能够用 3 年,那也只能算是凑合;如果能够用 30 年,那简直就是神机了。所以,如果有一个办法能够让政治被资本异化的概率下降 1 个数量级到 2 个数量级的话,那么我们又有什么理由不去努力做到呢?

那么,当代中国究竟应该采用何种制度,才能让政治与知识重新结盟呢?重新开科取士吗?当然不可能了。科举的时代已经永远过去了,当代中国应该继承的是科举的精神,而不是科举的制度。随着文理分科和学科体系的建立,现代社会的知识体系已经完全多元化了,不同的学科有不同的标准,这个社会已经不可能通过一次严格而公平的考试,毕其功于一役地选拔出最优秀的治国人才了。如果当代中国再次将所有的宝都压在某种考试上,那么我相信,这个社会的智力资源必将再次被吸入这个考试之中,对于这个考试无法覆盖的其他绝大多数知识领域来说,这无疑是一种摧毁性的灾难。事实上,这也正是科举制度对于中国的功与过。经常有人问我,为什么中国古代科技文明遥遥领先于世界,最后现代科学体系却诞生在西方?是不是因为中国人的思维方式就不适合产生现代科学?我的回答是:中国人的脑子一点都不笨,逻辑思维也一点都不差,只要你看看当代中国有那么多杰出的科学家、工程师以及数学奥林匹克世界冠军,你就可以完全相信这一点。那么,为什么古代中国没有诞生现代科学体系呢?最重要的原因应该有两个:第一个原因与商业有关。因为大一统的政治体制长期压制了商业的发展,从而导致中国的科技创新因为缺乏商业资源的支持而难以进化——别忘了,企业才是科技创新的主体。说白了,这也是古代中国长期排斥资本精英的代价。关于这个问题,不妨可以参考《文明与法治》中有关瓦特蒸汽机的故事。第二个原因就与科举有关了。因为科举实在太成功了,又太重要了,所以导致古代中国最优秀的智力资源几乎全部被吸入了科举体系之中,没有什么多余的智力资源能够投入理工科的实践和研究之中,从而极大地迟滞了现代科学体系在古代中国的进化。以史为鉴,我们就可以知道,当代中国的确已经不可能再采用科举的方式来选拔治国人才了。

不过，不用担心，只要思想不滑坡，办法总比困难多，即便不搞创新，老祖宗的工具箱里也有的是好办法。当代中国已经建立起了庞大齐全的知识体系，每个学科、每个领域都已经拥有自己的发展空间，都有属于自己的“金字塔”。在这个千帆竞发、百舸争流的过程中，每个学科、每个领域都会自然而然地涌现出最优秀的人才。这种实践中的大浪淘沙，实际上比一次性的考试要靠谱多了。而对于这种实践出真知的人才，科举制就是多此一举，察举制反而成了正解。在资讯交通如此发达的当代，如果为政者真的求贤若渴，那么只要采用察举的方式，就完全可以发现每个领域中最优秀、最德才兼备、又最适合从政的人才。具体的办法也有很多：既可以由各地方和各企事业单位进行荐举——荐举自古以来都是要承担责任的，也可以由中央派出巡视组进行全方位的察举——只不过，这次就不是“反面巡视”，而是“正面巡视”了。完全有理由相信，既然反面巡视总是能够揭开盖子，发现坏人，那么正面巡视也就一定能够揭开盖子，发现好人。而如果要给这种制度取一个名字的话，那么我的建议是——现代察举制。当然了，现代察举的对象除知识领域外，也应该包括商业领域和政治领域，因为将三座金字塔的塔尖打通，让三种精英彼此流动起来，让心怀天下的立场为三种精英所共享，本来就是当代中国应有的发展方向。

关于知识，还有最后一个问题可以稍作探讨，那就是这个社会应该如何对待自己的天才。在我的理解中，天才与人才并不完全是一回事：人才可以被培养，而天才不太可能被培养，天才主要还是一个概率问题——有些是不可复制的脑神经发育（甚至是突变）的概率问题，有些是不可复制的成长环境（甚至是磨难）的概率问题。中国拥有14亿人口,是全世界人口最多的国家,因此从概率上来看,中国理应拥有全世界最多的天才。这么多年的人生经历让我相信:当代中国的每一个领域都应该拥有真正掌握解决方案的天才。关键的问题就在于:这个社会是不是能够看见他?或者更糟糕的是:是不是看见了也装作没看见?甚至还故意打压他?其实,真正的天才甚至是不需要被发现的,因为他的能力足以让他在芸芸众生中脱颖而出,怕的就是脱颖而出之后,反而遭到各种无耻的压制,以及各种明枪暗箭的袭击。天才不可能没有性格,更不可能去溜须拍马,而他们卓尔不群的能力一定会让那些武大郎开店的人感受到巨大的"威胁"——这很可能会成为他们共同的"罪"。所以,我想在这里对这个社会说:请珍惜你们的天才!记住,天才不可能被培养,天才只可能被扼杀。

## 自下而上:当代中国命运共同体应该如何看待民主

关于如何看待民主的问题,前文在论述政治的时候,已经作了一些必要的阐述,这里还是从生命科学的视角再作点补充,以更好地印证这一命题。可以这么说,在生命科学领域里,"民主"是一种无处不在的存在方式和生活方式。比如,蜂群在选择新住所的时候是如何作出决定的呢?答案是——民主。科学家的研究表明,蜂群往往会派出很多侦察蜂,去寻找新巢穴的位点。这些侦察蜂回来后,会通过摆尾舞来向蜂群报告自己发现的位点。一开始,不同的侦察蜂会报告很多不同的位点,其中宣传较好位点的蜜蜂所跳的摆尾舞时间较长,速率更高;而其他蜜蜂由于自己宣传的位点不够好,会逐渐放弃自己的舞蹈,并参与到质量更高的位点的宣传和招募之中;最终整个蜂群切换为只宣传一个位点,然后在1小时之内出发并飞向选定的位点——通过某种生物算法，蜂群最终达成了协议。在整个过程中，并不存在一只管理蜂来汇总所有个体的评价并为族群作出决策。相反，决策是一项高度分布式的、在鉴定最佳位点的侦察蜂之间友好竞争的过程。事实上，这就是一个民主制。〔1〕

又如，构成我们身体的细胞是怎么知道何时该分裂，何时该停止的呢？答案也是——民主。对癌症的研究表明，细胞的分裂会受到这些细胞所在身体部位的民主管控：只有当某细胞周围的细胞发出信号指示时，该细胞才能进行生长和分裂。细胞之间通过生长因子进行交流。生长因子是一种特定的信使分子，它在细胞内生成，之后通过细胞膜输送出去。只有当一个细胞同时接收到周围多种不同细胞的信号时，这个细胞才能进行分裂。这种结合多重信号的方式是种保障，能够保护身体不受单个细胞的误导。〔2〕科学家认为，肿瘤中的细胞全都在彼此交流，这并不是细胞在假装交流，实际上却在做自己的事，它们真的在互相交谈，对身体内的其他普通细胞作出反应，并与之互动，还教育引导这些细胞。事实上，对于多细胞生物而言，也正是得益于细胞间保持相互交流这一优点，才可以把那么多的细胞团结在一起。〔3〕从某种意义上说，细胞之间的关系无疑也是横向和民主的。

再如，我们大脑中的神经元之间是如何传递信息的呢？答案还是——民主。我们知道，神经元由细胞体、树突和轴突组成。树突和轴突都是从细胞体伸出的突起，一个细胞只有一个长长的、末端

〔1〕 参见［美］伯特·荷尔多布勒、爱德华·O. 威尔逊：《超个体：昆虫的美丽、优雅和奇妙》，焦鸿丽、张雁译，中国人民大学出版社 2011 年版，第 302 页。

〔2〕 参见［美］以太·亚奈、马丁·莱凯尔：《基因社会》，尹晓虹、黄秋菊译，江苏凤凰文艺出版社 2017 年版，第 5 页。

〔3〕 参见［英］休·阿姆斯特朗：《抑癌基因：p53：破译癌症密码的基因》，向梦龙、杨桓译，重庆出版社 2016 年版，第 105 页。

有很多小分支的轴突，但是有许多短而多分支的树突。轴突是神经冲动的传出纤维，树突是神经冲动的传入纤维。突触是一个神经元与另一个神经元之间的机能连接点，轴突传导动作电位的神经细胞称为突触前细胞，突触接点的另一个细胞成为突触后细胞。每一个神经元总是和多个神经元相连，一个典型的神经元可形成 1000～10,000 个突触。神经元之间以多线连接形成了错综复杂的网络，这就使神经系统能够对神经信息的强度进行各种组合。一般而言，一个突触前细胞的刺激量不足以引起突触后细胞的反应，即不足以产生足够的神经递质。只有在几个细胞的共同作用下，才能使突触后细胞获得足够的信息量，从而引起兴奋。一个突触后细胞可同时与几个突触前细胞分别构成兴奋性突触和抑制性突触，因此如果这些突触同时作用，其作用有可能相互抵消。如果抑制性突触发生作用，要使突触后细胞兴奋，就需要兴奋性突触前细胞提供更强的刺激。[1] 毫无疑问，神经元细胞的作用机理，同样充满了“民主”的意味。

为什么生命运行会不约而同地出现这种情况呢？在我看来，这是因为生命进化的逻辑本身就是自下而上的。要知道，构成生命的微观单位不仅毫无自主意识，而且十分简单。因此，它们必定是在彼此互动的过程中逐步进化出某种行之有效的生物算法，从而使生命运行呈现出鲜明的自下而上的特质，十分类似于一个社会的民主机制。事实上，即便是人的意识，本质上也是一个自下而上的过程。关于这个问题，薛定谔在《生命是什么》中引用了谢灵顿的一段话：“当涉及‘意识’问题时，神经系统并不会整合在一个具有主教地位

〔1〕 参见钱凯先：《基础生命科学导论》，化学工业出版社 2015 年版，第 127 页。

的细胞周围,相反,它作用于上百万的民主单元,其中每个单元都是一个细胞……单个神经细胞绝不是微型大脑,身体的细胞构造并不需要任何它的来自‘意识’的指令……单独一个具有主导地位的脑细胞,无法比大脑顶部大量的延伸成片的细胞群,更能保证意识反应具有更加统一的非原子的特征。物质和能量在结构上由微粒组成,生命也是一样,但意识却不同。”[1]

生命进化所呈现的自下而上的“民主”特质,对于我们思考精神进化的问题具有重要的启发意义。不过我们也不能照搬照抄,因为精神进化毕竟是超越生命进化的。要知道,虽然生命的微观单位——细胞——并不具备自觉意识,但是社会的微观单位——人——是具备自觉意识的。因此,精神进化无疑会呈现出某种自上而下的意志性——事实上,精神进化的动力机制就是自觉,这正是精神进化超越生命进化的地方。然而,即便如此,精神进化依然离不开自下而上,离不开“民主”。尽管社会的微观单位——人——具备自觉意识,然而放在浩如烟海的整个社会之中,任何人在本质上都是渺小的。正如前文所述,一个社会就像是一台超级计算机,再聪明的个人也不过是其中的一个芯片而已。超级计算机之所以能够具备如此强大的计算能力,其根本原因就在于分布式计算的设计。而如果我们想要让一台超级计算机计算得更快,那么不外乎在两个方向上作出努力:其一,不断提升单个芯片的性能;其二,不断优化整体架构的效能,以更好地释放每个芯片的计算潜能,同时尽可能地整合最大数量的高性能芯片。同理可证,一个社会要想发展得更好,也不外乎在两个方向上作出努力:其一,不断提高每个人的

---

〔1〕[奥]埃尔温·薛定谔:《生命是什么》,罗来鸥、罗辽复译,湖南科学技术出版社 2016 年版,第 135~136 页。

发展水平;其二,不断优化整个社会的管理水平,以更好地释放每个人的发展潜能,同时尽可能地吸引最大数量的高素质人才——栽得梧桐树,引得凤凰来。

这个世界如此纷繁复杂,任何一个大脑都绝对不可能做到替代千千万万个大脑进行思考和计算,唯有将所有的大脑并联起来进行分布式计算,才有可能真正做到有效应对。如果说在过去的几十年时间里,我们已经成功地向世界证明了市场经济对计划经济的胜利,那么在未来的几十年时间里,我们必将向世界继续证明,什么才是民主的真正价值。在我理解中,一个社会要想发展得更好,那么就必须尽可能地启发民智,尽可能地释放每个人的潜能——如果这叫作民主的话,那么民主就是科学的。当然了,一台超级计算机提升芯片与优化架构并不是为了让每个芯片各行其是,一个社会启发民智与释放潜能同样也不是为了让每个人进行布朗运动——如果这叫作集中的话,那么集中也是科学的。民主与集中,自下而上与自上而下,在我的理解中,这道辩证法大概堪称人文社科领域的第一辩证法。而这也不由地让我想起了自己在《精英与平民:中国人的民主生活》中常说的那句话:“人生不过生与死,社会不过分与合。生死之间是信仰,分合之中见平衡。”当然了,更加精炼的定义应该还是来自马克思和恩格斯的《共产党宣言》:“每个人的自由发展是一切人的自由发展的条件。”在我的理解中,马克思和恩格斯的这一经典名言,事实上已经道出了民主的真义。

## 基因表达:当代中国命运共同体应该如何抑恶扬善

树林子大了什么鸟都有,社会大了也是什么人都有——君子与小人,好人与坏人,总是在一个社会的每个细胞中并存、纠缠。从本质上说,这个世界上之所以会有好人与坏人之分,最根本的原因还是在于精神进化与生命进化之间的关系。如果我们仅仅站在生命进化的层面上,那么这个世界就无所谓好人,也无所谓坏人,因为动物世界里的动物是没有好坏之分的——你能说食草动物就是好动物,食肉动物就是坏动物吗?你能说捕猎的狮子就是英雄,食腐的鬣狗就是小人吗?无所谓好,也无所谓坏,因为所有的动物都服从于生命进化的逻辑,在这个残酷的世界里,努力用自己的方式求生存罢了。所以,如果人的精神不能超越生命,那么这个世界的所有人都应该像动物一样,不择手段地求生存,为了满足自己的生存需要,任何事都可以做,任何生命都可以伤害。然而,人之所以为人,就是因为人类发动了精神进化,实现了人与人之间的结盟,从而超越了生命进化的逻辑,将残酷的动物世界变成了有情感、有理性的人类社会,变成了一个命运共同体。从这个意义上来说,作为一个生命体,人当然应该和其他生命一样,拥有照顾自己生命的立场;然而作为一个社会人,人还应该拥有超越自己狭隘生命的立场,这个更广大的立场,就是每个人都身处其中的命运共同体。因此从本质上来说,这个社会的每个人都应该拥有双重立场:一个立场叫作"生命",另一个立场叫作"超越";一个立场叫作"自己",另一个立场叫作"社会"。

从这样的视角出发,我们就可以理解了:什么叫作好人?什么叫作坏人?什么叫作君子?什么叫作小人?——凡是不能超越生命,只拥有狭隘生命立场的人,就可以叫作坏人,叫作小人;凡是能够超越生命,拥有健全而又平衡的双重立场的人,就可以叫作好人,叫作君子。社会上的所有坏人,单位中的所有小人,他们看似作恶多端,诡计百出,其实出发点说起来也是很简单的,那就是不择手段地为自己攫取利益——只要自己有利益，别人的死活关他什么事，单位的死活关他什么事。所以，任何社会和单位总是要找到一些行之有效的办法，以达至抑恶扬善之目的。

从国家和社会的层面来看，抑恶扬善这件事不难理解，似乎也不难操作，最重要的办法当然还是——法治。任何生命的运行都会产生各种毒素，因此需要肝肾、淋巴这样的排毒系统将它们一排了之；同理可证，任何社会的运行也会产生各种"毒素"，因此也需要司法、执法这样的"排毒系统"将它们一排了之。然而，从更微观的单位层面来看，这事就有点棘手了。众所周知，在一个中国式的单位里，总是会有一些小人存在的，他们为了利益可以不要廉耻，为了上位可以不择手段，他们声音很大，能量不小，身段柔软，皮毛光滑，左右逢源，上蹿下跳，倘若不加控制，这些小人简直可以把一个单位搞得乌烟瘴气。对付这些小人，法律手段的制裁可谓鞭长莫及；而中国式的单位，低头不见抬头见，辞退他们的可能性也近乎为零。对于这些小人，我们应该怎么办？

生命科学的基因调控机制可以为我们提供一点思路上的启发。2001 年，当人类基因组测序完成的时候，人们惊讶地发现：在人类由 30 亿个碱基对构成的基因组中，有 97%以上的 DNA 都不编码任何蛋白质，那么进化至今为什么会允许它们在基因组中存在呢？这件事曾经让科学家感到十分困惑，以至于在很长的一段时间里，许多科学家都把这些不编码任何蛋白质的 DNA 序列称为"垃圾 DNA"。然而，随着研究的推进，人们逐渐意识到，许多不编码蛋白质的 DNA 序列并非完全没有意义。比如，不到 3%的有用基因散落在 97%以上的垃圾 DNA 中，就像把宝贝藏在杂乱的大房间里就不容易被小偷发现一样，即便突变发生，有用基因的"中枪"概率也会明显下降，这些垃圾DNA事实上就起到了突变保护的作用；再如，有些看似无用的DNA序列，事实上就是有用基因的开关，虽然它们并不编码蛋白质或者酶，但是它们能调控临近基因的表达；诸如此类，不一而足。不过，即便把这些因素以及可能的因素都考虑进去，我们依然能够肯定地说，在人类的基因组中，必定有很大一部分的DNA序列是无用的，在一定条件下还是有害的。

一般情况下，DNA可以编码蛋白质，而蛋白质不可能反过来编码DNA，然而病毒的逆转录酶可以做到这点。艾滋病病毒就是利用逆转录酶将自己的基因组插入人类的基因组之中，然后利用人类的基因复制机器来复制自己，从而对人类的生命构成了巨大的威胁。科学家研究表明，在人类的基因组中，的确被插入了很多的逆转录酶病毒基因。这是人类及其祖先在生命进化的漫长过程中与各种病毒生死搏斗的见证和结果。很显然，如果这些入侵的病毒基因发作起来的话，分分钟就会要了我们的命。那么，为什么我们至今还能够健康地活着呢？原因很简单：虽然我们的基因组无法把这些病毒基因清除出去，但是基因组采取了一些行之有效的手段，将这些病毒基因抑制住了，从而让它们进入了休眠的状态，没有机会得到表达。尽管因为受到这些“寄生虫”的拖累，导致我们的基因组在自我复制的时候需要消耗更多的能量，然而这些休眠的DNA基本上也就没有机会威胁我们的生命安全了。

基因组抑制病毒基因的最重要的方法就是甲基化。所谓甲基化，就是在碱基对的胞嘧啶C上黏附一个由1个碳原子和3个氢原子组成的甲基。一个碱基对的分子量大概是600道尔顿，而一个甲基的分子量只有15道尔顿。所以，对于一个碱基对来说，加上一个甲基，就像在一个车轮下垫了一块砖头。然而，正是这块“小砖头”

起到了决定性的作用，被甲基化的基因将会被关闭，从而得不到表达的机会。事实上，基因组中的大部分基因的启动子都处于甲基化的状态下。科学家认为，这样才能保证特定细胞中的基因组只表达特定的基因，而不至于在眼睛里长出牙齿来——比如说，在神经元细胞中负责制造血红蛋白的基因就被严重甲基化，使它们终生保持关闭状态；而在红细胞中，这些基因则没有被甲基化，从而使血红蛋白能够生成；反过来，红细胞中编码神经递质受体的基因则被甲基化机制关闭了。当然，科学家认为，甲基化的主要功能还是为了抑制转座子和寄生 DNA，从而将这些对我们的生命构成威胁的有害 DNA 软禁起来。有的科学家认为，在胚胎发育早期，所有的基因都是表达的，那时并没有甲基的保护。之后，一些分子会仔细检查整个基因组，这些分子的职责就是发现那些高度重复的序列，并通过甲基化使其不再发挥作用。反过来，道高一尺魔高一丈，癌症的第一步，就是将已经被甲基化的致癌基因去甲基化，从而使那些有害的 DNA 被释放出来，在肿瘤里大量表达。[1]

除了甲基化，我们的基因组还有另一种更加柔和的基因调控机制，那就是组蛋白修饰。所谓组蛋白修饰，是指与基因毗邻的组蛋白在相关酶的作用下发生甲基化、乙酰化、磷酸化、腺苷酸化、泛素化、ADP 核糖基化等修饰的过程，这些修饰也会影响到基因的转录活性。DNA 的甲基化是一种很稳定的表观遗传修饰，而大部分组蛋白修饰则具有更好的可塑性：一种修饰可以被置于某个基因的组蛋白上，还可以被移除，然后再放回去。在一些类型的细胞中，对激素的反应可能会导致组蛋白的编码，比如肌肉细胞的胰岛素信号，或

〔1〕 参见［英］马特·里德利：《基因组：人类自传》，李南哲译，机械工业出版社 2015 年版，第 123 页。

者月经周期时乳腺细胞对雌激素的反应等；在大脑的神经元细胞中，组蛋白编码可能由成瘾性药物导致，比如可卡因；而在肠道的内壁细胞中，表观遗传学修饰的模式改变则依赖于肠道细菌所产生的脂肪酸的数量。没错，组蛋白修饰正是通过后天（环境）与先天（基因）的交互，才创建出了地球上高级生命的复杂性。而当抑制性的组蛋白修饰出现在某个基因附近时，这个基因会被暂时失活。如果这些基因的失活对细胞有益的话，那么这些组蛋白的修饰会持续很长时间直至导致 DNA 的甲基化。[1] 诚如科学家所说，如果我们把 DNA 甲基化比喻成一台收音机的电源开关，那么组蛋白修饰就应该是音量调节。

基因调控机制的科学原理可以启发我们思考如何对待一个单位里的小人。多年的经历告诉我，在一个单位里真正发挥关键性作用的核心人才，其在全体人员中的比例，很可能不会比有用基因在全体 DNA 序列中的比例高出多少。当然，在那些看上去不直接发挥作用的其他人员中，有些人并不是“垃圾 DNA”，而是让这些关键人才更好地发挥作用的辅助人员、行政人员。只要管理得当，他们的存在对于这个单位来讲，不仅必要，而且有益——对于外显子来说，如果没有启动子的帮忙，基因就得不到表达的机会；同理可证，对于核心人才来说，如果没有好的辅助人员、行政人员的帮忙，有时候真的连表达的机会都没有。然而，除了这些好的辅助人员、行政人员之外，一个单位里一定还有相当多的人是毫无作用的“垃圾 DNA”，甚至就是“病毒基因”，这些人往往就是人们所称的小人。小人就像逆转录酶病毒基因一样，一旦渗透进一个单位的肌体，就很

---

〔1〕 参见［英］内莎・凯里：《遗传的革命》，贾乙、王亚菲译，重庆出版社 2016 年版，第 49 页。

难将其清除出去。因此,在认清这个现实之后,一个单位的领导最应该思考的,就是如何创建和运用好一个单位里的“DNA 甲基化机制”和“组蛋白修饰机制”,有效地抑制小人这个“病毒基因”的表达,将其“软禁”起来,从而将小人的致命破坏力降到最低;同时,要让单位里的“启动子”为“外显子”搞好服务,让单位里的“好基因”得到正常表达的机会,从而让单位的肌体变得越来越健康。因此,从现实意义上说,一个好单位的治理,关键不在于追求纯粹,而在于控制表达——是让君子表达,还是让小人表达?是让正气压倒邪气,还是让邪气压倒正气?毫无疑问,如果一个单位的君子受到压制,小人反而上蹿下跳地活跃起来,那么这个单位必定如同感染了逆转录酶病毒一般,最终等待它的,只能是灭亡的命运。

CHAPTER 09>

# 第九章

# 广义进化论视野下的信仰

## 虚则实之:主观世界与客观世界的永恒互动

"我思故我在"(拉丁文 Cogito ergo sum),是17世纪法国哲学家勒内·笛卡尔为我们留下的一句传世名言。不过,笛卡尔说这句话的真正意思,并不是很多人误以为的"因为我思考,所以我存在",而是"我唯一可以确定的事情就是我自己思维的存在"。因此,更准确的翻译似乎应该是——"我想,所以我是"。我们知道,笛卡尔哲学的认识起点,就是对人类认知能力最根本、最彻底的怀疑。在笛卡尔看来,一个人感受到的外部世界的一切都有可能是虚假的;然而,当一个人开始怀疑自己思维的真实性的时候,他就已经在思维了,所以唯有思维的真实性是无法怀疑的。用笛卡尔自己的话来说,那就是:"我也就下决心认定:那些曾经跑到我们心里来的东西也统统跟梦里的幻影一样不是真的。可是我马上就注意到,既然我因此宁愿认为一切都是假的,那么,我那样想的时候,那个在想的我就必然应该是个东西。我发现,‘我想,所以我是’这条真理是十分确实、十分可靠的,怀疑派的任何一条最狂妄的假定都不能使它发生动摇,所以我毫不犹豫地予以采纳,作为我所寻求的那种哲学的第一条原理。”[1]

笛卡尔哲学的这个逻辑起点听上去就有点儿唯心。不过,作为一名科学家,笛卡尔并没有走向纯粹的唯心主义哲学,而是走向了二元论哲学。在笛卡尔看来,宇宙中共有两个不同的实体,一个是只有广延而不能思维的“物质实体”,另一个是只能思维而不具广延的“精神实体”,二者的性质完全不同,而且各自独立存在和发展。在笛卡尔看来,只有人才有灵魂,人是一种二元的存在物,既会思考,也会占空间,而动物只属于物质世界。在唯心唯物彼此断裂的时代里,二元论哲学很可能两边都不讨好:宗教界怀疑笛卡尔是唯物主义者,认为他的目的是想否定上帝;而唯物主义者又怀疑笛卡尔是唯心主义者,认为他对世界的认识是本末倒置的。尽管笛卡尔本人也是一名十分杰出的科学家,也支持哥白尼的日心说,然而后世的哥白尼派科学家似乎并不喜欢笛卡尔的哲学。克里斯托弗·波特在《我们人类的宇宙:138 亿年的演化史诗》中说道:“300 多年以来,科学方法已经把这个世界分为身体和思想两部分。科学专注于身体,把思想和灵魂分给了宗教。世界的一边是主观价值、美学、道德和信仰,另一边就是科学。英国生物学家鲁珀特·谢尔德雷克说:‘经过协商讨价,科学最终得到了更优质的部分’‘事实上,科学几乎得到了全部。’虽然笛卡尔的二元论哲学把机器一样的身体和无法用物理法则描述的精神分开,但这种严格的分界并不是笛卡尔

[1] [法]笛卡尔:《谈谈方法》,王太庆译,商务印书馆 2000 年版,第 26~27 页。

的意图。他本想阐明人类在宇宙中的独特性:只有人类拥有神秘的精神。笛卡尔最后没能解决精神如何与身体互动的问题。他错误地相信松果体是精神与身体的实际交汇点。哥白尼派科学家肯定会讨厌笛卡尔这套精神赋予人类特权的说法,但是科学已经忽略精神太久了,可能会面临无法对精神作出解释的危险。"〔1〕

波特的这个担心并非空穴来风。现代科学的突飞猛进的确让笛卡尔之后的科学家对实验性科学越来越自信,也越来越不愿意花时间讨论那些虚无缥缈的精神问题。而且这些科学家总是倾向于认为,精神的本质最终可以被物理法则所揭示和解释——这种倾向在量子时代达到了一个顶峰。薛定谔在《生命是什么》中写道:"物理学的新发现已经推进到了主观和客观的神秘分界线,并且告诉我们这根本不是一个明显的界限。它使我们明白,对一个物体的观察永远无法不被自己本身的观察行为所修改,它同时也让我们理解,在改进观察方法和对实验结果进行思考之后,主客观间的那种神秘界限已经被破坏……正是同样的元素组成了我的意识和我的世界。对任何他人的意识及其世界而言,情况也是如此,尽管它们之间有不可思议的大量的'相互参照'。我只被赋予了一个世界,而不是存在和感知分开的两个世界。主体和客体是同一个世界。它们间的屏障并没有因为物理学近来的实验发现而坍塌,因为这个屏障实际根本不存在。"〔2〕

薛定谔所说的主客观之间的神秘界限已经被打破,应该是指海森堡量子测不准原理或者观察者效应。量子的神秘特性往往让物

---

〔1〕[英]克里斯托弗·波特:《我们人类的宇宙:138亿年的演化史诗》,曹月、包慧琦译,中信出版社2017年版,第279~280页。

〔2〕[奥]埃尔温·薛定谔:《生命是什么》,罗来鸥、罗辽复译,湖南科学技术出版社2016年版,第126~128页。

理学家十分着迷，不过因此也常有科学家希望用量子来解释一切神秘事件，包括解释精神的神秘性。比如欧文·拉兹洛就认为，构成长期记忆的这些波形和其他信息并非以物质状态被存放在大脑的神经结构中。相反，量子真空相互作用显示，长期记忆的内容是被储存在大脑之外的；它们的干涉波形编码于真空全息场中。所以大脑的作用就像一台收音机或电视接收机，因为它“仅仅”充当着“从真空全息场”接受信号的转化器。[1] 在我看来，将人类的精神活动彻底还原为量子事件无疑是荒唐的。虽然我不懂量子，但是我至少知道，量子的方向是极微观的，而精神的方向是极宏观的；朝向量子的方向是溯源，而朝向精神的方向是进化——两者的逻辑是完全相反的。尽管精神活动的微观基础必定也是量子运动，然而精神活动的宏观本质必定不能被还原为量子事件——也正是因为精神活动的微观基础是量子运动，所以当我们在测量极微观的量子现象时，哪怕仅仅是起心动念，也必定会引发量子运动，从而对测量对象构成干扰，导致量子测不准。然而，微观基础并不等于宏观本质，就像斯佩里所说的：“意识无法被化简为物理过程，它是大脑工作足够复杂时出现的产物；但如果把大脑的物理复杂性拆走，意识也会随之消失。”[2]没错，精神活动在其科学本质上，乃是一种高度综合的总体现象，一旦被还原和解构，那么这种科学本质必定会随之消失。关于精神的不可还原性问题，我们在本书的第六章中已经作过探讨，这里就不再赘述了。

现在，让我们回到笛卡尔的二元论哲学上来。当我站在广义进

---

〔1〕 参见［美］D. 洛耶编著：《人类动因对进化的冲击》，胡恩华等译，社会科学文献出版社 2004 年版，第 153 页。

〔2〕 ［英］克里斯托弗·波特：《我们人类的宇宙：138 亿年的演化史诗》，曹月、包慧琦译，中信出版社 2017 年版，第 280 页。

化论的视角重新审视笛卡尔的时候，我突然意识到，笛卡尔的哲学并没有那么简单。正如前文所述，从物理进化到生命进化，再到精神进化，三层进化既是依次奠基的，又是渐次超越的。这就决定了人的本质就像一幢三层楼一般，是一种三重存在物：物理—生命—精神；而如果我们把人的物理属性略去不谈，或者把物理属性与生命属性合并在一起的话，那么人的本质的确就像笛卡尔所说的，是一种双重存在物，或者说二元存在物。只不过，在我的广义进化论视野下，人的精神属性与生命属性之间的关系是连续的，边缘是模糊的，互动是密切的；精神只是相对独立于生命，而不是绝对独立于生命。二者在本质上是相互依存与对立统一的关系，而不是笛卡尔所认为的平行存在的关系——从这个角度来看，笛卡尔的认识的确有错误的地方。然而，三层进化理论又告诉我们，每一层进化都会有每一层的风景，上一层进化的风景绝不是下一层进化可以涵盖和理解的。精神进化唤醒了人类的自觉，从而为这个世界打开了另一个世界的大门。在经过了长达138亿年的物理进化和38亿年的生命进化之后，这个世界第一次拥有了自我的意识，第一次理解了自己的存在，也第一次将自己分为两个世界：主观世界与客观世界。从此，两个世界的永恒互动开始了——从这个角度来说，笛卡尔哲学的确在很大程度上又是对的。

只要我们能够站在这个高度上看待主观与客观的关系问题，我相信我们就一定不会把主观世界看得那么狭小，也一定不会认为主观世界只是客观世界的附属物。精神进化乃是超越于生命进化之上的一种更高阶的进化，这就决定了我们必须严肃对待主观世界的相对独立性。可以很肯定地说：这个世界上可以有一种存在方式，是仅仅存在于主观世界中的。或者可以把话说得更明白点：即便是主观世界虚构出来的东西,也不等于是不存在的。打个比方:我在电脑上用绘图软件画了一幅很漂亮的画——这幅画的内容当然是我虚构出来的,不过我并没有将它打印出来,只是存在电脑的硬盘里。那么你说,这幅画是存在,还是不存在?当然存在了。如果有人想要分享这幅画,于是我通过电子邮件,将这幅画的电子版发给了对方。对方看到了这幅画,心里很欢喜,工作时特别开心,看来这幅画对他产生真实影响了。那么你说,这幅画的存在是有意义的,还是没有意义的?当然有意义了。为了让更多的人分享这幅画,我把它放在了网络空间,于是很多的人都看到了这幅画。但是我们都没有把它打印出来,自始至终,这幅画都没有以颜料或墨水的形式出现在现实的纸面上,而是一直以电子信号的形式存在于电脑之中,存在于电脑与电脑相互联系的互联网之中。那么你说,这幅画究竟是真的,还是假的?当然是真的了。

现在,如果我们把电脑换成了人的大脑,把互联网换成了人类社会,这个逻辑是不是就不能适用了?当然也可以适用了。没错,这就是事物在主观世界中的独立存在,我们既不能因为它是主观世界的虚构而否定它的存在和意义,也不能因为它没有转化为客观世界的存在而否定它的存在和意义——只要它存在于我们的头脑之中,那么它就是存在的;只要它对我们产生了真实的影响,那么它就是有意义的。这就像平克在《心智探奇》中所说的:"我们的生活里不仅有面包,还有琴棋书画和歌舞,而后者却并非适应的产物。艺术、文学、幽默、宗教和哲学都是心智的杰作,我们的生命因它们而意义非凡。"[1]威尔逊在《知识大融通》中写道:"英国神经生物学家

〔1〕［美］斯蒂芬·平克:《心智探奇》,郝耀伟译,浙江人民出版社2016年版,第531页。

谢林顿在1941年所写的经典著作《人与人性》中提到,人脑就像一台施了魔法的纺织机,不停地编织着与外在世界相关联的图样,把一个图样拆散了之后又重新编织起来,发明出其他的世界,创造出一个缩小的宇宙。这个知性社会所具有的共同心智,也就是世界的文化,是一台极为庞大的纺织机。它借由科学,获得刻画外在现实的巨大能力,远远超过任何个人的心智所能达成的;借由艺术,它也获得了架构起叙述、影像和节奏的方法,远比任何一个孤立的天才所产生的更具多样性。"[1]

没错,在我们的生活中,这样的事物实在是太多了——国家、法律、道德、契约、诗歌、神话、爱情、仇恨……你所能想到的几乎所有抽象的东西,都是精神世界的独有产物。史蒂芬·奥尔森在《人类基因的历史地图》中是这么讨论语言这件事的:"人类为事物命名后,此一名称所代表的意念马上就成了一样可用的工具。人对着工具的用法不断有新想法,也可以对工具稍事改良,以用在其他用途上。一旦某对象的名称脱离了这件对象而独自存在后,人就已开始在心里操作这新事物。"[2]是啊,虽然我们每天都在说话,但是我们可曾意识到:其实语言本身也是我们大脑发明出来并且约定俗成的一种主观世界的独特存在?尤瓦尔·赫拉利在《人类简史:从动物到上帝》中把国家和法律称为"虚构的故事",他说:"所有这些合作网络,不管是古代美索不达米亚的城市,还是秦朝和古罗马的帝国,都只是'由想象所建构的秩序'。支持它们的社会规范既不是人类自然的天性本能,也不是人际的交流关系,而是他们都相信着共同的虚构神话故事。虚构的故事是怎么支撑整个帝国的?我们已经

---

〔1〕[美]爱德华·O.威尔逊:《知识大融通》,梁锦鋆译,中信出版社2016年版,第19页。
〔2〕[美]史蒂芬·奥尔森:《人类基因的历史地图》,霍达文译,三联书店2016年版,第83页。

讨论过一个这样的例子：标致公司。现在我们可以来看看另外两个史上最有名的虚构故事：第一个是大约在公元前1776年的《汉谟拉比法典》，这可以说是几十万古巴比伦人的合作手册；第二个是公元1776年的美国的《独立宣言》，这可以说是现代数亿美国人的合作手册。"[1]至于什么叫作标致公司，赫拉利在书中说道："标致公司只是我们的一个集体想象，这种想象在法律上称为'法律拟制'。像是公司，我们没办法明确指着它，它不是一个实体对象，而是以一种法律实体的方式存在。"[2]

现在，我们应该知道了吧：主观世界的"相对独立性"究竟有多么独立？而由这些"独立存在"构建起来的主观世界究竟有多么重要？正如弥尔顿在《失乐园》中所说的："心灵拥有其自我栖息之地，在其中可能创造出地狱中的天堂，也可能创造出天堂中的地狱。"[3]作为精神进化的产物，人类的主观世界对我们是如此重要，对客观世界的影响又是如此深刻，以至于如果不把两者并列起来分析，我们就根本无法接近这个世界的真相。从这个意义上说，笛卡尔的二元论哲学的确是值得我们学习的，它的错误也是值得我们原谅的，至少我们不应该浅薄地去嘲笑它；从这个意义上说，那些杰出的唯心主义哲学同样也都是有意义的，无论是康德，还是黑格尔，这些伟大的智者对于主观世界的沉思，都是留传给我们的宝贵精神财富，值得我们每个人学习和继承。关于主观世界对客观世界的反作用力，威廉·詹姆斯在《宗教经验之种种》中写道："你先假定它是真

〔1〕［以色列］尤瓦尔·赫拉利：《人类简史：从动物到上帝》，林俊宏译，中信出版社2014年版，第103页。

〔2〕［以色列］尤瓦尔·赫拉利：《人类简史：从动物到上帝》，林俊宏译，中信出版社2014年版，第30页。

〔3〕［美］菲利普·津巴多：《路西法效应：好人是如何变成恶魔的》，孙佩妏、陈雅馨译，三联书店2015年版，第1页。

的,再按照那样的方式生活,你的每个日子将会证明它果然是真的。自然的能量控制是有人格的,你的个人思考具有力量,宇宙的能力也会直接对你的恳求与需要作出直接的答复,这些命题都可以经由你的身体与心灵之经验得到证实。"〔1〕任何一个有信仰的人,大概都不会完全否认詹姆斯的这段话,这不是唯心主义,这只不过是主观世界与客观世界深刻互动的一种表现罢了。当然了,主观世界的某种虚构是否可以成立并得到存续和发展,最终还是要以它是否对我们的生活——物质生活和精神生活——产生可持续的积极影响作为根本标准。如果主观虚构的东西——比如宗教极端主义——不仅严重违背了客观世界的真相,而且对人类的生存与发展构成了巨大的损害和威胁,那么其存在价值最终也会被历史所解构,并逐渐归于消亡。

主观世界的相对独立性,还会因为命运共同体的存在而得到加强。一个人的主观世界再相对独立,也是奠基在他的生命的客观世界上的,随着他的生命的客观世界的消失,他的精神的主观世界自然也就消失了。然而,如果一个人的主观世界并不是孤立的,而是与其他人的主观世界相互联系并结成了一个真正的命运共同体,那么即便有一天,他的生命的客观世界消失了,他所创造的精神的主观世界依然不会消失,而是以记忆、纪念、学习、传承和发扬的方式,继续存在于其他人的主观世界之中;而只要这种记忆、纪念、学习、传承和发扬没有断绝,那么这个人的主观世界事实上就一直没有消失——说一个真实的感受:这么多年来,每当我在灯下温习《论语》的时候,我总会有一种感觉,似乎孔子就在我的眼前,对我谆谆教

〔1〕 [美]威廉·詹姆斯:《宗教经验之种种:对人性的研究》,蔡怡佳、刘宏信译,广西师范大学出版社2008年版,第88页。

导。是的，孔子至今依然还活着，他在主观世界里一直都活着；而且我相信，他还会一直活下去的，在所有中国人的主观世界里。虽然孔子的生命已经消逝，但是每个中国人都在用自己的生命托举着孔子的精神，每个中国人都在用自己的客观世界托举着孔子的主观世界，就这样薪火相传，永无休止——孔子的确是永生的，在中国人的主观世界里。所以，你也想永生吗？那就把这个世界装进自己的心里吧：你把你的孩子装进了自己的心里，你就在你的孩子的主观世界里活着；你把这个国家装进了自己的心里，你就在每个中国人的主观世界里活着；如果你把全人类的未来都装进了自己的心里，那么你就一定是永生的，在未来全人类的主观世界里。

## 创造意义：信仰是精神进化的必然结果

1543 年 5 月 24 日，已经走到自己生命尽头的尼古拉·哥白尼在病榻上收到了出版商从纽伦堡寄来的《天体运行论》样书，他只来得及摸了摸书的封面，便与世长辞了。事实上，这部《天体运行论》是哥白尼在 30 年前就已经写好的，但是为了避免遭到教廷的迫害，哥白尼直到临近去世之前，才决定将之出版。为什么哥白尼对教廷会如此害怕呢？因为作为神父的他深知，教廷将会对他的日心说感到十分害怕。果不其然，当伽利略和布鲁诺大张旗鼓地宣传哥白尼的日心说之后，惊慌失措的教廷动用了最强硬的手段，他们将布鲁诺送上了火刑架，将伽利略终生软禁在了佛罗伦萨，以此狙击日心说的传播。从那以后，宗教就算是与科学杠上了，而科学自然也就与宗教杠上了。在随后的几百年时间里，科学为了挣脱宗教的束缚，当然也是为了安抚宗教，事实上放弃了对精神世界的研究，而将自己的注意力全部集中在对物质世界和生命世界的研究上——就像伽利略当年所说的,科学家的任务是探索自然规律,而教会的职能是管理人们的灵魂,不应互相侵犯。

不幸的是,科学与精神世界的这种疏离最终导致了断裂的发生。爱因斯坦一次承认,有成百上千的人心怀良好意愿,给他写了成堆的信,恳求他揭示生命的意义,但他毫无能力对他们进行抚慰。正如艾伦·古思所说的:“提出这些问题本身没有错,但你不应指望一个物理学家能给出什么更智慧的答复。从我个人的情感上来说,我觉得生命归根结底而言有其目的,我觉得它所具有的目的就是我们赋予它的意义,而不是出自任何宇宙设计的目的。”[1]艾伦·古思说得没错,我们的确需要自己为自己的生命赋予意义,因为意义是人类精神世界的独特存在,是人类精神进化的独特产物,它无法在物质世界和生命世界中被发现,也无法被物理进化和生命进化所赋予。精神进化赋予了人类的自觉意识,而人类的自觉意识一旦诞生,就必然会懂得审视世界的存在,也就必然会懂得审视自己的存在。于是,一定是在人类精神进化初期的某一天,一种恐惧突然攫取了人类的内心——人类突然意识到,自己必将死亡!对于一个具有自我意识的人来说,这的确是一种深刻的恐惧,就像威尔逊在《知识大融通》中所说的:“人类是唯一必须承受心灵放逐之苦的物种。其他的所有动物虽然具有某种程度的特殊学习能力,仍是由本能所驱使,并因为环境中简单事件的引导而产生复杂的行为模式。类人猿也能自我认识,但没有任何证据显示它们能够沉思自我的诞生和最终的死亡命运,或是思考存在的意义——宇宙的复杂性对它们而言完全没有意义。”[2]

---

〔1〕[美]加来道雄:《平行宇宙》,伍义生、包新周译,重庆出版社2017年版,第268页。

〔2〕[美]爱德华·O.威尔逊:《知识大融通》,梁锦鋆译,中信出版社2016年版,第315页。

生与死的斗争推动了人类的精神进化，逼迫人类必须自行解决“向死而生”的内在矛盾。于是，意义诞生了，最初的信仰诞生了。没错，在人类这场向死而生的精神苦旅中，意义不是被发现的，意义是被创造的；信仰也不是被发现的，信仰也是被创造的——意义是初级的信仰，信仰是高级的意义；意义可以是零散的，信仰必然是整体的。从本质上说，意义和信仰本来就是精神进化的产物，人们绝不可能从物理进化与生命进化的科学中寻找到任何答案。换句话说，在人类“物理—生命—精神”的三层楼房中，意义和信仰并不是从一楼和二楼慢慢地爬到三楼的，它们是在三楼里直接出生的，然后就一直住在三楼，在三楼里长大成人。所以，当人们来到了一楼，询问爱因斯坦是否见过它们，爱因斯坦的回答当然是——没见过。爱因斯坦没有撒谎，我相信，即便人们跑到二楼去问达尔文，达尔文的回答肯定也是——没见过。作为被命运安排在三楼的一名修行者，我当然希望像爱因斯坦、达尔文这样的巨人也能够经常拨冗造访三楼，甚至常住三楼，然后用他们巨人的高度和视野帮助我们眺望三楼的远方。然而非常遗憾，由于当年与教廷订下的“君子协定”，哥白尼之后的科学家们早已禁足三楼长达数百年之久，即便偶尔来访，也不过是匆匆过客，显然于事无补。什么是意义？什么是信仰？为什么要有意义？为什么要有信仰？对于这些专属于三楼的问题，一楼和二楼的科学家们既没有兴趣，事实上匆忙之间也想不太明白；再说了，他们在一楼和二楼本来就有很多事要忙，于是三楼的事就这么被一直搁着，直到今天。

然而，这绝不等于说，人类的三楼就是一个非法的违章建筑。恰恰相反，人类之所以会有三楼，正是这个世界发动精神进化的必然结果。因此，从这个意义上说，三楼的存在无疑是科学的，在三楼出生和长大的意义和信仰无疑也是科学的。没错，我要说的正是——信仰是科学的。信仰大声地告诉我们：人的生命中还有超越生命限度的意义。结果楼下的科学家全都耸了耸肩：好吧，你可以这么认为，不过这不是科学，这是你的信仰。不，亲爱的科学家们，这当然是信仰，这当然也是科学。记住，信仰不是伪科学，信仰是科学的，只不过，这是属于三楼的科学，你们不能仅仅用一楼或二楼的科学思维来看待它。当人类的精神进化唤醒了人类的自觉意识之后，人类就必须寻找到意义和信仰，否则人类的进化根本就无法进行下去，因为人类根本就无法安顿自己的内心，也根本无法对自己死亡之后的世界负责，那么结果一定就是人类的毁灭，而且是自我毁灭——人类将被自己的自觉意识摧毁，就像托尔斯泰所说的："自从人类存在以来，哪里有生命，哪里就有相信给予生命可能性的信仰，信仰就是对生活的理解和感知，因为它，人类才不至于毁灭自己，而继续存活。它是我们赖以活下去的动力。"〔1〕没错，看似虚无缥缈的信仰，事实上并不是空穴来风，而是人类精神进化的必然结果——既然我们已经相信精神进化是科学的，那么信仰又怎能不是科学的呢？

威尔逊在《知识大融通》中说："对许多人而言，相信永生和先验主义存在的渴望极其强烈。先验主义能带来心理上的充实感和富足感，尤其是受到宗教信仰支持时，它感觉起来似乎是正确的；经验主义相形之下就显得枯燥而有所不足。在追求终极意义这件事上，先验主义会容易得多。正因如此，即使经验主义在理性上已经胜利，先验主义却继续赢得人们的情感。当科学和宗教发生冲突时，

〔1〕［美］威廉·詹姆斯：《宗教经验之种种：对人性的研究》，蔡怡佳、刘宏信译，广西师范大学出版社2008年版，第135页。

科学往往能逐一击败教条的论点；但是效果并不明显。在美国，南方浸信会教徒就有 1500 万人，是偏向从字面解释《圣经》的最大教派，而美国人文主义学会这个致力于世俗人文活动并相信自然神学的主要组织，却只有 5000 名会员。”[1] 在《社会生物学》中，威尔逊不无沮丧地说道：“宗教恒久不变的吊诡是：宗教的实质有一大部分显然是不真实的，它却始终是所有社会之中的一股驱力。人们宁愿相信而不求真正知道，正如尼采所说，宁以虚无为目的，也不愿虚空而无目的。涂尔干在世纪之交时曾经驳斥这是妄想，从‘幻觉织的一层纱’不可能得到驱力。从那时候开始，社会科学界就在寻觅探索，想要找出宗教思考的深层真相。”[2] 威尔逊提出了问题，但是没有解决问题，因为他想来想去，最后提出来的解决方案，居然还是请生物学来帮忙，继续测试道德和宗教信仰所具有的遗传进化起源。威尔逊在生物学领域太成功了，以至于他根本无法意识到，精神进化的领域里同样也有科学，而且一定是与生命进化领域逻辑不同的科学。威尔逊说，“当科学与宗教发生冲突时，科学能够逐一击败教条的论点，但是效果并不明显”。其实，威尔逊并不知道的是，科学之所以会与宗教发生冲突，主要是因为宗教的外在表现形式——比如这两千年来一些虔诚的宗教徒根据自己的理解和想象，断断续续地写下来的《创世纪》之类的故事——与科学发生冲突了；而科学之所以只能“击败教条的论点”，而难以击败作为一个整体的宗教，反而还有点“抽刀断水水更流”，也正是因为宗教的内在核心本质——信仰——不仅本身就是科学的，而且还是比他的生物学更高一层级的科

---

〔1〕［美］爱德华·O. 威尔逊：《知识大融通》，梁锦鋆译，中信出版社 2016 年版，第 366 页。

〔2〕［美］爱德华·O. 威尔逊：《社会生物学：新综合理论》（第四册），薛绚译，左岸文化事业有限公司 2013 年版，第 228 页。

学。试问,科学又怎么能够击败科学呢?而且还是以仰攻的方式?

如果说宗教的本质是信仰,那么信仰的本质又是什么呢?是相信有一个至高的上帝,还是相信人真的可以永生?我的回答是:都不是。信仰的本质既不是上帝,也不是永生,而是——爱。精神进化是智能进化与情感进化的交织,而当人类的情感进化与智能进化共振到了产生爱的时候,人类就开始拥有了面对死亡的勇气和能力。那么,什么叫作"爱"?用物理学家加来道雄的话来说,那就是:"爱是把我们编织在社会机体中的一个要素。没有爱,我们就迷惘、空虚,失去了根本。我们会漂浮在自己个人的天地中,断绝了他人的关注。"[1]如果用心理学家威廉·詹姆斯的话来说,那就是:"当热情到达顶点,受苦实际上可以变成一种光荣;假如是为了理想的缘故,死亡可以失去它带来的苦,坟墓也不会是它的归宿。在这些心灵状态中,福与祸的一般对立都被一个更高的名称所湮没,就是那吞噬祸害、无所不能的鼓舞之情,这种鼓舞之情为人欢迎,仿佛这是生命中最圆满光荣的时刻。他会说,这才是真正活着,我感到欢欣雀跃,因为这是英雄才可获得的机会和冒险。"[2]作为一名心理学家,詹姆斯曾经真实记录下许多宗教徒信仰发生时的心理活动,我们只要用心读一读,就能够感觉得出来,这些宗教徒信仰发生的一刹那,无一不是源于爱的发动:"我独自与他站在一起,那位创造我的神,以及这个世界所有的美丽、慈爱、悲伤,甚至试探。我并没有寻找他,但可以感到我的灵魂与他完全地结合。对于周围事物的一般知觉消退无踪。在这个时刻留存的只有那无法言喻的喜悦和欢

---

〔1〕［美］加来道雄:《平行宇宙》,伍义生、包新周译,重庆出版社2017年版,第268页。

〔2〕［美］威廉·詹姆斯:《宗教经验之种种:对人性的研究》,蔡怡佳、刘宏信译,广西师范大学出版社2008年版,第67页。

腾。要完全地描述这样的经验是不可能的。它就像雄伟的交响乐所演奏的效果，当个别的音符融合成一个伟大的和谐，使得聆听者什么都感受不到，只觉得自己的灵魂升扬，高昂的情绪充涨。”“突然间，我觉得整个人被举起，在我的上方我感受到神的临在——我只能就我所知觉到的来描述——好像整个人被神的良善与力量浸透。这情绪的激动来得如此猛烈，直到我无法承受的地步，因此我要其他人先走，不用等我。然后，因为无法再继续站着，我坐在一块石头上，眼里充满泪水。”〔1〕

在詹姆斯所记录的这些宗教徒的心理活动中，我们可以分明地感受到一种爱的发动，而这种发动似乎又让我们感受到了某种共振。没错，爱的确就是一种共振。所以，如果让我来描述爱，那么我大致上会这样说：爱是情感与智能的共振，爱是精神与生命的共振，爱是精神与精神的共振；爱是精神进化最伟大的产物，爱是人类命运共同体最强大的凝聚剂；爱是人类直面死亡的依凭，爱是可以超越生命的信仰。在我看来，不管是什么信仰，西方的宗教信仰也罢，中国人的家国情怀也罢，只要是信仰，其内在的核心本质就一定是爱。否则，这种所谓的信仰就一定走不远，就一定会被选择无情淘汰。没错，信仰的本质是爱，而不是宗教，更不是哪个宗教。只要有爱，西方人可以有信仰，中国人同样可以有信仰；宗教徒可以有信仰，人文主义者同样可以有信仰；有神论者可以有信仰，无神论者同样可以有信仰；唯心主义者可以有信仰，唯物主义者同样可以有信仰。反之，如果一种信仰的内心失去了爱的能量，反而以信仰之名肆意煽动仇恨，乃至以信仰之名肆意虐杀生命，那么无论它所拟制

〔1〕［美］威廉·詹姆斯：《宗教经验之种种：对人性的研究》，蔡怡佳、刘宏信译，广西师范大学出版社 2008 年版，第 48~49 页。

的神有多么厉害,也不管它究竟是宗教的还是非宗教的,它都不会是真正的信仰,也不会是真正的科学,无论它还能苟延残喘多久,都已经注定了被选择无情淘汰的最终命运。关于这个问题,我在《文明与法治:寻找一条通往未来的路》《精英与平民:中国人的民主生活》《我们为什么自信》《家国情怀:中国人的信仰》等著作中已经多次论述,这里就不再赘述了。乔治·瓦利恩特在《精神的进化:美好生活的构成》中写道:"我们所说的人类'信仰',指的是人类的信仰传统:它是一种人们宗教信念、文化传统以及他们对万事万物在情感上信任的综合体……我想用的是'信仰'这个提法,它涉及对世界确实存在意义或慈爱良善确实存在这些观点基本的信任感。这种信仰应当是人类与生俱来的权利。无神论者也有信仰。完全没有信仰的是虚无主义,而非不相信字面提法中上帝存在的无神论……虚无主义者不会爱人,也不曾被人爱过,不在乎事实真相也不会欣赏美,他们对生活失去了希望,所以也尝不到生命的滋味。最糟糕的是,虚无主义者找不到任何人生的意义。"[1]是的,完全没有信仰的是虚无主义者,而非无神论者。

## 因果倒置:宗教其实也是精神进化的结果

1996 年 10 月 23 日,在给梵蒂冈的科学咨询机构——教皇科学院的一份书面讲话中,教皇约翰·保罗二世正式承认,新的科学知识已经证明,达尔文的进化论已经"不仅仅是一种假说",而是一种公认的科学理论了。迟来的,终于还是来了。在达尔文发表《物种起源》130 多年之后,教廷终于宣布与进化论和解,这场科学与宗教

---

〔1〕[美]乔治·瓦利恩特:《精神的进化:美好生活的构成》,张庆宗、周琼译,华东师范大学出版社 2018 年版,第 78~79 页。

的世纪角力,最终还是以宗教退一步海阔天空的结果画上了休止符。对于宗教的神创论来说,哥白尼的日心说与达尔文的进化论无疑是威胁最大的两次冲击,其中又以达尔文的进化论为最甚。正如本书前文所述,在生命进化的领域里,达尔文的进化论无疑是完全正确的;然而一旦进入精神进化的领域,达尔文的进化论很显然就不能直接适用了。然而,当年的进化论者可不是这么想的。面对这条从猿到人、从生命到灵魂的卢比孔河,进化论的战车压根就没有考虑过是否应该停顿片刻,而是轰隆隆地直接碾压了过去。于是,科学的傲慢与偏见深深地刺痛了宗教的傲慢与偏见,一场进化论与神创论的世纪战争打响了。一百多年来,科学与宗教你来我往,互不相让,看似火星四溅,实则鸡同鸭讲。不过,总体而言,在这条生命与精神的三八线上,双方都不能杀得太过于深入敌后,否则就很容易遭到对方的包围和歼灭:一旦宗教想要把人的生命进化纳入自己的地盘,达尔文的进化论就会以无数铁一般的科学事实打得它满地找牙;反过来也一样,一旦达尔文的进化论想要把人的精神进化纳入自己的地盘,宗教和它的信徒们就会以“反正你说什么我都不信”的顽强态度坚决予以抵抗。别以为宗教只是在掩耳盗铃,在这场世纪拉锯战中,宗教的影响力并没有消退,甚至还曾成功地逆袭了一把,居然把进化论阵营的副帅给策反了过来。众所周知,进化论的主帅当然就是大名鼎鼎的查尔斯·达尔文,而著名的托马斯·亨利·赫胥黎还称不上是进化论的副帅,最多只能算是达尔文帐前的一名急先锋。堪称进化论副帅的人其实只有一个,那就是阿尔弗雷德·拉塞尔·华莱士。

华莱士是与达尔文同时代的英国博物学家和探险家,比起达尔文5年的环球之旅,华莱士的科学考察经历毫不逊色:他曾在亚马孙流域考察探险了4年,在马来群岛科学考察了7年,其中在马来群岛先后进行了六七十次考察,行程约1.4万英里,收集了12.5万个鸟类、甲虫以及其他动物标本,包括5000多个新物种,其中最著名的是以他的名字命名的"华莱士金色鸟翼蝴蝶";华莱士还最先提出了区分亚洲和澳洲动物的分界线,这条线被称为"华莱士线"。长期的考察让华莱士萌生了进化论的思想。1858年6月,华莱士给达尔文写了一封信,系统地表达了自己关于物种起源的观点。完全巧合的观点让达尔文大为震惊,以至于他差点想要烧掉《物种起源》的手稿,以免世人怀疑自己抄袭华莱士。后来,在朋友的劝说下,达尔文决定与华莱士同时发表论文。1858年7月1日,伦敦林奈学会同时发布了达尔文和华莱士的论文,自然选择学说从此也被称为达尔文——华莱士学说。达尔文因此对华莱士感到十分愧疚,然而华莱士却十分尊敬达尔文,大力捍卫达尔文的学说地位。两位科学家因此惺惺相惜,结下了深厚的友谊。

然而,两位进化论的统帅最终还是在跨越卢比孔河的时候分道扬镳了。华莱士不愿意跨过进化论的卢比孔河,面对人类的精神领域,他开始走向了神创论之路。华莱士说,"野人的大脑"比生存"所需显得要大一些",这是因为"有一种超级智慧出于特殊的目的,指引人类朝着明确的方向发展"。大为震惊的达尔文写了一封信给华莱士,语带责怪地回应说:"但愿你别把我俩的孩子彻底杀死,它也是你自己的骨肉(指进化论)。"1889年,华莱士出版了《达尔文主义》,坚决支持达尔文的进化论,结尾时却又来了个180度大转弯。他声称,不借助神秘力量不可能解释生命的起源,人类"最具特色和崇高的才能,不可能源自决定整个有机世界渐进式发展的同一套定律"。华莱士用了三个天钩(神创论的别称)来解释生命、意识和人类的精神成就，他说，这三个发展阶段表明存在一个看不见的宇宙，即"一个灵性的世界，物质世界完全从属于它"。[1]

华莱士在卢比孔河北岸的临阵脱逃是达尔文进化论阵营的一大尴尬，就好像1971年一位副统帅的突然叛逃给当时的人们带来的尴尬一样。不过宗教界倒是开心得很，在攻击进化论的时候，手里从此也多了个把柄。毋庸置疑的是，随着时间的不断推移，随着科学的不断昌明，无论是进化论与宗教之间的缠斗，还是华莱士与达尔文之间的分歧，焦点其实都已经不在生命进化上，而是慢慢迁移到精神进化上了——这恰恰也是本书的焦点。事实上，即便是1996年保罗二世宣布与达尔文进化论和解的时候，宗教也只是正式放弃了对卢比孔河北岸的主权要求，而从来没有放弃过对卢比孔河南岸的坚守。在这篇名为《真理不能与真理相矛盾》的致辞中，保罗二世这样说道："由于精神和灵魂的存在，人才拥有了尊严……如果人的肉体源于业已存在的活性物质，那么人的精神和灵魂则是上帝直接创造的……因此，进化论与它的根源哲学一样，要么认为精神是从活性物质中生成的，要么认为精神是这种活性物质的附带现象，这是与关于人的真理相矛盾的。它们不能承载起人类的尊严。"[2]

保罗二世的观点很显然是不可能让狭义进化论者们满意的，而华莱士的叛逃行为当然也不可能为狭义进化论者们所接受。不过，在广义进化论的世界里，这个矛盾似乎并没有那么尖锐。在我看来，面对进化论的卢比孔河，华莱士的临阵脱逃其实是可以理解的，我甚至怀疑这有可能是华莱士的科学直觉比较敏锐的又一次表现。说到底，不管是华莱士，还是保罗二世，他们这么做的理由其实是同

---

〔1〕［英］马特·里德利：《自下而上：万物进化简史》，闾佳译，机械工业出版社2017年版，第56页。
〔2〕［美］史蒂芬·平克：《白板》，袁冬华译，浙江人民出版社2016年版，第219页。

一个,那就是:生命进化的逻辑的确无法对人的精神世界作出有效和有益的解释;只不过,由于缺乏广义进化论的视野,所以无论是华莱士还是保罗二世,他们抵抗狭义进化论进攻的方法也只能是同一个,那就是:请上帝或者某种超级智慧来为自己撑腰。其实不用担心,达尔文的进化论最终是越不过卢比孔河的,因为生命进化的逻辑肯定无法直接扩延到人类的精神领域,这是在科学上已经被决定了的事;只不过,卢比孔河南岸真正的守卫者,既不是保罗二世所说的上帝,也不是华莱士所说的超级智慧,而是广义进化论的第三层进化——精神进化。然而,有意思的是,精神进化的最终方向也是要超越弱肉强食的生命进化逻辑,进而推动人类命运共同体的形成。所以,你发现了吗:精神进化所要达成的这一切,与现代宗教中最美好、最隽永的那部分教义所倡导的,简直就是如出一辙。只不过宗教选择的路径是先验主义,而精神进化选择的路径是科学主义。或者说得更明白点:在宗教那里,上帝是一切的原因;而在精神进化这里,命运共同体则是进化的结果——宗教的原因和科学的结果在这里耦合了。所以,如果让我用一句形象的话来表达这一切,那么我想要说的是:如果这个世界真的有上帝的话,那么上帝一定不是一种原因,而是一种结果——进化的结果,科学的结果。在广义进化论的视野里,"上帝"并不在我们出发的起点上,"上帝"只是在我们要到达的终点上。

理查德·道金斯在《上帝的错觉》中写道:"任何创造性的智能存在,因其足够复杂而得以设计万物,它之所以存在只能是一个逐步进化过程的终端产物。作为进化而来的创造性智能必定在后期的宇宙中才能出现,因此它们不可能参与宇宙的设计。"[1]"即便我

〔1〕[英]理查德·道金斯:《上帝的错觉》,陈蓉霞译,海南出版社2017年版,第16页。

们确实需要上帝才能有道德,那也肯定绝不意味着上帝的存在就更具可能性,而只是意味着上帝的存在更值得向往(很多人不能区分这两者)。"〔1〕在我看来,道金斯的这几句话其实已经很接近于我刚才所说的那个比喻了。只不过,作为达尔文的"当代斗牛犬",道金斯不可能摆脱生命进化的研究立场,他把上帝作为一种有害的错觉批判了一通,最终也没能开启精神进化的思想大门。相比之下,也许有人会认为,还是美国天文学家和物理学家罗伯特·加斯特罗的那句话让人感觉更温暖一些。罗伯特·加斯特罗说:爬上科学最高峰的科学家可能会发现,"当他尽力越过最后一块拦路石,一群神学家跑过来欢迎他,而神学家们已经在顶峰等待了数百年"。〔2〕

尼古拉斯·韦德在《信仰的本能:人类宗教进化史》中说道:"高度忠诚对于群体的生存至关重要,尤其是在群体相互剧烈竞争的情况下。因为宗教的承诺比任何其他方式更为有力,'进化在人类中造成了强烈的倾向,在生活中寻求宗教导向,赋予这种导向最高的价值'。"〔3〕"教堂不是个人,而是一个社团,一个分享共同理想的特殊群体。这些不是一般可有可无的观念,而是一种经过深思熟虑的感情依属。通过在一起朗诵同一教义,参与象征性的仪式,和谐地同歌共舞,人们相互传递着对共同信仰的承诺,整个社会因此连成一体。这种情感上的结合体现在'宗教'这个词中,因为它是由拉丁语 religare 演变而来的,意指结合。"〔4〕韦德说得没错。事实上,在人

---

〔1〕［英］理查德·道金斯:《上帝的错觉》,陈蓉霞译,海南出版社 2017 年版,第 200 页。

〔2〕［英］克里斯托弗·波特:《我们人类的宇宙:138 亿年的演化史诗》,曹月、包慧琦译,中信出版社 2017 年版,第 287 页。

〔3〕［美］尼古拉斯·韦德:《信仰的本能:人类宗教进化史》,陈华译,电子工业出版社 2017 年版,第 61 页。

〔4〕［美］尼古拉斯·韦德:《信仰的本能:人类宗教进化史》,陈华译,电子工业出版社 2017 年版,第 3 页。

类精神进化的历史征程中,宗教本来就是人类为了构建命运共同体而创造出来的一种解决方案,而且还是一种十分重要的解决方案,它的核心本质就是信仰,目的就是创造出一种超越生命的社会凝聚力。既然我们已经在前文中证明,信仰是人类精神进化的必然产物,那么我相信,作为信仰的一个重要类型,宗教无疑也是人类精神进化的必然产物,至少是阶段性的必然产物。从这个意义上说,宗教不应该成为进化的敌人,宗教应该是进化的结果,至少是阶段性的结果。所以,能不能这样讲:既然我们都认为进化是科学的,那么从某种意义上说,宗教是不是也应该是"科学"的?

"宗教是科学的",这个判断简直太让人吃惊了。对于宗教情怀一向淡薄,人文情怀一向浓厚的中国人来说,许多人对宗教与科学之间关系的理解,大概还停留在布鲁诺被教廷送上了火刑架的那个印象之中;而对于那些了解西方现代宗教的中国人来说,宗教与科学之间基本上也只是一种并肩而立的关系。现在,广义进化论决定在卢比孔河上架起一座科学的桥梁,从而将南北两岸真正联系在一起。桥梁的架设并没有改变南北两岸的不同风景,然而我希望两岸从此不再是划江而治的对手,更不应是你死我活的敌人。从广义进化论的视角来看,宗教的产生、存在和发展的确应该是选择的结果,否则,代价如此高昂的东西早就应该被选择彻底清除了——不管这种选择是老天爷的自然选择,还是人类的自觉选择。同时,我们也必须明白:既然是选择的结果,那么宗教就必须保持进化。宗教必须与时俱进,而不能故步自封,更不能傲慢反动。如果宗教真的想要赢得科学之名,那么就应该尊重科学,尊重人文,自觉反省,自觉进化。在人类文明的历史长河中,宗教的确曾以自己的傲慢与偏见阻挡科学的进步,无视人文的需要,从而制造出了很多愚蠢乃至血腥的悲剧；当然，当年的科学也的确在很长的时间里不具备理解卢比孔河南岸的能力，不具备真正理解宗教的能力，从而以另一种傲慢与偏见加剧了这场冲突。

大浪淘沙，去芜存菁。在人类发动精神进化的数百万年时间里，不知道有多少宗教、准宗教、类宗教曾经在这个星球上昙花一现，然而它们中的绝大多数如今都已经无迹可循了——选择早已经将它们从人类的精神世界里彻底抹掉了。两千多年前，迦太基人为了祈求巴力神息怒，最常做的就是将童男童女活活烧死，然后用他们烧焦的尸体向神献祭，不过这并不妨碍迦太基最终还是被罗马人彻底毁灭了；一千多年前，玛雅人认为只有用人心和鲜血献祭，才能避免太阳走向死亡，于是他们最常做的，就是在金字塔之巅将人剖胸挖心，把心脏上的鲜血涂在神灵偶像上，然后将尸体一脚踹下金字塔。在庆祝特偌提兰大金字塔落成的 4 天祭祀中，奴隶主竟然一口气杀死了 36 万人。毫无节制的血腥祭祀最终毁灭了玛雅文明——这样的“宗教”当然应该被选择毁灭。在广义进化论的视野里，宗教最终能不能受到选择的青睐，并不取决于它所拟制的那个神究竟有多厉害，也不取决它的信徒们究竟有多么虔诚，而是取决于它能不能与科学相适应，能不能与人文相适应，能不能让这个世界变得更有爱，能不能推动人类命运共同体的进化。如果宗教做得到，那么它就是科学的；如果宗教做不到，那么它就不是科学的；如果宗教已经意识到了自身的问题并且还足够自觉的话，那么就应该主动求变，主动改革。这就是进化，宗教的进化——既然宗教是进化的结果，那么就应该继续保持进化，以与社会的进化相适应。尼古拉斯·韦德在《信仰的本能：人类宗教进化史》中说：“宗教行为的进化只有一个原因：增强人类社会的生存。那些管理宗教的人们不应该认为它们不可改变。恰恰相反,宗教是一种涂尔干结构,因社会需要而变……也许宗教需要经历第二次转变,其规模相当于从狩猎采集者宗教到定居社会宗教的转变。在这个新的结构中,宗教保持了它为共同目的团结所有人的力量。"[1]最后,让我们怀着最美好的期待,一起来听听歌德是怎么说的:

懂得科学,懂得艺术的人,
也一定会懂得宗教;
不懂科学,不懂艺术的人,
就只能当个教徒![2]

---

〔1〕[美]尼古拉斯·韦德:《信仰的本能:人类宗教进化史》,陈华译,电子工业出版社 2017 年版,第 267~268 页。

〔2〕[奥]西格蒙德·弗洛伊德:《文明及其缺憾》,车文博主编,九州出版社 2014 年版,第 81 页。

余　论

# 人文社科与自然科学的最终统一

## 主体互动：人文社科是主观见之于主观的科学

17~18世纪，当启蒙运动在欧洲发动的时候，崇尚“理性至上”的人们相信，无论是科学还是人文，所有的知识都是以事实和理性为基础的，所以只要去除宗教迷信的干扰，就可以整合为一个整体，从此用统一的科学法则来解释宇宙和人类的意义。然而，到了19世纪，这个梦想破灭了，自然科学与人文社会科学分道扬镳，这个世界从此再也没有出现过像培根、莱布尼茨这样文理兼修的大科学家、百科全书式学者。当然，也许说自然科学与人文社会科学分道扬镳并不准确，更准确的说法似乎应该是：自然科学抛弃了人文社会科学，从此在科学的道路上独自一骑绝尘而去，抛下人文社会科学在后面瞠目结舌地吃土。

为什么自然科学会“抛弃”人文社科呢？或者

说,为什么后来的科学家不再去研究人文社科了呢?我的判断是:科学家应该是遭遇到了自然科学与人文社科之间的卢比孔河,然而渡河行动最终并不成功,于是他们掉头返回北岸,从此放弃卢比孔河南岸,与人文社科分道扬镳。不过,关于这个梗,后世的科学家并不一定都很了解。因此,当现代科学再次兵临卢比孔河并眺望南岸的时候,傲慢与偏见开始在一些科学家的心中滋长和蔓延了起来。威尔逊在《人类存在的意义:社会进化的源动力》中写道:“2000 多年来,一众哲学家一直在尝试解释意识的概念。当然,这也是他们的工作。然而,由于他们对生物学一无所知,所以并没有取得什么进展。事实上,我认为哲学的历史就是由大多失败的大脑模型组成的,这一说法并不苛刻。”[1]威尔逊的说法不仅苛刻,而且很不公平。在我看来,现在的人文社会科学之所以会缺乏自然科学素养,根本原因还在于自然科学自己当年无法在卢比孔河南岸立足。倘若自然科学当年可以做到的话,今天的人文社会科学又怎会没有自然科学的影子呢?别忘了,任何学科都是人类建立的,因此任何学科都是没有原罪的,如果有哪个学科发展得不好,那不是学科的问题,而是人类自己的问题——一定是有什么困难导致人类没能把这件事情做好。

那么,究竟是什么样的困难,居然会使在自然科学领域高歌猛进的人类在如此之长的时间里做不好人文社科的事情?我相信在威尔逊这样的科学家的内心里,大概从来就没有把人文社会科学当成真正的科学。然而在我看来,人文社会科学不仅是科学,而且还是比自然科学更难的科学。从某种意义上说,自然科学是一门主观见之于客观的科学,而人文社会科学则是一门主观见之于主观的科

〔1〕[美]爱德华·威尔逊:《人类存在的意义:社会进化的源动力》,钱静、魏薇译,浙江人民出版社 2018 年版,第 166 页。

学。什么叫作“主观见之于客观”？形象地说，就好比一名战士在射击固定靶：无论这个固定靶有多远，有多小，你都可以通过认真的瞄准和试射，不断寻找射击的规律；一枪不行，再来一枪，慢慢地就可以越来越准；终于有一天，你击中靶心了；接下来，只要按照这个成功的弹道轨迹，你的每一枪都可以击中靶心——这就是自然科学。自然科学的研究者是一种主观存在，而研究对象则是一种客观存在，研究者可以反复试验，不断探索，直到掌握规律为止。有时候，研究者甚至是通过大量实验来瞎猫碰死老鼠的——为了发明电灯，爱迪生先后实验了 1600 多种材料，最后才发明出了碳化竹丝灯，可以连续点亮 1200 个小时。而对于你的反复折腾，你的研究对象是不会有任何意见的，自然界就像固定靶那样，一直待在原地，等着你去把它折腾明白——这就叫作主观见之于客观。然而，对于人文社科，你可不能这么做。人文社科是一门研究人与自己，以及人与人之间关系的学科，所以它的本质不是主观见之于客观，而是主观见之于主观。所谓“主观见之于主观”，就好比一名战士在射击移动靶：你不可能通过一枪一枪的试射来慢慢靠近靶心，因为下一枪的时候，靶子已经移动了，上一枪打得再准，下一枪都有可能脱靶。更有甚者，对面可能根本就不是一个移动靶，而是一个大活人，还是一个手里有枪的大活人，你还没打死他呢，他先一枪把你打死了。要知道，自然科学一旦实验成功，就可以重复实验，重复成功，参数不会变，公式不会变；然而人与人之间的关系可就不能这么死板了：比方说，你恭维一个女孩子“你长得好美啊”。如果这个女孩子姿色尚可，她可能会很高兴，觉得你是在真心赞美她；但如果这个女孩子毫无姿色，她可能会很生气，觉得你是在讽刺她；不过，如果这个毫无姿色的女孩子自信心爆棚，她也有可能很高兴，觉得你真是有眼光。

你看,同样的一句话,不同的对象就会有不同的反应,甚至还会因为同一对象的不同际遇、不同心理而产生不同的反应,你想掌握规律的确是很困难的,即便掌握了规律,这种规律也一定是模糊的,难以量化的。人文社科领域永远不可能出现7.9公里/秒的第一宇宙速度,也不可能出现$E=mc^2$的质能方程,人文社科领域的规律只能是定性的,而不可能是定量的。也许正是这点让有些科学家很不满意,因为这样的话,他们的数学就派不上用场了。要知道,文学是人文社科的语言,而数学则是自然科学的语言,数学派不上用场,那自然科学就没法搞了——语言不通,这天就没法聊了。问题来了:为什么人类的数学如此厉害,却在人文社科领域使不上劲呢?答案很简单:因为主体互动的规律在数学上是无解的。

刘慈欣的一部《三体》,让我们知道了三体问题在数学上的无解。所谓三体问题,是指三个质量、初始位置和初始速度都是任意的可视为质点的天体,在相互之间万有引力的作用下的运动规律问题。以人类目前的数学水平,除了几种特殊情况之外,三体问题是不能精确求解的,即我们无法预测所有三体问题的数学情景。科学家在面对三体问题的时候,必须采用定性与定量相结合的方法,通过省略、推理、计算来获得某个近似值——比如,严格说起来,太阳、地球和月亮就可以构成一个三体问题,它们之间的互动规律本质上也是无法精确求解的,但是由于地球和月亮的质量相对于太阳来说实在是太微不足道了。因此,我们往往将地球和月亮对太阳的摄动忽略不计,也把太阳系其他天体带来的引力影响忽略不计,这样才能求出一个近似解,用于指导我们的实践。因此,在茫茫宇宙之中,单星系和双星系的运动规律基本上是可预测的,而三星系、多星系的运动规律基本上就不可预测了。《三体》中为什么会出现恒纪元与乱纪元的交替,为什么三体人会被毫无规律的三个太阳折磨得死去活来,从而不远4光年也要跑过来占领我们的地球,其背后的数学原理就在于此。现在,问题来了:如果三体问题在数学上都已经无解了,那么30体呢?300体呢?当然就更无解了。现在,如果你面对的是一个14亿体或77亿体问题,你还会第一时间想到数学吗?

这就是我为什么会说人文社科比自然科学还要难的原因所在。如果我们真的要把人文社科的问题全部还原为自然科学问题,还原为数学问题,那么对不起,你把全世界的数学家都集中起来,把全世界的超级计算机都计算到爆炸了,也得不出任何有意义的参数或公式来。还有,除了数学上的无解,人文社科的难度其实还在于:由于是研究主体之间的关系,所以人文社科在本质上是不可实验的。这就又掐死了自然科学的另一独门利器——实验性。在物理学领域,只要经费足够,你就可以随意对待你的实验对象。你可以破坏性地测试一块材料,坏了,就换一块——没关系的,你手中的实验材料没有人权,不会去海牙国际法庭控诉你虐待它的。到了生命科学领域,这个逻辑基本上也是可以通用的。只要经费足够,你也可以随意对待你的实验对象。你可以给一只小白鼠注入一种病毒以观察它的反应,死了,就换一只——没关系的,你手中的小白鼠也没有人权,也不会去海牙国际法庭控诉你种族灭绝的。当然了,随着你用于实验的生命越来越高级,你也会变得越来越谨慎,否则小心真的有人控告你虐待动物。即便没有法院受理这档子事,动物保护人士和环保人士天天在门口抗议,也会让你吃不了兜着走的。然而,当你的实验对象终于从动物变成了人,对不起,你的实验逻辑彻底崩溃了:你可不能给一个人注入一种病毒以观察他的反应,死了,就换一个——如果他死了,你估计也就死定了。内莎·凯里在《遗传的革命》中说:“人类其实是一个相当令人绝望的实验对象,这也是为什么实验动物在表观遗传学研究中如此重要的原因。”〔1〕在广义进化论的世界里,人类在本质上是“脚踩两只船”的:人的生命是属于卢比孔河北岸的,而人的精神却是属于卢比孔河南岸的,可谓“身在北岸心在南”——正因如此“骑墙”,所以才迷惑了无数的智者。不过,虽然人的生命的确如达尔文所说,“保留着他出身于寒微的永不磨灭的烙印”,但是由于精神进化的发动,人的生命“母以子贵”,自然而然也就变得金贵了起来——虽然人的生命在自然科学意义上依然属于北岸,但是在人文社科意义上却已经属于南岸了。所以,阻止科学家将人的生命当成动物一样进行试验的,不是自然科学,而是人文社科。明明可以下手,却偏偏不能下手,这种感觉大概的确挺让人绝望的,也难怪内莎·凯里会发出那样的感叹——“人类其实是一个相当令人绝望的实验对象”。

然而,绝望得好!正因为这种绝望,人与人之间才得以结盟;正是因为这种绝望,精神进化才得以发动;正因为这种绝望,人权自由才得以保障;正因为这种绝望,我们每个人才不用担心自己会像动物一样被别人随意实验和屠杀,就像当年侵华日军的731部队在中国的东北所做的那样。所以,请记住,所有看不起人文社会科学的人都请记住:从本质上讲,保护我们免遭动物一样被屠杀之命运的,不是自然科学,而是人文社会科学;不是物理进化,不是生命进化,而是精神进化。所以,既然我们决心在卢比孔河上架设桥梁,那么不仅南岸的人文社会科学应该向北岸的自然科学学习,努力提高自己的自然科学素养;北岸的自然科学同样也应该向南岸的人文社会

---

〔1〕[英]内莎·凯里:《遗传的革命》,贾乙、王亚菲译,重庆出版社2016年版,第56页。

科学学习,努力提高自己的人文社会科学素养——北岸有方法,南岸有价值,北岸有“怎么办”,南岸有“为了谁”,“正宜两好合一,互相取长补短,用一盏灯点燃另一盏灯”(莱布尼茨语)。

## 相互学习:人文社科应该从自然科学中汲取营养

在这场自然科学与人文社科的精彩对手戏中,我们发现了一个人类知识体系的金字塔,自下而上,依次奠基,渐次超越:物理科学—生命科学—人文社科。没错,这个知识体系的金字塔,正是三层进化在知识体系上的投射。从本质上说,在这个知识体系的金字塔之中,越往下,越简单,越往上,越复杂——别误会,我指的是知识本身,不是指研究者的能力或目前研究达到的水平。所以,不要说第三层的人文社科了,就是第二层的生命科学,也比第一层的物理科学不知道要复杂出多少倍。1944 年,诺贝尔物理学奖获得者薛定谔写作《生命是什么》的时候,开篇就说了这么一段话:“这本小册子是一位理论物理学家对大约 400 名听众作的一次公开演讲。虽然一开始我就指出这是一个难懂的题目,即使很少使用物理学家最吓人的武器——数学演绎法,讲演也不可能是很通俗的,可是听众却基本上没减少。其所以如此,并非由于这个题目太简单,以至于不必用数学就可以解释明白了,而是因为问题过于复杂,不可能完全用数学语言来表达。”[1]对于这个问题,生物学家也是不谦让的。理查德·道金斯在《盲眼钟表匠:生命自然选择的秘密》中写道:“我说过物理学研究简单的事物,听来也许很奇怪。物理学看来是门复杂的学问,因为物理观念我们很难理解。我们的大脑是设计来从事狩

〔1〕 [奥]埃尔温·薛定谔:《生命是什么》,罗来鸥、罗辽复译,湖南科学技术出版社 2016 年版,第 1 页。

猎、采集、交配与养孩子的；我们的脑子适应的世界，以中等大小的事物构成，它们在三维空间中以中庸的速度移动。我们没有适当的‘配备’，难以理解极小与极大，存在时间以一万亿分之一秒或十亿年为单位的事物，没有位置的粒子，我们看不见、摸不着的力与场。我们认为物理学很复杂，因为我们很难了解，也因为物理书中充斥了困难的数学。但物理学家研究的对象，仍然是基本上简单的事物，例如气体或微粒构成的云，或均匀物质的小块如晶体——它不过是重复的原子模式。至少以生物的标准来衡量，它们没有复杂的运转组件。即使大型的物理对象如恒星，也只有数量相当有限的组件，因此可以用现有的数学语言描述，这就是物理学书里充满了数学的原因……物理书描述的物体与现象，比作者体内的一个细胞还要简单……还没有人发明一种数学，可以描述像物理学家这样的物体，包括他的结构和行为，甚至连他的一个细胞都不行。我们所能做的，是找出一些通则，以了解生物的生理以及生物的存在。”〔1〕道金斯说得没错，作为人类知识金字塔的第二层，生物学的确比物理学复杂太多了——既然第二层都已经如此复杂，那就更不要提第三层的人文社科了。别忘了，第二层的生物学之所以复杂，正是因为它是以第一层的物理学为其微观基础的。既然生命是以原子、分子作为自己的微观基础，那么相比起物理学，生物学的复杂程度当然就是指数级增长的。现在问题来了：第三层的人文社科难道不是以第二层的生命科学为其微观基础的吗？既然社会是以人作为自己的微观基础，那么相比起生物学，人文社科的复杂程度难道就不应该是指数级增长的吗？

这个判断在理论上无疑是成立的，就像威尔逊在《知识大融通》

〔1〕［英］理查德·道金斯：《盲眼钟表匠：生命自然选择的秘密》，王道还译，中信出版社2014年版，第4~5页。

中所承认的:“离物理学的距离愈远,前一个学科所提供的可能性也会沿指数曲线上升。每增加一个因果解释的分岔点,都会使前行的线团长度倍增。生物学和物理学相比复杂得不可思议,同样的,艺术又比生物学更为复杂。”[1]然而,说人文社科比自然科学复杂,似乎又与我们实践中的观感相悖,因为现实中的人文社科知识看上去根本就没有那么复杂——何止没有那么复杂,很多所谓的人文社科知识简直就是幼稚,乃至于胡扯。那么,为什么会出现这种背离呢?答案其实很简单:正是因为人文社科太难、太复杂了,所以有些人干脆就胡说八道一通,反正大家都不会,反正答案对不对也难以验证——这就好比让小学生去考微积分,不管全班孩子的数学好不好,答案反正都是乱写一通,因为反正谁都不会。这大概正是为什么今天大多数的人文社科知识都十分粗浅的原因所在,也正是为什么人文社科的发展几百年来甚至几千年来都一直徘徊不前的原因所在。威尔逊嘲笑道:“大多数哲学家都缺乏进化的眼光,他们没有花太多时间研究这个问题。在研究伦理体系中的信条时,他们参照的是伦理行为的后果而不是起源……哲学家和所有其他人一样,他们估量着自己对各种变化的情绪反应,仿佛在乞灵于某个秘而不宣的神谕。”[2]“人文杂志中的大多数文章读起来给人一种这样的印象,好像绝大部分基础科学到了19世纪便停止不前了。文章的内容基本上是历史轶事,对有关人类行为的过时、浮夸理论的考证,以及基于个人意识形态的实事评论,这些东西固然都是以生花妙笔写出来的,叫人看了颇觉欢喜,但并无裨益。”[3]虽然威尔逊的嘲笑可能

〔1〕［美］爱德华·O.威尔逊:《知识大融通》,梁锦鋆译,中信出版社2016年版,第99页。
〔2〕［美］爱德华·O.威尔逊:《论人的本性》,胡婧译,新华出版社2015年版,第5~6页。
〔3〕［美］爱德华·O.威尔逊:《论人的本性》,胡婧译,新华出版社2015年版,第206页。

会让人文社科领域的研究者有点尴尬,不过以当下人文社科的发展水平来看,我们恐怕不得不承认:威尔逊说的是对的。英国的萨米尔·奥卡沙在《科学哲学》中也是这么抱怨的:“科学毫无疑问不断进步,然而哲学却好像连续数个世纪讨论同一些问题。”[1]难道不是吗?亚里士多德的《物理学》如今早已没有人去学习了,然而亚里士多德的《政治学》至今依然是人文社科领域的巨著。没错啊,即便是到了公元21世纪,2500年前轴心时代的那批人文巨匠——孔子、老子、苏格拉底、柏拉图、释迦牟尼,依然耸立于人文社科领域的最高峰,2500年前诞生的智慧至今依然还在引领着我们前行的方向——这究竟是他们的伟大,还是我们的无能?

这既是他们的伟大,也是我们的无能。当然了,这么说主要是为了鞭策一下自己,因为我也是人文社科的研究者。公平地说,这是人文社科本身的超高难度带来的戏剧性结果。不能运用数学,不能开展实验,那么人文社科还能做什么?当然只能对外观察一些现象,对内修炼一颗心灵,然后再把现象与心灵相互对照对照,搞点总结,写点感悟,仅此而已。别不服气,就算请自然科学家来搞人文社会科学,估计结果也好不了太多,否则请个物理学家或者生物学家来当国家领导人,那这个国家岂不是要上天了?——据我所知,当今世界倒是真有不少国家的领导人是自然科学领域出身的,不过至今也没有听说过哪个国家从此就上天了。1952年,刚刚复国不久的以色列想要提名爱因斯坦担任以色列总统,就被爱因斯坦毫不犹豫地拒绝了,他说:“关于自然,我了解一点,关于人,我几乎一点也不了解。我这样的人,怎么能担任总统呢?”当然了,自然科学家也可

[1] [英]萨米尔·奥卡沙:《科学哲学》,韩广忠译,译林出版社2013年版,第120页。

以抱怨人文社科几千年原地踏步,没有什么积累,所以才拖累了他。这话倒是有几分道理。不过,仔细想来,非数学化和非实验化事实上早已决定了,人文社科的确难以像自然科学那样,形成稳固的前进阶梯,形成稳定的巨人肩膀;而主体互动性与利益驱动性之间的交织纠缠,事实上也很容易摧毁本来就十分难得的共识,从而让人文社科的积累变得更加困难——你明明觉得是对的,他偏偏觉得是错的,你又怎么知道他背后的真实心思是什么?你又怎么知道他背后的利益驱动是什么?

当然了,除了这些原因,人文社科的真正难度,还与研究对象有关。为什么会这么说呢?也许有人会想:同样都是人,同时开始研究自然科学和人文社科,为什么研究自然科学的人就硕果累累,为什么研究人文社科的人就两手空空呢?所以,要么是人的问题,要么是方法的问题。其实,你有没有想过,还有没有可能是研究对象的问题?别忘了,物理进化已经进行了138亿年,生命进化已经进行了38亿年,而精神进化满打满算才进行了几百万年,与前面两种进化的时间相比,简直就是不成比例。换句话说,物理进化的产物——物质——已经十分成熟,生命进化的产物——生命——也已经十分成熟,然而精神进化的时间实在是太短了,所以它的进化产物——社会——还十分不成熟。人类命运共同体还远远没有进化形成,人的生命属性对精神属性的牵制和消解,使我们在生命与超越的边界处犹豫彷徨;各种相互冲突的事实迷惑着我们的眼睛和心灵,使我们对自己的共同未来无法达成足够强大的共识——你说要有爱,他就说还有恨;你说要有公,他就说还有私。究竟谁是对的?公说公有理,婆说婆有理。如此不成熟的研究对象,又怎能苛求人们现在就看得清清楚楚呢?还有,自然科学的研究对象是稳定且客观的,而人文社科的研究对象在一定程度上是随着研究者的思想和行为而改变的,这就为后者的研究更增加了难度——这大概可以叫作“人事测不准原理”。比如说,如果一个奴隶主杀了一个奴隶之后,马上就会被雷劈死,我相信下一个奴隶主就不会这么残暴了;可是,偏偏这个奴隶主杀了一个奴隶之后,并没有被雷劈死,事实上他杀了很多奴隶,一直都没有被雷劈死。你觉得,这个奴隶主和其他奴隶主会相信人与人之间应该相亲相爱的大道理吗?又比如说,你告诉一个独裁者:“多行不义必自毙。”这个独裁者轻蔑地反驳道:“小心我从肉体上消灭掉你。”接下来的结果,不是他自毙了,而是你真的被他从肉体上消灭了,你觉得,这个独裁者和其他独裁者是相信天道,还是相信“我命由我不由天”?

奴隶主和独裁者肯定都是错的。不过,要明白这个道理,需要总结很长时间的历史事实,而且要以铁一般的结果来证明。要命的是,偏偏人类精神进化的时间不长,偏偏截至目前人类社会的进化成果还很不令人满意——就在几十年前,人类还在这个星球上打了一场残酷的世界大战;就在几个月前,这个星球的第一大经济体还发动了对第二大经济体的贸易战;而就在现在,这个星球上的许多地方依然战火纷飞,硝烟四起,杀戮、毁灭、饥饿与痛苦依然还在这个星球上四处蔓延。你觉得,人文社科的研究者们应该怎样才能够穿透历史的迷雾、眺望未来的方向?——长征还在路上,危险就在眼前,那么,你相信远方吗?

我相信远方。相信,首先是一种理性,这就是为什么我要写作本书的根本价值所在。我希望这本书的科学理性能够帮助这个世界更好地理解我们的过去,从而更好地珍惜我们的现在,进而更好地创造我们的未来。我相信,如果书中的论述确实为真,那么我们的人性必定向善,我们世界必定更美。相信,又是一种信仰,这就是我为什么要写作本书的根本动力所在。我希望这本书背后的那份义无反顾能够让你了解,人类的精神进化真的可以让一个人为了理想而去远行,去战斗,去牺牲。你要相信,这个烙印既然可以打在我的心上,那就一定可以打在你的心上。所以,我相信人文社会科学的未来,因为我相信人类的未来,我相信精神进化的未来,我相信人类命运共同体的未来。

为人文社科说这么多,并不是为了替它开脱。小学生不会做微积分,不等于他从此就可以不用学习了,如果不出发,那就永远不可能到达。我认识很多的自然科学研究者,他们聪明,实干,严谨,有方法,为了突破难题,可以日夜攻关——他们已经站在无数巨人的肩膀上了,居然还那么努力;相比起来,有不少的人文社科研究者懒惰,偏激,信口开河,自以为是,即便在他们自己的研究领域里,他们的认识水平都不一定比普通人高明多少——如果不是更差劲的话。人文社科本来就没有多少巨人的肩膀可供垫脚,这些人居然还那么不努力,真是怪不得别人会瞧不起他们。因此,总体而言,今天的人文社科的确需要虚心向自然科学学习,以努力提高自己的自然科学素养,反过来促进自己人文社科研究水平的提高。在我的理解中,这种学习大致上包括但不限于以下几点:

第一,人文社科的研究者应该学习自然科学的基础知识,以增强自己理解这个世界的基本能力,避免做出或者说出违背科学常识和科学规律的荒唐事或者荒唐话来。比如说,如果你是一位政府官员,现在有人来兜售“水变油”的项目,希望获得政府补贴,那么你相信吗?又比如说,各种新技术、新产业在你面前来来去去,纳米技术,光伏产业,人工智能,芯片产业,你知道哪个是真实的,哪个是包装的吗?如果要发展地方的龙头产业,你抓得住重点吗?不要求你成为专家,可是如果连最基本的科学常识都没有的话,你决策的时候心里不慌吗?自然科学的基础知识是一切科学素养的前提,如果连最基础的知识都不懂,那就根本不要提什么科学素养和科学思维了。今天,自然科学与人文社科的交叉融合正在快速推进之中,许多问题的答案很可能就在你的学科边界之外一寸的地方。然而,如果你画地为牢,那么连那一寸之外的风景或者风暴你都有可能看不到。比如说,目前法律领域正在快速推进人工智能的运用,这很有可能会成为未来法律领域最深刻的变革之一——别忘了,法律最擅长的就是理性,然而很不巧,人工智能最擅长的也是理性。如果一个法学院的学生至今对人工智能毫无兴趣、毫无了解,那么他今后的职业发展很可能是堪忧的。

第二,人文社科的研究者应该学习自然科学的思维方法,运用科学思维对社会问题进行分析和判断。比如说,自然科学中的系统思维,就十分值得人文社科学习。事实上,贯穿三层进化始终的科学思维,主要就是系统思维,不管是物理进化形成的宇宙、天体、微粒等物理系统,还是生命进化形成的生命系统,抑或是精神进化形成的社会系统,其背后的共同规律就是系统。虽然上层进化是对下层进化的超越,但是下层进化所形成的成熟系统,往往也有很多值得上层进化学习的规律。人文社科既然研究社会系统问题,当然也应该学习自然科学的系统思维,从物理系统和生命系统中获得许多有益的启示。科学思维的确十分重要,有些人文社科研究者之所以会不知所云,在很大程度上就是因为缺乏科学思维;而自然科学家之间之所以能够进行理性交流,并不是因为他们之间有着共同的观点,而是因为他们之间有着共同的方法。从我的个人经验来看,一个人宁可与世界观不同的人交流,也不愿意与方法论不同的人交流。最终的目标不同,那也是最后阶段分道扬镳的事;如果连路径都不同,那么一出发就得分道扬镳了——所谓“道不同,不相为谋”,思维方法不同,分分钟都能把天聊死的。

第三,人文社科的研究者可以部分借鉴自然科学的数学方法,比如19世纪麦克斯韦和波兹曼创立的统计力学。统计力学是研究大量粒子集合的宏观运动规律的科学。一个粒子运动存在3个自由度——上下、左右、前后。根据牛顿力学的方法,确定它的运动方向,就可以计算它的运动速度、轨迹等。但是,每个粒子有3个自由度,如果是大量的粒子,加在一起就会有无法计算的自由度量,无法计算出它们全体总的运动效果,因此只能用统计方法,也就是概率论的方法进行计算。由于我们现实中的物质都是由大量粒子组成的,所以只有运用统计力学,才能够帮助我们了解各种物质的性质。一个社会无疑也是由大量具有自由度的个人组成的,因此我们根本无法确切计算出这么多主体之间的互动效果。然而,如果我们能够善于运用统计方法,深刻理解概率论精髓的话,那么我们就有机会在统计中掌握规律,在概率中接近本质。统计学是人文社科中最接近于数学化的领域,值得我们认真学习和有效运用;而现在,随着大数据、云计算与人工智能时代的来临,统计学已经进入了新时代,事实上也宣告了人文社科大规模运用数据的时代已经正式到来。

在浩瀚如海的自然科学面前,人文社科研究者们的确应该虚心。虽然因为命题的需要,我在书中常常会与一些进化生物学家辩论,但是这一点都不会妨碍我内心对他们的真诚尊敬与真挚感谢。也许我并不同意他们关于人类进化的某些观点,但是我心里非常清楚,即便这些观点真的出错了,也不是因为这些科学家的立场有什么问题,而是因为他们的研究给他们带来了某种执念罢了。所以,如果我在本书中因为无心之过而冒犯了他们,希望他们看在我研究问题时的那份真诚,以及冒着把自己变成蠢人的风险而去运用第二手的和不完备的知识的那份勇敢,就原谅了我吧。可以肯定的是:在这条逆渡卢比孔河的行军路上,查尔斯·罗伯特·达尔文,埃尔温·薛定谔,爱德华·O.威尔逊,理查德·道金斯……这些生命科学史上乃至自然科学史上最杰出、最伟大的科学家,一直都是指引我不断前行的科学导师。如果历史终于证明,本书的研究还算有点价值,有点进步,那一定不是因为我,而是因为他们——这一次,我才真正体会到了什么叫作“巨人的肩膀”。

## 道德星空:人文社科与自然科学的最终统一

1959年,英国学者斯诺在剑桥大学演讲时指出,在我们的社会存在“两种文化”:一种是人文知识分子代表的人文文化,另一种是自然科学家所代表的科学文化。两者间存在互不理解的鸿沟。他说:“30年前,两种文化之间早停止了对话,但至少在鸿沟两侧还能勉强保持一副冷淡的笑脸。而今礼貌不见了,相互只作鬼脸。”[1]斯诺说得没错,自然科学与人文社科之间的疏离与断裂的确由来已久。不过,两者之间的疏离和断裂有多久,人们想要弥合这种疏离和断裂的愿望也就有多久。薛定谔在《生命是什么》中说道:“我们从先辈那里继承了对于统一的、无所不包的知识的强烈渴望。最高学府(大学,“大学”一词在英文中和普遍性同字根)这个名称使我们

〔1〕《蔚蓝的思维——科学人文读本》,上海教育出版社2005年版,第3页。

想起了从古到今多少世纪以来，只有普遍性才是唯一可打满分的。”[1]而我们从《知识大融通》这本著作的书名中，就可以感受到威尔逊内心那种弥合断裂的渴望。他说：“无论是在过去还是未来，人类心智一向尝试达成的最高目标，是把科学和人文结合起来。”[2]

当然，这种认识和努力并不是自然科学家的专利，人文社会科学家同样也在朝着这个方向努力。歌德在诗歌《自然与艺术》中写道：“自然和艺术貌似相违，却出乎人的意料，相得又相投，它们在我身上化敌为友，两者都同样令我陶醉。”[3]黑格尔认为，可以建立两门科学——自然科学和人的行为的科学。他说：“实验物理学和历史学等将可阐述成为以外在形象反映概念自身发展过程的科学，前者为认识自然的理性科学，后者为理解人事以及人类行为的科学。”[4]马克思对黑格尔的科学思想进行了实践的改造，把历史科学作为包括自然科学和人的科学的统一科学。在马克思看来，作为历史主体的对象化的客体，是现实的存在。而对于这种现实的存在——无机自然界、人类社会和精神无机界——的考察，是对历史进行科学考察的基础。马克思认为，对生产的前提和基础的考察——对自然界和人自身的自然的考察形成的就是自然科学；对生产力和生产关系的总体的考察就是人的科学，两者的整体就是一门统一的历史科学。这是贯穿马克思的一生的理论研究和实践追求的东西。可以说，马克思的一生都是在致力于建立这样一门历史科学。[5] 换句话说，在马克思的理解中，自然科学与人的科学是统一

[1] [奥]埃尔温·薛定谔：《生命是什么》，罗来鸥、罗辽复译，湖南科学技术出版社2016年版，第1页。

[2] [美]爱德华·O.威尔逊：《知识大融通》，梁锦鋆译，中信出版社2016年版，第13页。

[3] [德]歌德：《歌德诗选》，欧凡译，外语教学与研究出版社2007年版，第93页。

[4] [德]黑格尔：《小逻辑》，贺麟译，商务印书馆1980年版，第58页。

[5] 参见王锦刚：《隐匿的路标——马克思的“自然史—人类史”方法》，中国社会科学出版社2013年版，第23~27页。

于人的实践的:自然科学研究的是人的实践的客体,而人的科学研究的是人的实践的主体。

本书的广义进化论事实上也是一次统一的努力,只不过马克思贯穿其中的答案是——实践,人的实践;而我贯穿其中的答案是——进化,三层进化。138 亿年前,当宇宙大爆炸开始的时候,人并没有产生,然而进化发生了;38 亿年前,当地球上出现第一个复制子的时候,人还是没有产生,然而进化又发生了;600 万年前,当第一个人类出现的时候,人终于产生了,而进化依然还在发生。138 亿年的时空穿越,变化的是星星与太阳,沧海与桑田,不变的是永恒的进化,进化的永恒。一位法国作家说过,天上的星,地上的花,人间的爱,是世界上最美的三样东西。在我的心目中,三层进化的广义进化论就如同一座最美的三层楼房,依次奠基,渐次超越,每一层都有每一层的风景,每一层都有每一层的美。每层进化之间,既有不同,又有相同;既有量变,又有质变;既有分野,又有统一。没错,这就是广义进化论,自然科学与人文社科在这里分野,又在这里统一;自然界与人类在这里分野,又在这里统一;宇宙与心灵在这里分野,又在这里统一。在伊曼努尔·康德的墓碑上,刻着他在《实践理性批判》中的那句名言:“有两样东西,人们越是经常持久地对之凝神思索,它们就越是使内心充满常新且日增的惊奇和敬畏:我头上的星空和我心中的道德律。”[1]是的,我的确相信:在广义进化论的世界里,我们头上的星空和我们心中的道德律,也一定是在这里分野,又是在这里统一的。

---

〔1〕［德］康德:《康德三大批判合集》(下),邓晓芒译,人民出版社 2009 年版,第 187 页。

## 结　语

# 长征

今天是 2019 年 10 月 2 日，此刻我坐在书桌前，为本书写下最后的结语，也为我的三部曲的长征画下最后的句号。就在昨天，首都北京举行了盛大的阅兵式和游行活动，庆祝中华人民共和国成立 70 周年。我的汶川孩子余婷在中央民族大学读书，也参加了这次游行活动。国庆之前我去北京办事，顺道去看望她，她正在紧张排练之中。我问她累不累？她说："有点枯燥，其实就几个动作，一点都不复杂，可就是反复排练。"昨天活动刚刚结束，余婷跟我联系了。我问她怎么样？她说："叔叔，我哭了，真的，太激动了，喜极而泣。"我被她逗乐了，说："我早就知道了，一切都值了吧。"她说："是的，一切都值了。"

没错，一切都值了，汶川的孩子，的确应该更懂得这点。在今天这样充满矛盾的世界里，突然看到了一场如此同频共振的演出，我首先感受到的，是一种久违的温暖和力量。我相信当今世界应该没有第二个国家可以为人类奉献出这样的一场演出了,在这个令人遗憾的四分五裂的世界里,在这个充斥着战争、仇恨、分裂与自私的时代里。我当然知道这种演出背后的代价——辛劳的、自由的、物质的、精神的,然而我也的确知道,当那山呼海啸般的共振终于在天安门广场上形成的时候,一切都将得到弥补,一切都值了。中国人的爱国真的是爱在骨髓里的,14 亿颗中国心对共振的那种渴望,14 亿颗中国心共振时带来的那种排山倒海的力量,真的给了我很大的鼓舞,也真的让我相信,自己在书中所坚持的一切都是对的——人类的进化就在于人类的彼此结盟,人类的未来就在于构建一个属于我们每个人的命运共同体。当然,这不是我一个人的坚持,也不是我一个人的战斗,这是一个民族梦想的传承,也是一场思想接力的长征。昨天,在人民英雄纪念碑前,我又看到了革命先行者孙中山先生的画像。其实在我的心目中,他还应该是广义进化论的先行者,因为当我确立了广义进化论思想之后,我才知道,原来早在 1918 年,孙中山就已经在《建国方略》中将进化分成了物质进化、物种进化和人类进化。让我们借着阅兵的东风浩荡,一起来聆听伟人 100 年前的思想吧:"人类初出之时,亦与禽兽无异,再经几许万年之进化,而始长成人性,而人类之进化,于是乎起源。此期之进化原则,则与物种之进化原则不同;物种以竞争为原则,人类则以互助为原则。社会国家者,互助之体也,道德仁义者,互助之用也。人类顺此原则则昌,不顺此原则则亡。"

阅兵式上压轴出场的,是这个国家的镇国重器。在这个四分五裂的时代里,它们的出场的确是一种压轴,一种令人安定、自信和热泪盈眶的压轴。当东风 17 高超音速导弹惊艳亮相的时候,一位朋友发来了一条信息:"在下为他,曾经瘦了 10 斤。"国庆之前,我去北京办事的时候,见过这位朋友,他刚刚从大漠戈壁的导弹靶场回来。

这是一群最可敬的人,为了共和国的战略安全,他们夙兴夜寐,风雨兼程,隐姓埋名,无怨无悔——哪有什么岁月静好,只是有人在用自己的生命为你默默地擎着天。我问他:“这就是传说中的钱学森弹道吧?”他笑了,默认了。所谓钱学森弹道,就是共和国导弹与火箭事业的奠基人钱学森提出的一种新型导弹弹道的设想,即“助推——滑翔”弹道。它的基本原理是:先用弹道导弹将弹头助推出大气层,当弹头高速重返大气层的时候,并没有一头扎进大气层,而是利用自己独特的乘波体气动外形在大气层边缘进行滑翔机动。这种将弹道导弹的高速性与巡航导弹的机动性有机结合起来的独特弹道,不仅可以令导弹大大增程,而且弹道飘忽不定,几乎无法拦截。当年钱老提出这种弹道设想的时候,共和国还没有成立;如今,钱老已然逝世多年,他的后继者没有让他失望。在这个浮躁而又逐利的时代里,这群最可敬的人用自己的信念、智慧和汗水,终于将钱老 70 年前的设想变成了世界第一的现实。“今日长缨在手,何时缚住苍龙”——这真的是一次长征,一次奠定共和国战略安全基石的艰苦长征。

阅兵,是共和国力量的展示。每一名战士,每一辆战车,每一枚导弹,每一架飞机,都是这种力量的展示。这种力量,既是捍卫的力量,又是毁灭的力量;这种力量,对待亲人如同春天般的温暖,对待敌人如同严冬一样的残酷无情;这种力量,朋友来了有好酒,若是那豺狼来了,迎接它的有猎枪。这种力量让我想起了 1841 年 6 月 16 日吴淞口喋血的炮台;这种力量让我想起了 1894 年 9 月 17 日定远号中弹如麻的铁甲;这种力量让我想起了 1943 年 5 月 30 日西陵峡石牌下那群与日寇白刃拼杀的农家少年;这种力量让我想起了 1950 年 11 月 27 日朝鲜长津湖畔那凄厉的冲锋号。这种力量尤其让我想起了长征，想起了红军横跨二万五千里的长征，想起了共和国跌宕七十载的长征，想起了中华民族风雨五千年的长征——长征，是因为我们心中有熊熊燃烧的火；长征，是因为我们除了胜利，早已无路可走。可是，我又岂能不知，这种力量的确又是毁灭性的。所以，究竟是谁，居然将热爱和平的中国人逼出了这种力量，逼出了这种捍卫自己的毁灭性力量？《孔子家语·致思》曰："铸剑戟以为农器，放牛马于原薮，室家无离旷之思，千岁无战斗之患。"然而，2500 多年前的先贤们铸剑为犁的梦想，至今依然距离我们如此遥远。我不知道，这究竟是他们的伟大，还是我们的无能？我只知道，原来和平也是一场真正的长征。

阅兵式上的战士们皮肤黝黑，精神抖擞。秋老虎的北京，全副武装的他们一定汗如雨下了吧？我从小就喜欢当战士，我想我的心里一定住着一名战士，要不然抗震救灾的时候，战士们不会那么喜欢我。而现在，我终于明白为什么了：如果说命运共同体就是我们的梦想与未来，那么我们的部队早就已经是了；如果说共产主义是最有爱的生活，那么我们的战士就一定是最可爱的人，因为他们在部队里每天过的，都是这样的生活。不过，我也知道，战士们终究是要退役的，终究是要从那共产主义的军营里走出来，走进这个社会的。那么，我们是不是应该问问自己：这个社会究竟为他们准备了什么？等待他们的又将是什么呢？社会当然不是军营，不过也不应该是丛林；社会主义当然不是共产主义，不过也不应该是资本主义。人生不过生与死，社会不过分与合，生死之间是信仰，分合之中见平衡。那么，我们今天的这个社会，当分的时候，分了吗？当合的时候，合了吗？应该平衡的时候，平衡了吗？看着天安门广场上无数盛开的笑脸，我真心希望他们每个人都能安居乐业，幸福美满，都能够因为深爱着这个国家而被这个国家深爱着，都能够做到“每个人的自由发展是一切人的自由发展的条件”，都能够做到“老吾老以及人之老，幼吾幼以及人之幼”。我知道，要想做到这点，我们的确还需要一场长征，一场更加艰苦的长征，一场不忘初心的长征，一场永不落幕的长征。

从2009年的《文明与法治：寻找一条通往未来的路》，到2014年的《精英与平民：中国人的民主生活》，再到如今我手中的《生命与超越：一个命运共同体的理想》，这些年来，我一直都在远行，孤独而又快乐地远行。其实，自从多年前自觉苏醒的那一刻起，我就已经决定远行了，为了我和我的祖国，为了我和这个世界。很多年前，在《文明与法治：寻找一条通往未来的路》的再版序中，我曾这样写道：“这么多年来，在这条远行路上，孤独总是与快乐如影随形。而每当身陷孤独的无边包围之时，我也曾在心中一次次地质问这个时代，不过后来我明白了，其实孤独与时代无关，而与远行有关。在任何时代里，远行人都注定是孤独的。”是的，远行人注定是孤独的。当这三部曲终于在我手中完成的时候，我才知道：原来这场远行早就有属于自己的名字，那就是“长征”——不忘初心的长征，永不落幕的长征。15年前，当我决定写作三部曲的时候，我以为《生命与超越：一个命运共同体的理想》就是长征的终点，就是我的延安。然而现在，当我终于抵达我的延安的时候，我才知道：原来延安的远方还有北京；原来远方的远方还有远方；原来长征的远方还有长征。我才知道：原来长征是没有终点的，原来长征就是战士的宿命，原来战士的宿命就是长征。现在，我才刚刚走完了万里长征的第一步，一场新的更加艰苦的长征才刚刚开始。

窗外的太阳升起来了，清晨的阳光洒在了我的电脑上，黑色的电脑瞬间披上了一件淡金色的衣裳,就像那黑夜终于盼到了光明。我知道,那是无数的光子同时带来的光芒与热量。以我的凡胎肉眼,当然无法分辨出每一个光子来,不过我知道,这光芒与热量一定是由一个又一个的光子共同带来的。而且我还知道,那光子是长征而来的。其实,它们的速度是如此的快,快到除了那混沌初开的宇宙大爆炸,这宇宙中就没有任何速度可以比它们更快了。然而,那路实在是太遥远了,一个光子从太阳的表面出发,要走过整整1.5亿公里的路,才能抵达我们身边,这耗去了它整整8分钟的时间,即便它的速度达到了惊人的30万公里/秒。所以,我们现在看到的这个光子,其实早在8分钟之前就已经产生了——我们必须让光子飞一会儿。倘若你还是觉得,这光子飞的时间有点儿长,那么就让我来告诉你真相吧:其实这个光子并不是8分钟之前产生的,这个光子是在100万年之前产生的。光子诞生于太阳中心区的核聚变反应,然而,由于太阳的内部环境是如此的高温高密,这个光子的长征路受到了重重的阻挠。它在太阳内部的自由程是如此之短,以至于要经过无数次的碰撞、迂回、挫折和磨难,才能够从太阳的深处抵达太阳的表面——这个路程,只有短短的70万公里;而这个时间,却是整整100万年。然而,一旦抵达太阳的表面,这个光子立即在真空中风驰电掣,只需要短短的8分钟时间,它就能够征服那1.5亿公里的天路,将太阳的光芒与热量带到我们身边,将生命的希望与梦想带到我们身边。所以,亲爱的朋友,请你记住啊:那8分钟的1.5亿公里根本就不是长征;那70万公里的100万年,才是一个光子真正的长征。

## 后　记

# 疫路梨花

今天是 2020 年 4 月 26 日,《生命与超越:一个命运共同体的理想》终于走完了所有的出版流程,即将出版面世了。编辑高山兄嘱我能否再写上一篇后记,以回应这场席卷全球的新冠肺炎疫情,也纪念这个不期而至的艰难时刻。我正有此意。《生命与超越:一个命运共同体的理想》完稿于 2019 年 10 月,我第一时间就把书稿交给了出版社,然后满心欢喜地期待着能够在 2020 年春暖花开的日子里迎接她的诞生。然而,万万没有料到的是,3 个月之后,一场突如其来的新冠肺炎疫情爆发了。起初,没有人意识到这会是一场撼动全国的灾难,然而事实证明它的确是的;后来,没有人意识到这会是一场席卷全球的灾难,然而事实又证明它的确是的;截至今日,全球累计确诊病例已经超过了 288 万例,累计死亡超过 20 万例,然而疫情依然没有得到真正的控制。再往后,这场可怕的疫情还会给这个世界带来什么,没有人能够知道。我们现在唯一能够知道的,是人类的脆弱,是幸福的可贵,是对自然的敬畏,是对过往的恨悔。

从内容上看,这部书简直就是为了这场疫情而创作的。在本书的第六章中,有这样的一段文字:“看似洪水猛兽的人工智能对人类的威胁可能还不如小小的病菌和病毒来得大。无论人类对病菌和病毒有多么的讨厌和提防,它们都会不屈不挠地繁衍自己,进而给人类造成巨大的麻烦。可别把蚊子腿不当肉,病菌和病毒再小也是生命,生命的本能就是自我复制——它们才不管你人类高兴不高兴呢。如果人类想方设法杀死了它们,放心好了,用不了多久,它们就会以突变体的形式卷土重来,真是令人防不胜防。其实,在这场漫长而残酷的战争中,人类从来就没有真正赢过病菌和病毒,过去没赢,现在没赢,未来应该也不可能赢。说一句长他人志气灭自己威风的话:如果非要给这场战争押个宝的话,我可能会押病菌和病毒最终会赢——所以,小心点,人类!”这段文字是我在讨论人工智能是否会超越人类的时候顺手写下来的,没想到几个月之后居然一语成谶。本书的所有文字都创作于疫情之前,我没有做过任何改动。然而,现在的我其实特别想要纠正自己的最后一句话——“如果非要给这场战争押个宝的话,我愿意押人类最终会赢——所以,小心点,病毒!”

是的,我的确愿意押人类最终会赢,前提是——人类真的从此团结起来了。本书从宇宙大爆炸的奇点出发,在无尽的时空中迂回了整整 138 亿年,其目的却十分简单,那就是努力证明:人类进化的本质就是人与人之间的相互结盟,人类进化的宿命就是构建一个真正的命运共同体。然而,当我把自己对这个世界的理解和最美好的愿望全部倾注进了这部作品之后,新冠肺炎疫情突然爆发了。于是,这部学术作品忽然间变成了一部人生剧本,每天都在我面前上演着书中的剧情,所有的理解都变成了现实,所有的担心也都变成了现实——在可怕的病毒面前，居然有人幻想“这个病毒只攻击黄种人的免疫系统”，难道他们不知道人类本来就是同宗同源的智人后裔吗？难道他们不知道所有种族的基因组都几乎完全相同吗？让整个种族以“裸奔”的姿态面对病毒，这究竟是何来的“迷之自信”？而当这份“迷之自信”被病毒无情粉碎之后，又有人抛出了“群体免疫”的论调，居然还获得了不少掌声。那一刻，我似乎看到了一个幽灵，社会达尔文主义的幽灵，在欧洲游荡。人类社会不是动物世界，命运共同体不可能牺牲弱者。既然人类已经发动了精神进化，那么人类免疫力的获得，就不应该依靠血肉之躯这种生命进化的产物，而应该依靠人工疫苗这种精神进化的产物。又如，为了防控疫情，人与人之间必须保持隔离状态，这个壮士断腕的决定间接导致了全球经济几乎陷入崩溃状态。我不知道人们是否从中意识到了：原来人传人的病毒最可怕的地方，不在于它有可能会夺去我们的生命，更在于它会彻底离间我们的关系。而正如本书所反复论证的，人类的本质就是相互结盟成为一个命运共同体，一旦被病毒离间，孤立隔绝的人类必将一事无成、一无是处、一筹莫展。再如，在这场全球疫情防控阻击战中，中国社会的防控效能目前看来的确要比西方社会强上一大截，这很可能会让很多西方人心里有点失衡，也可能会让一些推崇西方价值观的人觉得有点尴尬。然而在我看来，出现这种情况其实一点都不稀奇，因为当自然灾难兵临城下的时刻，人类的唯一出路，就是紧紧地团结起来，以一个命运共同体的整体姿态来面对灾难。在这种生死存亡的关键时刻，哪个社会的整体性更好，哪个社会无疑就会获得更高的生存概率。而正如我在书中常说的，“人生不过生与死，社会不过分与合”，如果说中国社会是倾向于“合”的话，那么西方社会很显然就是倾向于“分”的。因此，在应对灾难的关键时刻，中国社会无疑会拥有对西方社会的某种天然优势。然而这并不等于说，西方社会的“分”就没有价值了。完全可以相信的是，倘若中国社会对民主、法治、自由、权利的认识能够更上一层楼的话，那么在这场疫情防控战的最初阶段，就应该不会发生那么多自以为让领导满意却让群众失望的事了。疫情是一面最好的镜子，它让我们更加清楚地看到了彼此的短与长，中国与西方本来就应该相互学习，“正宜两好合一，互相取长补短，用一盏灯点燃另一盏灯”。

没错，“用一盏灯点燃另一盏灯”，莱布尼茨的这个美好心愿，十多年前就已经出现在了我的《文明与法治：寻找一条通往未来的路》之中。《文明与法治：寻找一条通往未来的路》是我的三部曲的出发点，也是我人生道路的定向标——当我在 16 年前决定创作《文明与法治：寻找一条通往未来的路》的时候，《精英与平民：中国人的民主生活》和《生命与超越：一个命运共同体的理想》的书名就已经同时被决定了。在 16 年之前就决定好了 16 年之后的研究命题，这件事究竟是如何做到的，说实话我自己也搞不太清楚。我唯一清楚的是：我为这个世界寻路的心是真诚的，是始终如一的。所以我猜想，如果一个人无法在 16 年之前决定 16 年之后的事，也许并不是因为他的眼光看得不够远，而是因为他的心还不够始终如一。的确如此，就在此刻，当我站在《生命与超越：一个命运共同体的理想》的终点打开《文明与法治：寻找一条通往未来的路》的初心，我这才意识到：原来今天的很多话 16 年前就已经说过了，今天的很多事 16 年前就已经决定了。在《文明与法治：寻找一条通往未来的路》的结语“驿站”中，我曾经这样写道：“今天的这个世界有着太多的烦琐与诱惑。这些年来支持自己在这些烦琐和诱惑中一路走下去的正是这份真诚。我希望我们共同生存的这个世界变得更好。作为一个中国人,我将自己的出发点设在了中国,因为这不是自己能够选择的。然而我们的目的地绝不能仅仅是一个中国,因为我们又是生活在同一个地球上。”“记得 2005 年冬天,我在伦敦第一次观看《狮子王》音乐剧。当那个扮演巫师的黑人女高音的第一声咏叹在全场静寂中传到我的耳膜中,我全身的汗毛瞬间全部起立。我一直不知道古老的非洲文明未来会在什么样的条件下用什么样的方式为这个世界提供一种价值,但那一刻让我相信,这一天一定会出现。对于在繁华中挣扎的人类来说,也许‘简单’真的就是一条回家的路。”是的,我现在的确已经知道了:10 万年前,当我们的智人祖先从非洲故乡出发的时候,他们的确就是命运与共的一家人。如今,10 万年时间过去了,我不知道正在繁华中挣扎的人类是否已经意识到了:原来只有重新成为命运与共的一家人,我们才有可能真正找到这条回家的路。这条回家的路,就是我们来时的路,也是我们不断走向人类命运共同体未来的路。亲爱的朋友,尽管此刻危机四伏,驿路已然成为“疫路”,我依然怀着最美好的祝福,在《生命与超越:一个命运共同体的理想》的驿站旁,再次为你种下这一树梨花的洁白,日夜等待着你的到来。

刘哲昕

2020 年 4 月 26 日于上海浦东

天
Borderless
下

图书在版编目(CIP)数据

生命与超越：一个命运共同体的理想 / 刘哲昕著
. -- 北京：法律出版社, 2020
ISBN 978-7-5197-4471-7

Ⅰ. ①生… Ⅱ. ①刘… Ⅲ. ①中国特色社会主义－社会主义建设模式－研究 Ⅳ. ①D616

中国版本图书馆CIP数据核字(2020)第074198号

**生命与超越：一个命运共同体的理想**
**SHENGMING YU CHAOYUE：YIGE MINGYUN GONGTONGTI DE LIXIANG**
刘哲昕 著

责任编辑 高 山 邓颖君
装帧设计 贾丹丹

**开本** A5
**版本** 2020年6月第1版
**出版** 法律出版社
**总发行** 中国法律图书有限公司
**印刷** 中煤（北京）印务有限公司

**印张** 11 **字数** 249千
**印次** 2020年6月第1次印刷
**编辑统筹** 学术・对外出版分社
**经销** 新华书店
**责任印制** 陶 松

法律出版社/北京市丰台区莲花池西里7号(100073)
网址/www.lawpress.com.cn
投稿邮箱/info@lawpress.com.cn
举报维权邮箱/jbwq@lawpress.com.cn
销售热线/400-660-8393
咨询电话/010-63939796

中国法律图书有限公司/北京市丰台区莲花池西里7号(100073)
全国各地中法图分、子公司销售电话：
统一销售客服/400-660-8393/6393
第一法律书店/010-83938432/8433 西安分公司/029-85330678 重庆分公司/023-67453036
上海分公司/021-62071639/1636 深圳分公司/0755-83072995

**书号：** ISBN 978-7-5197-4471-7 **定价：** 75.00元
(如有缺页或倒装，中国法律图书有限公司负责退换)